Felsmann: Borsten, Grannen und Federn

Erwin Felsmann

Borsten, Grannen & Federn

JAGDERZÄHLUNGEN

BLV

Die Deutsche Bibliothek – CIP-Einheitsaufnahme

Felsmann, Erwin:
Borsten, Grannen und Federn : Jagderzählungen /
Erwin Felsmann. [Ill. von Jörg Mangold]. –
München ; Wien ; Zürich : BLV, 1995
ISBN 3-405-14846-4

Illustrationen von Dr. Jörg Mangold

BLV Verlagsgesellschaft mbH
München Wien Zürich
80797 München

Umschlagentwurf: Studio Schübel, München
Umschlagbild: Nach einem Ölgemälde von Dr. Jörg Mangold

Lektorat: Gerhard Seilmeier
Herstellung: Hermann Maxant

Satz: Fotosatz Barthel Wirth, Ober-Ramstadt
Druck und Bindung: Milanostampa, Farigliano

Printed in Italy · ISBN 3-405-14846-4

Inhalt

Borsten — *hat jedes arme Schwein,*
das sanftmütige, rosige ebenso
wie das schwarze, wilde.

Grannen — *nennen wir einen wichtigen*
Teil der »Behaarung« vieler
Wildarten. Oft bleiben sie
hartnäckig an der Lodenhose
kleben.

Federn — *ja, wer das nicht weiß,*
der soll sich einmal
gründlich auf einem simplen
Hühnerhof umsehen …

Statt eines Vorworts: Das dreigeteilte Jägerleben

Ein junger Mann hat einen Beruf erlernt, voll Freude und Optimismus begibt er sich an seinen ersten Arbeitsplatz. Das ist gut so und natürlich. Die Jugend hat ein Recht auf Optimismus. Was dem jungen Spund noch fehlt an Können und Erfahrung, wird durch Eifer und guten Willen wettgemacht. Die älteren Kollegen helfen mit, eine vollwertige Arbeitskraft aus ihm zu machen. Zeitlich läßt sich diese erste Phase des Eifers im Berufsleben kaum eingrenzen. Charakter und Begabung spielen eine große Rolle, aber man sollte annehmen, daß der junge Mann mit fünfundzwanzig »fertig« ist, im positiven Sinn.

Es folgt die Phase der Reife. Nun kennt er seine Arbeit genau, keiner macht ihm mehr etwas vor, auch wenn es immer noch, und das ein Leben lang, etwas dazuzulernen gibt. Der menschliche Geist hat auf dieser Welt in den letzten Jahrzehnten mehr Wissen aufgehäuft als in vielen Jahrtausenden davor, es kann daher auch das Lernen nicht stehenbleiben. Daß mit der Ablegung irgendeiner Prüfung auch der Lernprozeß beendet sein könnte, hat sich gerade in Zeiten beruflicher Mobilität oft genug als folgenschwerer Irrtum erwiesen. Unser junger Mann weiß das. Weiß er es nicht, wird es ihm beinhart beigebracht. Sein erster Überschwang des Eifers, ja der Begeisterung, ist nun vorbei. Anstelle des Eifers ist die Erfahrung getreten, der Überblick, und wenn die Berufswahl nicht etwa verfehlt gewesen sein sollte, wird sich erst jetzt Zufriedenheit einstellen, das Gefühl: »Du bist gut. Du füllst deinen Platz aus.« Aber der Arbeitstag ist nicht mehr vom begeisterten Schwung des gutwilligen Anfängers getragen, sondern von planvoll gelenkter Routine. Die Einsicht in das, was getan werden muß, ist vorhanden, doch beginnt er nun auch bereits eine gewisse Monotonie zu erkennen, die in jedem alltäglichen »Muß« liegt. Der wiederholte Blick auf die Uhr oder das Warten auf die Feierabendsirene sind vorprogrammiert. Trotzdem ist die Arbeitsleistung noch gewaltig.

Die Zeit tut immer das, was ihr von anzweifelbaren Sprüchen vorgeschrieben wird: sie verstreicht (und heilt angeblich alle Wunden). Nehmen wir an, unser Mann sei nun zwischen vierzig und fünfzig. Er beginnt an das Alter zu denken, ohne wirklich schon alt zu sein. Aber er denkt nicht nur voraus wie ein Jüngling, in erhöhtem Maß denkt er nun auch zurück. Es beginnt für ihn die Phase der Rückbesinnung. Im Berufsleben nun meist schon in vorgerückter Position, braucht er wahrscheinlich nicht mehr so viel wie einst persönlich Hand anzulegen, dafür aber trägt er mehr Verantwortung. Er beaufsichtigt die Jungen, die sich noch in der Phase des Eifers befinden, so wie er selbst vor Jahrzehnten. Sein Kapital, seine Arbeitsleistung, für die er bezahlt wird oder Gewinnanteile dem eigenen Betrieb entnimmt, ist das Begreifen der Zusammenhänge auf höheren Ebenen, die Fähigkeit zur richtigen Entscheidung im richtigen Augenblick. Den Schaufelstiel, die Maschine oder den Computer handhabt nun die nächste Generation, und irgendeiner aus ihr wird dereinst an seine Stelle rücken. Und wenn er ein weiser Vorgesetzter ist, muß er auch wissen, daß nicht mehr alles so ist und so sein kann, wie es vor dreißig, vierzig Jahren war. Rückbesinnung führt nicht nach vorn, aber sie hilft die richtigen Wege zu erkennen.

Nur eine geringe, einstellige Prozentzahl aller Jagdscheininhaber gehört hauptberuflich zum Jagd- oder Forstpersonal und übt diesen schönen, aber schweren Beruf oft genug unbedankt aus, auf vieles verzichtend, was anderen eine Selbstverständlichkeit bedeutet. Zehn weitere Prozent der Jäger - so darf man vorsichtig schätzen – lösen, aus welchen Gründen auch immer, alljährlich ihren Jagdschein, ohne je jagdlich noch einigermaßen aktiv zu werden. Die verbleibenden rund achtzig Prozent sind heutzutage nur mehr in ihrer Freizeit Jäger, der eine mehr, der andere weniger, viele nur am Wochenende, ohne deshalb »Sonntagsjäger« in der spöttischen Bedeutung des Wortes sein zu müssen. Es gibt ihrer genug, die am Sonntag mehr für das Wild tun als andere während der ganzen Woche; und den »Nobeltag Donnerstag«, wie er früher für die »besseren Herrschaften« als Jagdtag »unter uns« galt, gibt es ja kaum mehr, weil jeder irgendwie auch am Donnerstag seinem Erwerb nachgehen muß und das auch keine Schande mehr ist wie einst für gewisse Kreise, sondern eine Notwendigkeit in unserer sogenannten Wohlstandsgesellschaft mit ihrem allzu teuer erkauften, allzu durchsichtigen Wohlstand.

Was soll also der zu Beginn dargelegte kurze Abriß eines dreigeteilten Arbeitslebens im Vergleich mit einem Jägerleben? Gibt es überhaupt Parallelen, die zu einem Vergleich berechtigen oder ihn sogar herausfordern? Jede Menge gibt es. Denn so wie der Mensch in seiner Entwicklungsgeschichte nie aufgehört hat, Jäger zu sein (Konrad LORENZ: eine besonders aufregende Form des Sammelns), so ist der heutige Jäger auch immer, im Brotberuf wie draußen im Revier, in erster Linie Mensch, mit allen ihm gegebenen Vorzügen und Fehlern. Die Lebensabschnitte des Eifers, der Reife und der Rückbesinnung sind auch dem Jäger auf den Leib und tief in die Seele geschneidert, er entgeht ihnen nicht.

Da kommt der junge Mann von der Jägerschule, brandneu das Zeugnis in der Hand, und er will eifrig seinen Platz antreten bei der Jagd, genauso wie in seiner Arbeitswelt. Jagd muß sein – wer anderes behauptet, ist unzuständig und plappert, wissend oder unbelehrt, falschen Propheten gewinnträchtige Parolen nach. Jagd ist aber auch Gesetz. Der Jüngling fühlt und spürt es in sich, daß er jagen gehen will und soll, also los: Wo wird gejagt?

Ein schwieriges Problem tut sich vor ihm auf. Wenn er Glück hat, ist er hineingeboren in irgendein Revier oder wird nachbarschaftlich untergebracht, um die ersten Schritte zu erlernen. Hat er aber Pech, darf er nicht lange wählerisch sein, muß sich anbiedern und irgendeinem wildfremden Menschen in den Hintern kriechen, um einmal im Jahr einen Hasen zu sehen. Gerade diese Fälle sind bedauerlich, denn manchmal ist der verhinderte Anwärter im Kern vielleicht der bessere zukünftige Waidmann als jener, dem alle Wege schon geebnet sind, der deshalb vielleicht meint, nun freies Feld und freie Hand zu haben. Viele von den Jungen, die jahrelang keinen Anschluß finden, geben vorzeitig auf. Schade um sie, denn sie sind das verschwendete Kapital der Jagd, die in unserer heutigen Zeit wahrhaftig nicht mehr viel zu verschwenden hat.

Aber nehmen wir an, der Junge hat Revier und Lehrprinz gefunden, und nach einer gewissen Zeit, früher oder später, wird er geschnallt und »aufs Wild losgelassen«.

Ich bin sehr für gründliche Ausbildung und Erziehung zu Verantwortungsbewußtsein, aber ich halte nicht viel davon, die Jungen für ewig unter die Glasglocke zu stellen wie allzu würzig riechenden Käse. Sie müssen sich bewähren. Was mit ihnen los ist, stellt sich bald genug heraus. Treten schwere Charaktermängel zutage – das Verschweigen eines Schusses etwa –, dann unerbittlich fort mit ihnen. Aber wenn man sie schon allein ins Revier läßt, sollte man ihnen auch vieles verzeihen können. Der schlimmste aller Fehlabschüsse ist in einem gut geführten Revier noch lange kein Weltuntergang. Weit schlimmer ist die führende, beim Aufbrechen weißen Schweiß versprühende Geiß – ein arges Malheur mit weitreichenden Folgen. Doch alle Fehler, die aus Unkenntnis geschehen, sind verzeihlich, denn es steht kein Leichtsinn oder gar die böse Absicht hinter ihnen. Die führende Geiß – das ist im Lauf der langen Jahre fast jedem von uns schon passiert. Aber es war uns eine Lehre, und schließlich macht nur die Summe der Erfahrungen den waidgerechten Jäger. Einen zugleich unfehlbaren gibt es nicht.

Da sitzt nun der Jüngling, der im Winter brav beim Füttern geholfen hat und schon ein ganzes Jahr mehr mit dem Salzbeutel als mit der Büchse unterwegs ist, erstmals alleine draußen im Revier und hat ein Stück Rehwild frei. Was will er? Er will es auch erlegen, das ist doch nur zu verständlich, dazu ist er ja Jäger geworden. Und weil er genau weiß, daß man Bewährung von ihm erwartet und verlangt, nimmt er sich zusammen, um seinen Jagdherrn nicht zu enttäuschen. Er paßt gut auf, bemüht sich beim Ansprechen und erst recht beim Schuß. Was beim Ansprechen herauskommen kann, davon war soeben die Rede. Befassen wir uns aber nun mit dem Schuß. Gerade weil er eifrig ist und anständig und sich bemüht, wird er – in der Mehrzahl der Fälle – in der ersten Zeit keine häßlichen Mißerfolge haben. Denn, ganz grob vereinfacht: Bei den heutigen optischen Zielhilfen und bei Einhaltung der primitivsten waidmännischen Regeln (Entfernung, breitstehendes Wild, Sorgfältigkeit bei der Schußabgabe) ist es nicht allzu schwer, einen guten Schuß anzubringen. Er wird also in den ersten Jahren außer erlegtem Wild noch eine Reihe von »Erfolgserlebnissen« mit nach Hause tragen, was die eigene Schießkunst betrifft. Und nun ist eine merkwürdige Erscheinung bei vielen jungen Jägern zu beobachten, ein beinahe logischer Vorgang: Die anfänglich so lobenswerte Bemühung brachte Erfolg, der Erfolg wiederum stärkte das Selbstbewußtsein. Doch jetzt besteht die große Gefahr, daß sie meinen, es müßte auf ewig so weitergehen. Sie sind ihrer selbst zu sicher geworden. Um so mehr, wenn auch ein paar riskantere Schüsse (zu weit oder halbspitz stehendes Wild) kein böses Ende nahmen, was ja durchaus nicht immer der Fall ist. Selbstbewußtsein, sofern es nicht in Überheblichkeit umschlägt, ist an sich gewiß noch keine schlechte Charaktereigenschaft. Aber es verleitet leicht zur Schlamperei, zur Überschätzung des eigenen Könnens und der Möglichkeiten, die gerade noch im Rahmen des Vernünftigen liegen. Wer überhaupt nicht mehr zögern kann und den Erfolg schon im Rucksack zu haben glaubt, ehe er noch das Züngel berührt, ist auf dem besten Weg zum Schießer, schlimmer noch, zum abscheulichen Aasjäger.

Irgendwann ist dann aber bei jedem anständigen Menschen der Punkt erreicht – meist nach einer plötzlichen, ihm selbst zunächst noch unbegreiflichen Serie von Mißgeschicken –, wo er weiß: »Hoppla, so geht es wirklich nicht!« Dann kehrt er um auf seinem Weg, spätestens wenn er erkennt, daß die Zeche für seine Mißgeschicke das Wild dort draußen bezahlt, ein lebendes, warmblütiges Wesen, ausgestattet mit Gehirn und Nervenbahnen und Schmerzempfindungen, nicht anders als der Mensch, der Jäger, der ihm ohne Gier nachstellen sollte. Gier und Brutalität mögen in Urzeiten bei der Jagd am Platz gewesen sein, als das Wild den Grundstock der Nahrung darstellte. Heute jagt der Mensch nicht mehr, um seine Horde zu ernähren, sondern um den Wildstand zu erhalten und ihn zu regeln. Wildbraten gibt's in jedem besseren Wirtshaus.

Wer dies im Laufe der Jahre von selbst begreifen gelernt hat, ohne daß man es ihm in öden Seminaren oder sonstwo eintrichtern mußte, befindet sich zumeist schon – fast unabhängig vom Lebensalter – in der zweiten Phase des Jägerlebens, im Stadium der Reife. Das waidgerecht erbeutete Stück freut ihn natürlich von ganzem Herzen, und das ist gut und richtig so, denn andernfalls wäre er nämlich schon übersättigt und kaum mehr zu gebrauchen für die Jagd. Aber der Erfolgsdruck ist von ihm gewichen. Er hat es nicht mehr nötig, sich selbst und anderen etwas beweisen zu müssen. Das nimmt ihm die drängende Unruhe, verschafft ihm Überblick über das Notwendige und das Läßliche. Er muß nicht mehr, sondern er darf! Er hat seine Lektionen gelernt, und das, was es immer wieder dazuzulernen gilt, das wird er auch noch schaffen. Er hat seine Erfahrungen katalogisiert und in der richtigen Schublade aufbewahrt, die guten wie die schlechten. Die schlechten sitzen wie Angelhaken fest in seinem Gedächtnis und Gewissen, und er kennt nun seine eigenen Grenzen und die Grenzen seiner Büchse. Er schießt nicht mehr irgend etwas möglichst Passendes, sondern er wählt aus unter all dem, was paßt. Das ist ein großer Unterschied. Und wenn gar nichts Passendes in Anblick und Schußweite kommen will, so trägt er es mit Gelassenheit, ohne sein unseliges Schicksal anzuklagen. Ist der Augenblick aber da, wird er mit Ruhe und Entschlossenheit handeln. Natürlich beschleicht auch ihn hin und

wieder noch ein bißchen Schußfieber. Hätte er es nicht, verspürte er nicht ab und zu ein wenig Puls- und Händeflattern, wäre er kein Jägermensch, sondern ein erloschener Vulkan, ein eiskalter, erbarmungsloser Wildtöter. Aber er weiß das Flattern unter Kontrolle zu halten, dem Wild zuliebe, so seltsam das den unverständigen Jagdgegnern auch klingen mag. Und wenn er dann hintritt vor den Fehlabschuß, der auch ihm noch da und dort unterläuft, wenn er ihn im wahrsten Sinn des Wortes »begreift« und nun unwiderruflich anspricht, dann erkennt und begreift er auch zum soundsovielten Male, wie sehr er Mensch ist und irren kann. Aber er braucht deswegen nicht hinzuknien, sich die Haare zu raufen und reuig an seine Brust zu klopfen. Es genügt, wenn er (wieder einmal) versucht, es sich ins Notizbuch zu schreiben. Er hat es nicht absichtlich getan, das ist wichtig. Das ebenso heuchlerische wie weinerliche Jammern nachher beim Bier (»O Gott, daß ausgerechnet mir so etwas passieren muß!«) soll er denen überlassen, die rücksichtslos und in Scheißdraufstimmung hingehalten haben.
Wenn der Jäger in seiner Reifephase wirklich sein unzulängliches Menschsein erkennen will, dann nicht zuletzt auch durch gute Bücher. Im Jahre 1976 erschien das unterdessen längst berühmt gewordene Buch von Albrecht Herzog von BAYERN »Über Rehe in einem steirischen Gebirgsrevier«. Es ist darin sehr viel von starken Trophäen und von Fütterungsmethoden die Rede. Heute, bald zwei Jahrzehnte später, ist so manchen Leuten, die immer wildfeindlichere Gesetze erfinden, das vorletzte Reh schon ein Dorn im nur auf Forst und Bilanz gerichteten Auge. Sogar die Winterfütterung in der ärgsten Notzeit wird unter Heranziehung von zahllosen Gutachten, die einander aber ständig widersprechen, schon heftig verteufelt, um nur ja der Natur den »Auslese«- sprich: erwünschten Aushungerungsprozeß zu überlassen. Wobei diese Naturfanatiker und ferngesteuerten Experten gern unerwähnt lassen, daß ja der Mensch es war, der dem Wild den Lebensraum und die Nahrung genommen hat.
Wie dem auch sei: Unvergänglich gültig aber bleiben die Worte des Verfassers über das Menschsein und Irren des Jägermenschen, wenn er bekennt, er sei »nach fünfzig Jahren intensiver Beschäftigung mit Rehen immer noch nicht draufgekommen, wie man das genaue Alter am lebenden Stück erkennen kann...«
Wie sollte man auch, wenn sich nicht einmal unsere Wissenschaftler über die Auswertung des Zahnabschliffs einig sind.
Und O. Graf KUJAWSKI schreibt: »Zweifel am Götterblick. Absolut sichere Altersmerkmale gibt es nicht.« (DIE PIRSCH, München, Oktober 1985)
Das sind Wahrheiten, gültige Worte, auch wenn sie auf Kollisionskurs liegen mit unseren kleinen, aber so verständlichen Eitelkeiten bei unseren Stammtischgesprächen. Der Jäger in der zweiten, in der Reifephase seines Jägerlebens sollte das alles wissen. Auch, daß die Jägerei nicht immer »gar lustig ist«, wie es in dem Liedchen heißt. Ich kannte einen, der nahm nie wieder eine Büchse in die Hand und gab das Jagen auf, weil die Geiß mit dem Laufschuß so grell und erbarmungswürdig klagte, bis wir sie fanden und ihr den

Fangschuß geben konnten. Und ich kannte einen anderen, der schmetterte seine teure Büchse samt teurem Glas an den nächsten Baum, als ihm beim Aufbrechen der »Schmalgeiß« die Milch entgegenquoll.

Vor Überreaktionen wird gewarnt! Aber die Zartbesaiteten sind nicht die Schlechtesten. Die Eiskalten, die Rücksichtslosen sind weit schlimmer. Man muß es auch bei der Jägerei – wie im übrigen Leben – verkraften können, ein durchschnittlicher, irrtumsanfälliger Mensch zu sein. Ohne Götterblick.

Hat man es dann einmal verkraftet und annähernd begriffen, ist man offenbar reif, überreif für den letzten Abschnitt des Jägerlebens, für die Phase der Rückbesinnung. Mag sie kommen wann immer, für jeden kommt sie, und jeder stellt sich die Frage, ob nun alles vorbei sei. Nichts ist vorbei, schon gar nichts ist vergessen, man hat nur vieles hinter sich, was die anderen noch vor sich haben, Gutes und Böses. Man kann es drehen und wenden wie man will, man kann hin und her formulieren, aber im Grunde hat man es hinter sich. Man ist – auch hier wieder der Vergleich mit dem Berufsleben – im Ruhestand. Solange die Füße noch tragen, ist man immer wieder gerne draußen im Revier, und wenn die Jungen von einst, die nun selbst in der Reifephase sind, Verständnis genug haben, erleichtern sie einem vieles. Sie schleppen dir den Bock nach Hause, den du einst, vor Jahrzehnten, für die damals Alten geschleppt hast. Und so manches mehr. So wiederholt sich alles. Hin und wieder fragen sie dich um Rat, aber weniger um ihn zu befolgen, sondern um zu wissen, wie es damals war. Die Entschlüsse fällen sie selbst, und auch das ist gut so und ganz natürlich, denn wir haben es damals auch nicht anders gehalten. Und wenn sie Verständnis genug haben für den Lauf aller Dinge, dann spötteln sie auch nicht allzu viel darüber, daß du nun weit weniger erlegst als einst.

Denn damit hat es nämlich auch seine eigene Bewandtnis. Nur zum geringeren Teil hat das etwas mit Übersättigung zu tun. Natürlich hast du schon deine Trophäenwände voll, der eine mehr, der andere weniger, je nachdem, wo er jagen durfte, doch die Zahl der vielgelästerten »Knochen an der Wand« sagt nichts darüber aus, gar nichts, ob einer ein guter Waidmann war oder ein miserabler. Und gerade im Alter denkt man oft: Du hast genug, du brauchst nichts mehr. Viel öfter aber liegt es an der löblichen Erkenntnis der nachlassenden körperlichen Leistungsfähigkeit. Wenn das Auge noch gut ist und ruhig die Hand, kann auch der alte Jäger noch so manchen sicheren Schuß anbringen, besonders da er nun nichts mehr übereilt. Er hat es lange genug gelernt, auf den richtigen Augenblick zu warten. Aber so manche gute Chance wird nicht mehr genützt, weil etwa dem einem die Leiter schon zu steil ist und zu hoch oder dem anderen das Sitzfleisch schon zu dünn. Oder weil er den Schuß über die wildverwachsene tiefe Schlucht hinweg unterläßt, weil dann das Problem des Bringens auf ihn zukäme. Das alles ist nichts anderes als vernünftig. Die Überschätzung der eigenen Kräfte und Fähigkeiten kann gefährlich werden, und nichts ist peinlicher anzuhören als in der Jägerrunde prahlende Greise. Es sei denn, sie lassen nur zum Spaß die nicht mehr vorhandenen Muskeln spielen, dann kann Latein recht lustig sein.

Vom Jäger in der dritten Phase, in der Phase der Rückbesinnung, hört man oft, es läge ihm gar nichts mehr an der Erlegung, er wolle nur mehr die Natur genießen und deren Wunder schauen. Das stimmt jedoch nur zum Teil. Wenn er zeit seines Lebens Freude an Gottes schöner Natur hatte, kann ihm auch das Alter diese Freude nicht nehmen. Das »nur mehr Schauen« aber dürfte ein frommer Selbstbetrug sein. Warum nimmt er denn die Büchse mit ins Revier und nicht nur das Fernglas? Wer je wirklich Jäger war und nicht nur Jagdscheinbesitzer, träumt auch im allerletzten Wundbett noch von längstvergangenen Tagen und den jagdlichen Höhepunkten seines Lebens, er würde sie liebend gern noch einmal nachvollziehen. Es ist an vielen Beispielen nachzuweisen, daß das »nur mehr Schauen« nichts anderes ist als ein sich selbst eingeredeter, aufgezwungener Ersatz für das, was ganz einfach nicht mehr so sein kann wie früher.
Wirklich wesentlich ist in dieser dritten und letzten Phase, daß die Erinnerungen hell und freundlich und die Erfahrungen nicht von einem allzu bitteren Beigeschmack überschattet sind.

Und nun möge der Leser, wenn er sich auf ein riskantes Ratespielchen einlassen will, selbst beurteilen, aus welcher meiner drei Phasen die nun folgenden Erzählungen stammen könnten. Manche sind heiteren Sinnes, andere wieder werden nachdenklich stimmen. Eines haben sie gemeinsam: Von manchen erzählerischen Freiheiten abgesehen, sind sie alle wahr, hervorgeholt aus dem tiefen Brunnen der Erinnerung an langes Jagen in bescheidenen Revieren...
Nicht irgendwo in Afrika oder Alaska, sondern bei uns daheim, wo du jede Katze kennst im Dorf und jeden großmäuligen Hahn, der auf den schon spärlich gewordenen Misthaufen kräht.

Frau Wirtin hatt' auch einen Kater . . .

Er war pechschwarz wie der Leibhaftige und von allen anderen pechschwarzen Teufeln nur durch eine – ausgerechnet! – schneeweiße Schwanzspitze zu unterscheiden, die nervös auf und nieder zuckte, wenn ihm irgend etwas nicht gefiel, denn reichlich eigensinnig war er ja, wie alle Katzen. Aber meist gefiel es ihm, mich ungestüm zu begrüßen, wenn ich an dem kleinen Tisch gleich neben der Theke Platz nahm, auf meinem Stammsitz am Stammtisch, und wenn ich Pech hatte und er seinen besonders liebevollen Tag, dann katapultierte er sich mit der ganzen Wucht seiner acht Kilogramm mir auf die Schulter. Dort ließ er sich häuslich nieder und begann lauthals zu schnurren. Halbangorawolle – das kitzelt ganz schön im Ohr. Ich hätte es ihm von Anfang an abgewöhnen sollen, meine Schulter zu besteigen, denn mit einem einmaligen freien Sprung schaffte er es nicht bei seinem Körpergewicht, er brauchte einen Zwischenspurt etwa in der Höhe meines Bizeps, und dort setzte er die Krallen seiner Hinterpfoten ein, die so lang waren wie die Spikes eines Rennläuferschuhs. Nur eben krummer, widerhakiger. Im Winter, wenn man Loden trug, war das weniger schmerzhaft als im Sommer, wenn unsereiner ungeniert die grünen Hemdsärmel nach oben krempelt. In Gretas gastlichem Haus darf man das. Sie hält viel von Ordnung und Ruhe im Lokal, aber zum Krawattenzwang sind wir noch nicht herabgesunken.
Offiziell heißt er Bingo, aber ich nenne ihn Satan, weil er so schwarz ist, wie der richtige Teufel angeblich sein soll. Genau weiß ich das nicht, denn dem bin ich bisher nur wenige Male und in ganz besonders kritischen Stunden meines Lebens begegnet, und das bezeichnenderweise immer nachts, wenn alle Teufel schwarz und alle Katzen grau sind. Aber ich bin nun mal ein unverbesserlicher Katzenfreund. Ich liebe sie, die schwarzen Teufel und die anmutigen zartgliedrigen Miezen und die dreifärbigen Glückskatzen. Ich liebe ihre zurückhaltende, zuweilen fast arrogante Art, wie sie einen anstarren können mit gelbem, schwelendem Blick und schmaler, geringschätzig abwägender Pupille. Sie wissen, was sie wollen, und sie kriegen es auch meist. Sie erniedrigen sich nicht und betteln nicht darum. Das ist so Katzenart.
»Greta«, sagte ich zu unserer Wirtin, »du weißt, daß ich Katzen liebe, weil sie so schmiegsam sind. Aber –«
Sie hob die Hand, war anderweitig beschäftigt, gebot mir Geduld, gab einem sich verabschiedenden Gast ein wenig Kleingeld heraus – da muß man sich doch konzentrieren als Wirt beim Herausgeben, wo käme man denn sonst hin als bitter geschröpfter Steuerzahler. Dann setzte sie sich zu mir und spann meinen Gedankengang fort. Die Buchenscheite im großen Kachelofen knisterten gemütlich und kämpften erfolgreich gegen die Januarkälte an.

»Jaja«, sagte sie. »Ich kann mich recht gut erinnern. Das ist aber schon lange her.« Sie seufzte ein bißchen.
»Ich spreche von den vierbeinigen!« murrte ich böse. »Ich mag Katzen«, sagte ich, »wenn sie brav am Fenster in der Sonne sitzen und Fliegen fangen oder in Haus und Hof flink und unermüdlich die Mäuse dezimieren. Ich habe auch nichts dagegen, wenn dein schwarzer Satan meinen Buckel besteigt, um mir ein Liedchen ins Ohr zu singen. Aber wo war er gestern während des Frühschoppens? Wo war er vorgestern, als wir nachmittags die lange Pächtersitzung hatten? Kannst du schwören, Greta, daß der Kerl sich nicht schändlich draußen in Wald und Flur herumtreibt, wo er und seinesgleichen nichts, aber schon gar nichts zu suchen haben?«

Frau Wirtin seufzte wieder. Sie beherrschte das Seufzen perfekt, es stand ihr gut, und sie wußte es genau. Der melancholische Ausdruck um die braunen Augen verjüngte sie, nahm ihrem Haar den weißen Schimmer dahingeflossener Jahrzehnte, ließ sie aussehen fast wie einst, als wir – nun ja. Lassen wir das. Was mich überkam, das war so etwas wie insgeheime Rührung. Nicht Rührseligkeit: Rührung, Berührtheit. Das ist etwas ganz anderes. Eine unhörbare zarte Glocke schlug in meinem Innern an und wies mir ernsthaft die Zeit, die wir vor langer Zeit miteinander verbracht und leider sinnlos vertan hatten.

»Bring mir noch ein Bier!« befahl ich harsch, und sie tat es wortlos. Ich sah sie hinter der Theke hantieren, groß und schlank, ihre Rückenlinie war jugendlich geblieben und reizvoll wie damals.

»Ich möcht dem schwarzen Satan draußen nicht begegnen!« sagte ich und schubste ihn brüsk von meiner Schulter. »Hast du mich begriffen?«

Das galt allen beiden, ihm und ihr. Sie antwortete nicht, und er machte seine Augen nur noch gelber und sah mich unergründlich an, wie durch zwei geschlitzte Löcher guckte er heraus aus seinem abgrundschwarzen Fell. Die weiße Schwanzspitze zuckte ärgerlich hin und her, weil er noch ein wenig auf meiner Schulter hatte bleiben wollen.

Ja, ich war und bin ein großer Katzenfreund, ich liebe sie, weil sie so selbstbewußt sein können wie ein allwissender Herr Professor und gleichzeitig so verspielt wie ein ahnungsloses Kind. Aber eben alles zu seiner Zeit und am richtigen Ort. Draußen im Revier liebe ich sie nicht. Und oft schon hatte ich mich gefragt, was wohl geschehen würde und müßte, wenn ich Gretas schwarzem Satan begegnete: im dunklen Wald und auf der grünen Heide, wir beide auf der Pirsch. Er und ich. Unseren Trieben folgend. Jeder in seinem vermeintlich guten Recht. Aber wir Menschen haben den Katzen das Jagen verboten. Mit einigermaßen gutem Grund. Nur – sie wissen es nicht. Oder wenn sie es wissen, dann wollen sie nicht wissen, daß sie es wissen. Sie lassen sich nicht dazu herab. Das haben sie nicht nötig.

»Ha!« machte Greta geringschätzig und zog die Mundwinkel abwärts, was damals – du großer Gott! – nicht so sehr die Fältchen hervorgerufen, sondern eher schelmisch gewirkt hatte. »Ha! Der faule Fettsack geht doch nicht wildern. Dafür leg ich meine Hand ins Feuer...«

»Tu's lieber nicht«, warnte ich, trank mein Bier aus, klopfte ihr väterlich auf die Schulter – einst wär's der Popo gewesen – und ging in Gedanken versunken nach Hause.

Der Morgen war kalt und feucht, Nebelschwaden zogen über die winterkahlen Felder, und der ferne Waldrand sah aus wie auf einer kitschigen Postkarte: dunkel und reifbehangen die hohen Fichten, mit schweren, durchhängenden Ästen drohend, und dahinter ging die Sonne auf, erst rosenrötlich, dann immer gelber.

Ich hatte nach den Mufflons sehen wollen, die bei uns in den letzten Jahren zum Standwild geworden waren, und wer das will, der muß früh am Morgen raus und auch den ganzen Vormittag Zeit haben. Die Wildschafe sind ein unstetes, eigenwilliges Volk. Sie abends beim simplen Ansitz in Anblick zu bekommen ist nur Sonntagskindern beschieden, und so eins bin ich nicht. Mir läuft so rasch nichts zu. Ich gehöre nicht zu denen, die kurz vor Einbruch der Dämmerung mit gerunzelten Brauen auf die Uhr sehen, sich schnell noch ins Auto werfen, irgendeinen Hochsitz ansteuern, ganz egal, welchen, und nach einer halben Stunde schon wieder zum heimatlichen Herd rudern, verkehrt durchs Tor herein, mit dem Kofferraum voran, damit sie das Stück nicht so weit zur Wildbretkammer tragen müssen. (Oder auch: Damit ihnen keiner dabei zusehen kann.) Ich muß mir alles mühsam erarbeiten, ersitzen, erzittern und erfrieren. Im Sommer hart erschwitzen. Nach viereinhalb Jahrzehnten Jagd weiß ich immer noch nicht, ob Diana mich mag. Diana ist nicht wie andere Frauen. Bei einer Frau aus Fleisch und Blut müßte man es längst wissen...

Und so saß ich also in der engen Kanzel mitten auf den Feldern, sah zum Waldrand hinüber, wartete, fror und schüttelte mich, sah der eisigen Januarsonne entgegen und zitterte um so mehr, denn so sehr sie uns untertags sogar im Winter erwärmen mag, im Augenblick ihres frühmorgendlichen Erscheinens läßt sie uns die Kälte um so grausamer spüren. Widersprüchlich ist das und merkwürdig, wirklich.

Ich stellte den Mantelkragen hoch, blinzelte Madame ins knallgelbe Gesicht und nahm ein Schlückchen aus dem Flachmann. Das sollte wärmen, dachte ich. Tat es aber kaum. Zu spät. Ich war schon zu durchgefroren. Wenn man einmal zittert, nützt auch der brave Flachmann nicht mehr viel. Medizin muß man immer vorbeugend einnehmen, nicht erst im akuten Anfall. Da dachte ich eben an Greta und an die alten Zeiten. Das wärmte weit besser. War aber auch schon zu spät. Im Leben läßt sich nichts zurückholen. Am allerwenigsten verlorene, versäumte Wärme.

Wenn doch das schwere schwarze Biest jetzt da wäre, dachte ich. Satan mit der weißen Schwanzspitze. Den würde ich mir wie einen Pelzkragen um die schlotternden Schultern legen. Das wäre gut und warm. Vielleicht ließe er es sich gefallen, als Ofen mißbraucht zu werden. Katzen wissen alles. Das Wissen haben sie vor Jahrtausenden von den alten Ägyptern gelernt. Vielleicht würde er mir schnurrend erzählen, was Greta nie aussprach und was ich längst selber wußte.

Denn da hätte es aus längst vergangenen Tagen eine ganze Menge schnurrend zu erzählen gegeben. Und ich hätte ihm gern gelauscht, dem alten Satan. Den Taschenofen in der Hand – das Ding war schon wieder ausgegangen –, die Katze um den Hals, ein Stündchen noch bis zum Abbaumen, bis man endlich das Handtuch wirft, Enttäuschung, Verzicht und neue Hoffnung im Herzen, und sich steifgefroren hinunterbegibt zu Mutter Erde.

Ich habe ihn herbeigehext mit meinen Gedanken. Ich hätte nicht so denken sollen, nicht so wünschend und zwingend. Können Gedanken Wunder wirken? Vorne an der Waldecke, wo der Feldweg sich unter den Fichten dem Blick entzog, dort vorne, hundert Schritt weit, gab's plötzlich auf dem öden, winterstarren Weg einen dunklen Punkt. Hoch mit dem Fernglas, und natürlich waren die Linsen sofort vom Atemhauch beschlagen. Verdammt, immer dasselbe. Zu Hause, im Waffenschrank, gibt's ein prima Antibeschlagmittel. Man darf es nur nicht anzuwenden vergessen. Hastiges Reiben mit dem Taschentuch – so, jetzt war das Bild wieder klar. So klar, daß es mich verwirrte und in Nöte brachte.

Der Satan war's, wer sonst. Ein runder, fetter schwarzer Punkt mit weißer Schwanzspitze mitten in der Landschaft, ganz still saß er, und irgend etwas hatte er in seinem räuberischen Tigerrachen. Was war das bloß? Was konnte es sein? Ein Junghäschen? Nicht um diese Jahreszeit. Ein Singvögelchen? Schwarzen Tigern mit gelben Dschungelaugen ist das alles eins...

Ich griff zur Büchse, aber die Kälte peinigte mich gleichermaßen wie die Gewissenskrämpfe, denn ich wußte nicht, woran ich zuerst denken sollte: an den schwarzen Tiger, an das Vögelchen, an Recht und Ordnung im Revier – oder an Gretas unausbleibliche Tränen. Und ich wußte, daß ich, obwohl nur hundert Schritt, geschüttelt vom Frost und sofort fälligen schweren Entscheidungen, mit der Kugel fehlen würde. Doch Satan nahm mir die Bürde der Entscheidung ab. Meist ist es doch so, daß der andere Satan, der mit dem Bocksfuß, uns im Leben vor tückische Entscheidungen stellt. Dieser alte Freund namens Satan tat es nicht: Er setzte sich flott in Bewegung, her zu mir, den Weg entlang, und das ungewisse Etwas baumelte noch immer in seinem Rachen. Die Kugel kam nun also nicht mehr in Frage, und ich glaube, ich war sogar ein wenig erleichtert. Aber der böse Strolch, der so gemütlich auf meiner Schulter schnurren konnte, geriet jetzt bald in den Bereich des bissigen Schrotlaufs. Und nun, heiliger Himmel, setzte er sich hin, hielt still, abgezirkelt auf dreißig Meter. Im sechsmal vergrößernden Zielfernrohr erkannte ich nun endlich auch die Beute. Links ragte der Kopf, rechts das Schwänzchen einer Maus aus dem Katermaul.

Nur eine Maus, dachte ich erlöst, wohl wissend, was ein starker Kater im Revier anzurichten vermag. Aber in diesem Augenblick war es wie eine Befreiung. Für mich und für ihn.

Nur eine Maus, hatte ich gedacht. Nur. Ob ich wohl den Abzug durchgezogen hätte, wenn's ein Vögelchen oder ein Viertelhäschen gewesen wäre?

Ich muß einmal in einer stillen Stunde, wenn kein Mensch im wohlig warm geheizten Lokal ist und Satan zufrieden auf meiner Schulter schnurrt, mit Greta darüber reden. Man kann da nämlich verschiedener Meinung sein. Aber ich werde mich bemühen, ihr alles zu erklären, und ich bin sicher: Sie wird mich verstehen.

Baum-, Haus- und Stubenmarder

Auf dieser so unverschämt gescheit und aberwitzig gewordenen Welt gibt es offenbar nichts mehr, was für sich allein bestehen kann. Da hat kaum einer mehr den Mut zu sagen: »Hier stehe ich. Ich kann nicht anders. So ist es und so bleibt es.« Angesichts der Auswahl, die uns eine übertechnisierte, unüberblickbare Geistes- und erlebbare Welt bietet, wuchern die Möglichkeiten. Auswege, Umwege, neue Wege und alte, ausgetretene bieten sich an. Gute und schlechte. »Alternativen« nennt sich das auf neudeutsch. Der Computer serviert sie zur Auswahl, und ohne Alternative läuft nichts mehr. Ohne Alternative in der Tasche traut sich kein vernünftiger Mensch mehr auch nur über die Straße. Jedes Ja braucht sein Nein, jedes Hier sein Dort, und jedes Entweder sein Oder, das man im gegebenen Augenblick wie ein weißes Kaninchen taschenspielerisch aus dem Zylinderhut zaubert, um nur ja nicht zu denen gezählt zu werden, die unrecht haben und auf der Verliererseite stehen. Denn verlieren will doch keiner.

Diese pseudo-philosophische, vielleicht sogar ein wenig schmerzlich klingende Einleitung hat aber mit unseren Mardern nichts zu tun. Nichts, was neu an den Tag gekommen wäre, denn die Alternativ- oder Oder-Marder gibt es schon lange. Sie leben nicht am Fluß namens Oder, sondern in den Lehrbüchern, aus welchen unsere jungen Jäger die nötige Weisheit schöpfen, um durch die Prüfung zu kommen. Der eine Oder-Marder, der mit dem weißlichen gegabelten Kehlfleck, ist der Stein- oder Hausmarder. Der andere Bursche, nicht weniger flink als sein mehr häuslicher Vetter, der mit der eher goldgelblichen abgerundeten Krawatte, wird Baum- oder Edelmarder genannt. Schon wieder ein Oder. Eine neue Alternative.

Ich gebe zu, daß ich als Jungjägerlein, damals ganz ohne Computer, Schwierigkeiten mit den Alternativen hatte. Heute weiß ich, daß die besonders Gescheiten die beiden Kerle nicht nur am weißlichen oder gelblichen Kehlfleck auseinanderkennen, sondern - sofern schon erlegt und nicht mehr bissig - sogar am Gebiß! Sieh einer an, welch blitzgescheiten Alternativisten es gibt. Mir persönlich genügen meist die Farbe des Balgs und die Halskrause. Erst wenn durch natürliche Farbvarietäten oder neumodische Kehlfleck-Designs gar nichts mehr zusammenpassen will, und das ist selten, mache ich mir die Mühe, grüblerisch festzustellen, ob der hinterste, der Mahlzahn, nur einen Höcker hat oder zwei. Kribbelige Entscheidungen überlasse ich gern unseren Gelehrten. Ich weiß nur, daß es außer den beiden in jedem Lehrbuch breitgetretenen Marderarten - wobei breitgetreten bitte nicht wortwörtlich zu nehmen ist! - noch eine dritte gibt: den Stuben- oder Zimmermarder. Der muß in unsere Lehrbücher erst aufgenommen werden.

Auch dem alten Leghofer war es sicherlich egal, ob sein Problem nun ein Stein- oder Hausmarder oder ein Baum- oder Edelmarder oder ein sonstiger Oder-Marder war. Müde und abgerackert sah er aus, als wir uns am Sonntagvormittag bei einem kleinen Frühschoppen im Dorfgasthaus trafen. Er hatte etliche Sorgen mit seiner Tochter und den drei Enkelkindern drunten in der Stadt, jeder wußte es und keiner sprach darüber. Es gibt so manche Dinge, mit denen jeder ganz allein fertigwerden muß. Keiner kann ihm helfen dabei.

Seine schweren, von lebenslanger harter Arbeit gezeichneten Hände lagen vor ihm auf dem Tisch hingebreitet, dazwischen stand, kaum angetrunken, vielleicht weil er den Genuß hinauszögern wollte, das Glas Bier. Für den Kenner war das eine anzweifelbare Taktik, denn das Schaumhäubchen verfiel immer mehr.

»Und jetzt«, erzählte er so halb und halb im Scherz, »macht mich der Fuchs noch ärmer, als ich schon bin.« Er lächelte, aber es sah nicht sehr fröhlich aus. »Kommt der unverschämte Kerl doch glatt herein in meinen Hühnerstall und beißt mir zwei Hennen tot.«

Ende Februar war es. Daß eine sehr frühzeitig zu Beginn des Januar in die Ranz gekommene Fähe schon Junge hatte, war nicht grundsätzlich auszuschließen, aber eher unwahrscheinlich. Die Füchse versorgen ihr hungriges Geheck daheim im Bau, und besonders die Fähen sind als aufopfernde Mütter zu mancherlei Tat und Untat bereit, aber wenn sie schon wirklich verwegen in einen Hühnerstall einbrechen, dann würgen sie die Hennen nicht nur ab, sondern schleppen ihre Opfer auch mit fort, in den heimatlichen Bau zu den Jungen. Irgend etwas an der Erzählung des alten Leghofer gefiel mir nicht. Zweifel war angebracht. »Nur totgebissen?« fragte ich ungläubig. »Und einfach liegengelassen?« Er nickte.

Zwei Hennen sind zwar heutzutage kein existenzbedrohender Verlust mehr, kein Bauer macht ein großes Geschrei darum, wenn das füchsische Verlangen damit sein Ende gefunden hat und das Gemetzel sich nicht reihenweise fortsetzt, aber eine ärgerliche Sache war es dennoch, zumal der alte Leghofer kein Bauer war, sondern ein krankheitsbedingter Frührentner und recht ärmlicher Einsiedler weit draußen vor dem Dorf. Nein, es ging ihm nebst allen Sorgen mit den Kindern und Kindeskindern in der Stadt auch finanziell nicht glänzend, und das sonntägliche Bier, das er hier vor sich stehen hatte, zwischen seinen dickgeäderten braunen Unterarmen, war so ziemlich der einzige Luxus, den er sich leisten konnte. Mit einem Wort, der Leghofer war ohne sein eigenes Verschulden innerhalb weniger Jahre in bittere Not geraten. So schnell geht das manchmal.

»Ich seh mir das an«, sagte ich zu ihm. Ein Blick auf die Uhr: Ja, die Zeit reichte noch bis zum Mittagessen. »Trinken Sie aus. Wir fahren.« Ein Wink hinüber zum Wirt, der nickte zurück, und Leghofers Sonntagsbier stand auf meiner Rechnung. »Danke«, murmelte der Alte. Wir verließen die Gaststube. Drinnen in Rauch und Lärm blieben die Kartenspieler, die von der Sonntagsmesse Getrösteten und die Hungrigen, denen der Braten am heimatlichen

Herd schon vor lüsternen Augen schwebte. Sie alle brauchten ihrem Charakter nur noch einen kleinen Schubs zu geben, um den Heimweg antreten zu können. Aber das war alle Sonntage so. Hier bei uns und fast überall auf der Welt.

Es war ein milder, sonniger Februartag, wie es ihn oft gibt. Draußen war die Luft frisch und frühlingverheißend. Nur die unverbesserlichen Optimisten glauben an solchen Tagen, der Winter sei schon vorbei. Ich verpackte den alten Leghofer in meinem hochbeinigen Geländejapaner und schnallte ihn fest. Er roch ein wenig abgestanden: nach feuchtem Loden aus feuchtem Schrank in feuchtem Haus. Ein klein wenig auch nach altem Mann. Ich fühlte Erbarmen mit ihm. Der Leghofer tat mir leid.

Auch mit dem Wagen brauchte man gute fünf Minuten bis hinaus in die Einschicht, aus dem Dorf heraus, dann im Schleichgang über Feldwege und Traktorgleise hin bis zum Wiesengrund, wo fünfzig Schritt vor dem Waldrand das alte, nun schon halbverfallene Häuschen stand. Geborstene Ziegel auf dem Dach, fingerdick moosübersponnen. Ein uralter Schwengelbrunnen, die hölzerne Röhre schief und geborsten. Weiß Gott, was da drunten sich tummeln mochte im Wasser an glitschigen Lurchen und Quappen. Aber der Leghofer überstand es ohne äußerlich erkennbaren Schaden.

Ich trat auf die Bremse, hielt vor dem windschiefen Tor und hob das federleicht gewordene Männchen von seinem hohen Sitz. »Zeigen Sie mir den Hühnerstall«, sagte ich.

Ich sah mich aufmerksam um. Der Hühnerstall war - merkwürdigerweise -, so sehr er sich mit seinen morschen Brettern auch wie schutzsuchend an das baufällige Haus drängte, noch das offenbar stabilste Gebäude des gesamten »Ensembles«, wie es die Architekten naserümpfend genannt hätten. Morsch, aber dicht, keine Lücke im alten Gebälk, durch die ein Fuchs sich hindurchzwängen könnte. Die Fenster waren noch verglast, die Tür mit derbem Riegel verschließbar.

»Und die Tür war zu?« fragte ich. Er beschwor es. »Wo sind die zwei Hühner?« wollte ich wissen.

Eine Besichtigung der Opfer war unmöglich. Schon gespeist. Willkommene Abwechslung für den Witwer, der es seit vielen Jahren gewohnt war, für sich selbst zu kochen. Was Witwer eben so kochen: Tee und Brot und Käse, und wenn sie Eier haben, auch gelegentlich einmal drei Eier in die Pfanne gehauen. Aber wenn der Fuchs die Hühner holt, haben sie keine Eier. Das ist der Unterschied zu den größeren Bauern, die wegen einer Henne oder zwei kein längeres Geschrei dahermachen.

»Kein Fuchs!« sagte ich zum alten Leghofer. »Garantiert nicht. Was anderes. Kommen Sie mit!«

Wir umrundeten Haus und Stall, tappten in die winterfeuchte Wiese hinein, auf der im Sommer die roten Böcke standen, gingen hin bis zum Wald und auch ein Stück in den Wald hinein. Dort gab es verfallene Reste eines uralten, schon überwucherten Gemäuers. Die Natur ergriff Besitz davon, was Menschen einst erbaut hatten. Nicht einmal die Einheimischen wußten, ob

das vor hundert Jahren oder mehr ein Stall, eine Scheune oder ein Wohnhaus gewesen war. Woher hätte ich es wissen sollen, der Fremde, der erst zwanzig Jahre hier im Dorf wohnte? Gerüchte gingen um, dort drin habe sich einer erhängt, die Ängstlichen glaubten an Gespenster und mieden den Ort. Aber heute gab es, nüchtern betrachtet, nicht viel mehr als ein paar mannshohe Mauerreste und verrottete Winkel voll Schutt und zusammengebrochenem Dachbalkendickicht. Kreuz und quer. Ein idealer Ort für den Hausmarder? Ich suchte Losung auf den Steinen, und der alte Leghofer hielt sich scheu im Hintergrund. Außer verfaulter, dahingesunkener Vergangenheit war da gar nichts mehr zu finden, nichts.
»Gehen wir hinein ins Haus«, sagte ich, und wir machten kehrt, schlenderten zurück, Hände in den Hosentaschen.
Das Haus war ärmlich, aber doch einigermaßen sauber gehalten, soweit ein kranker Mann das eben allein zustandebringt. Gegen die Feuchtigkeit, die aus den versinterten Mauern schwitzte, gab es freilich keine Rettung mehr. Hier konnte nur mehr die Schubraupe helfen. Aber wohin dann mit dem alten Leghofer? Zur Tochter in die Stadt konnte er nicht. Er konnte nirgendwohin mehr, außer in ein Altenheim.
Vor allem interessierte mich der Ausblick aus dem Stubenfenster, hinaus auf die Wiese, Richtung Waldrand. Nun, es sah recht günstig aus. Das alte Gras war noch winterlich zusammengefallen, und der Mondschein würde mithelfen. Es kam nur auf den Versuch an. Und Glück mußte man haben. Was heißt da Glück, nein: Waidmannsheil, und zwar eine kräftige Portion.
»Leghofer«, sagte ich, »wenn es Ihnen recht ist, komme ich am Abend wieder und setze mich hier ans offene Fenster. Falls es Ihnen zu kalt wird, kriechen Sie einfach ins Bett. Und aufs Licht müssen Sie diesen einen Abend verzichten, leider.«
Denn der alte Leghofer war ein leidenschaftlicher Leser. Abend für Abend ruinierte er sich seine Augen beim flackernden Schein der Petroleumfunzel, weil die Elektrifizierung damals noch lange nicht bis in jede hinterste Einschicht vorgedrungen war. Auf dem Tisch häuften sich abgegriffene Romanheftchen. Herz und Schmerz. Der reiche Bauernsohn Josef und die arme Almerin Kathi. Der Wilderer vom Sündbachgraben und sein schauriges Ende.
»Jetzt geh ich, Leghofer«, sagte ich. »Ich komm so gegen sieben, halb acht, da scheint der Mond schon ordentlich, und sitz bis elf, halb zwölf, wenn's Ihnen nichts ausmacht...Viel früher und viel später hat's keinen Wert. Unser Fuchs ist hungrig und sucht sich die günstigste Zeit aus.«
Nein, nein, kein Fuchs, dessen war ich gewiß. Das war etwas Kleineres, das durch die engsten Ritzen schloff. Ich verabschiedete mich von dem alten Mann und fuhr nach Hause, wärmte mir mein im Kühlschrank bereitgestelltes Mittagessen auf. Allerlei Gedanken trieben es mit mir, als ich mich nachher zum Schläfchen dem Sofa anvertraute. Ich tippte auf einen Marder. Marder können sich so schlank machen, als sei die Straßenwalze über sie hinweggefahren. Sie kommen fast überall durch, wo der Fuchs keine Chance

mehr hat. Und im Hühnerstall gibt es Hühnerfutter, und wo es Hühnerfutter gibt, gibt es auch Mäuse. Mäuse schmecken herrlich. Ich kannte einst einen Professor der Zoologie, der dies allen Ernstes behauptete. Ob er es auch selbst ausprobiert hatte?

Wenn in südlichen Ländern ein Dutzend Singvögelchen zu einer genüßlichen Mahlzeit ausreichen, so müßten doch auch ein Dutzend fette Mäuse, sauber aus der Decke geschlagen, gut gewürzt und am Spießchen gegrillt...

Der Gedanke war zu ungewöhnlich. Schwupp, fort war ich im Träumeland. Ich schlief unruhig, denn dort wimmelte es von fetten, sauber aus der Decke geschlagenen Mäusen mit langen Tasthaaren an der spitzen Schnauze.

Ich weiß, daß ich manchmal schnarche, und der Traum war offenbar so schlimm, daß ich mich mit einem heiseren Bellen wie ein Fuchs in der Ranz wachschnarchte. Sofort fiel mir der alte Leghofer ein, und wieder faßte mich das Mitleid mit ihm, der sich gern zwei oder drei Eier in die Pfanne schlug, weil das ein so leichtes Kochen war für einen alleinstehenden Mann. Doch nun besaß er nur mehr vier Hühner und einen mächtigen Hahn.

Ich sah rasch aus dem Fenster. Das freundliche Wetter hatte sich nicht verändert. Keine Wolken. Wenn sich der Jägerkalender nicht irrte, mußte der Mond kurz vor sechs Uhr aufgehen und mein Verbündeter werden.

Gegen Abend bekam ich dann am eigenen Leib zu spüren, wie rasch und bequem das geht, sich ein paar Eier in die Pfanne zu schlagen, denn meine Frau war bei Verwandten in der Stadt und würde kaum vor zehn oder elf Uhr nach Hause kommen. Die Rühreier schmeckten mir dennoch nicht so recht, denn ich hatte dazu, die Küchenschürze um den wohlgenährten Bauch, eine Handvoll würfelig geschnittenen Speck angebraten, und ich war fast sicher, daß der Leghofer keinen Speck hatte. Dann kroch ich halben Leibes in den mannshohen prallvollen Kühlschrank und kramte sechs Flaschen Bier hervor, weil ich ebenso sicher war, daß der Leghofer auch kein Bier zu Hause hatte. Sogar die bescheidensten Güter dieser Welt sind vom Schicksal oft ungerecht verteilt. Schließlich wechselte ich vom Kühlschrank zum Waffenschrank und stand sinnend lange davor.

Ja, wenn man nur immer wüßte, wie es laufen wird. (Wenn's überhaupt läuft!) Auf ein stillhaltendes Ziel im milden Mondlicht war man doch mit der Kombinierten und dem Schonzeitkaliber am besten bedient. Ich ging wieder zum Fenster. Richtig, dort draußen stieg schon der Dreiviertelmond über den Waldrand. Also die Kombinierte. Aber wer sagt denn, daß unser nächtlicher Besucher stillhält? Kann er denn nicht genausogut mit Volldampf aus dem Wald hervor und über die Wiese springen, auf altbewährtem Weg - husch! - hinein in den Stall? Dann werde ich das Nachsehen haben.

Und ich griff zur geliebten Flinte. Leicht und glatt lag sie in meiner Hand. Ich öffnete sie, kippte das Laufpaar ab, griff in beide Abzüge und schloß sie behutsam wieder. »Schlopp!« klang es dunkel, weich und ein bißchen schmatzend, ganz so, wie wenn ich meinem Enkelkind einen munteren Kuß auf die Nasenspitze gebe. Da war nichts laut, da knirschte und polterte nichts. Da fügte sich meisterlich eins zum anderen. Und schon stand fest, daß ich heute wieder einmal meine Lieblingsflinte nehmen würde. Ein paar Zeilen schrieb ich meiner Frau und legte den Zettel auf den Küchentisch: »Bin beim alten Leghofer!« Mochte sie sich ruhig ein wenig wundern. »Komme gegen zwölf.«

Aber so lange dauerte es dann gar nicht. Ich holte meinen Mantel, denn beim offenen Fenster würde es recht kühl werden, steckte eine Handvoll Patronen in die Hosentasche, legte die Flinte, das Nachtglas und die sechs Flaschen Bier ins Auto und fuhr los. Zur vereinbarten Zeit.

Der einsame alte Mann erwartete mich schon. Sein vergammeltes Zimmer war warm beheizt, die Luft zum Schneiden dick und miefig. Er hatte mir eine Freude machen wollen, doch daraus wurde nun ja nichts. Ich gab ihm ein Bier zu trinken, als Schlafmittel, dachte ich, vielleicht nützte es ein bißchen bei einem, der Alkohol auch in dieser sanften Spielart nicht gewöhnt war und sich nur sonntags eine Flasche oder eine Halbe vom Faß leisten konnte. Dann schickte ich ihn zu Bett. Er gehorchte wie ein folgsames Kind. Es war beinahe rührend, wie er mir vertraute. Die restlichen Flaschen stellte ich ihm in die Diele, wo es kühler war, und dann rückte ich Tisch und Stuhl für mich zurecht, löschte die stinkende Petroleumlampe und riß das Fenster auf. Kalte, klare Luft drang herein, verdrängte den Mief, dieses schwer beschreibbare Duftgemisch von Schimmelpilz, Ofenruß und menschlicher Ausdünstung, das man so oft in alten, ungepflegten Häusern findet. Ich lud die Flinte und legte sie vor mich hin auf Tisch und Fensterbrett, mit den Läufen schon hinausweisend in die Nacht. Das konnte nützlich sein. Ich brauchte nur mehr möglichst geräuschlos anzubacken.

»Schlafen Sie gut, Leghofer«, sagte ich. Er brummelte etwas vor sich hin, war bereits im Begriff einzuschlafen, und ein paar Minuten später sägte er schon kräftig. Als Gelegenheitsschnarcher hatte ich Verständnis für ihn, aber er raspelte so sehr, daß ich Bedenken hatte, weil ein lautloser Ansitz war das nicht. Ich stand nochmals auf und zupfte ihn am Arm. Kein Erfolg. Ich mußte riskieren, ihn zu wecken, und hielt ihm ganz vorsichtig die Nase zu. Da hörte er endlich auf und begann glücklicherweise bis auf weiteres nicht wieder.

Meine Augen gewöhnten sich bald an die Dunkelheit, die Nacht war hell und windstill und leise, und nach etwa einer halben Stunde zog drüben am Waldrand ein Reh aus. Es glänzte im Mondschein und prahlte mit einem starken Bastgeweih zwischen den Lauschern, und ich hatte wenig Mühe mit dem Ansprechen des vermutlich jungen Bocks, dem sich bald ein nichtaufhabendes Stück hinzugesellte. Die Rehe ästen vertraut am unteren Ende der Wiese, aber das Gras schmeckte ihnen offenbar nicht, es war noch kein frisches Grün, vorjährig, vom Schnee zerlaugt und vom Wind gegerbt, und so zogen sie bald wieder ein zu den geliebten Brombeersträuchern und ließen mich nachdenklich zurück. Das offene Fenster, die Rehe. Wie leicht wäre es, im Sommer hier einen guten Bock zu strecken. Leicht, aber nicht in Ordnung, nichts für ein ruhiges Gewissen. Nein, das wäre nicht schön. Die vielen Geschichten vom Unterhosenhirsch kamen mir in den Sinn, die erzählt

werden. Zweifellos sind einige von ihnen wahr: Hinter dem einsamen Haus röhrt in der Morgendämmerung ein Hirsch im Schlag. Der Jäger erwacht, greift sich die Büchse vom Haken und erlegt ihn vom Fenster aus.
In Unterhosen. Steht denn irgendwo geschrieben, daß man die Ansitzjagd unbedingt grün gekleidet und von einem Hochsitz oder einer Kanzel herab betreiben muß? Was also ist verwerflich dran? Gesetzlich vielleicht nichts. Doch so oder so, ob geschrieben oder nicht geschrieben: Erhebend ist der Gedanke nicht. Er verletzt zutiefst unser Gefühl und unsere Vorstellung von all dem, was wir - zusammengefaßt unter dem Begriff »Waidgerechtigkeit« - uns selbst zur Vorschrift gemacht und auferlegt haben.
Der Alte schnaufte jetzt ein bißchen, und ich erhob mich leise, um ihm nötigenfalls wieder die Nase zuzuhalten, und bei dieser Erhöhung meines Horizonts sah ich, was ich sitzend nicht gesehen hätte: Am Waldrand, genau dem Fenster gegenüber, nicht so weit weg wie vorhin die Rehe, regte sich etwas. Ich hob das Glas an die Augen: Etwas sich vorwärts Schiebendes. Eine Schlange? Das Mondlicht wäre jetzt hell genug gewesen, auch eine Schlange zu erkennen. Natürlich war es keine Schlange, sondern ein bepelzter schlanker, fast zierlicher Leib, der nun mit harmonisch fließenden Sprüngen über die Wiese kam, her zum Haus, genau in Richtung Hühnerstall.
Auf in den Hühnerstall zu den Mäusen! Und wenn dann so ein verrücktes Huhn Krach macht und schreit wie am Spieß und wie wild um sich schlägt mit den Flügeln - was kann ich dafür, wenn mir dann meine gepeinigten Nerven durchgehen?
Wie kühle Seide schmiegte sich die Flinte an die Wange, das Mündungsfeuer zuckte, und schon beim ersten Schuß überschlug sich da draußen die geschmeidige Gestalt, doch der Überschlag rückwärts täuschte Flucht und Entrinnen vor, und ich zog auch den hinteren Abzug durch. Aber es hätte des zweiten Schusses nicht mehr bedurft.
Mit einem gellenden Schrei fuhr der alte Leghofer aus dem Schlaf und strampelnd von seinem Lager hoch.
»Beruhigen Sie sich, lieber Leghofer«, sagte ich. »Nichts ist passiert. Ich habe nur die Zoologie ein wenig geändert. Ab heute gibt es nicht nur den Stein- oder Hausmarder und den Baum- oder Edelmarder, man wird nunmehr auch den Stuben- oder Zimmermarder in die gescheiten Lehrbücher aufnehmen müssen. In Ihrer Stube hab ich soeben meinen ersten Stubenmarder erlegt.«
Aber im Licht der Petroleumlampe stellte sich dann heraus, daß es doch nicht ganz so leicht ist, die Zoologie zu ändern. Der Stubenmarder entpuppte sich als stattlicher Iltisrüde und brachte immerhin deutlich mehr als ein Kilogramm auf die Waage.

Inventur und Ringeltauber

Jeder ordentliche Kaufmann braucht Inventur und Bilanz, um sich verläßliche Übersicht über den Stand seines Unternehmens zu verschaffen. Er blickt damit zurück ins vergangene Jahr, stellt Gewinn oder Verlust fest und trifft betriebswirtschaftliche Entscheidungen fürs nächste Jahr: Dies oder jenes darfst du nicht mehr machen, sonst sitzt der Pleitegeier auf dem Dach und wetzt sich schon den Schnabel.

Wenn wir Jäger im frühen Frühjahr unseren Schalenwildstand zu zählen versuchen, tun wir im Grunde nichts anderes als der vorsorgliche Kaufmann. Die Inventur – sofern sie annähernd stimmt! – wird uns sagen, was wir falsch gemacht haben in den vergangenen Jahren und was wir in den kommenden Jahren vermeiden müssen. Tun wir es nicht, steht auch uns auf weite Sicht die Pleite ins Haus. Auch auf unserem Dach sitzen schon die schnabelwetzenden Geier. Das sind die unversöhnlichen Gegner der Jagd, die niemals zu überzeugen sein werden, denn mit der Unversöhnlichkeit sind gute Geschäfte zu machen.

Das war damals, als die ersten elektronischen Wecker auf den Markt kamen, made in Japan oder Taiwan, ersonnen mit asiatischer Grausamkeit. Als Gernschläfer von Geburt und aus angelernter Überzeugung hasse ich diese neumodischen Folterinstrumente noch heute, obwohl ich deren Nützlichkeit einsehen muß. Früher hatte man ganz einfach zornig mit der flachen Hand obendrauf auf die große Glocke gehauen und den lästigen Klotz zum Schweigen gebracht. Und wer sich am Abend, vielleicht schon mit einiger Bettschwere versehen, den festen Vorsatz gemacht hatte, auf jeden Fall und unbedingt zur zwar nicht gewünschten, aber notwendigen Zeit aufzustehen, der hatte das ungefüge Ding noch in einen Suppenteller gestellt, um Resonanz und Wirkung zu vervielfachen. Alles gut und schön, aber hol mal einer einen Jäger aus dem Bett, der nicht will. Braaatsch! Ordentlich draufgeschlagen, und der hin und her wirbelnde Hammer stand still, die Glocke schwieg, und wenn es gar zu arg gewesen war, flog womöglich der Teller irgendwohin in die Ecke. Ein zorniger Waidmann ist ein arges Luder. Jedoch es trat Ruhe ein, und man konnte sich wieder die Decke über die Ohren ziehen. Mit den einst so beliebten Weckern der altmodischen, mechanischen Bauart war gut auszukommen.

Aber dann eroberten die Japaner, Koreaner, Taiwaner und so weiter auch diesen Marktsektor der Elektronik, und seitdem ist es mit der Ruhe der Waidmänner vorbei. Am Abend voll guten Willens, stellen sie das zierliche kleine Ding auf die (vorerst noch gewünschte) Zeit ein und begeben sich in

Morpheus' Arme. Und was dann kommt, mitten hinein in die schönsten und manchmal vergnüglichsten Träume – Leute, ein Graus! Die reinste Hölle. Da beginnt es zunächst mit einem kurzen Knacken, das man mit einiger Übung ohne weiteres überhört und überschläft. Doch dann fängt es an zu piepsen – piep, piiep, piiiep –, immer lauter und bohrender, nervziehender, unbremsbar, da hilft kein Draufschlagen mit wütender Hand, da müßte man erst das winzige Hebelchen finden, das kleine, einzige, das imstande wäre, das bösartige Ding abzustellen – nun ja, und wer in der Stockfinsternis tatsächlich das Hebelchen gefunden und das nun immer stärker werdende Piepsen zum Schweigen gebracht hat, der ist nun schon so entnervt und wach, daß er sich seines guten Vorsatzes erinnert und die Beine aus dem Bett schwingt. Womit der Zweck eines Weckers schließlich erfüllt ist.
Sie haben sich schon etwas dabei gedacht, die Herren Konstrukteure in Japan, Korea, Taiwan oder sonstwo, beim stürmischen Vorstoß in diese Marktlücke...
Und wir Jäger, pünktliche und entschlossene Leute, sorgen immer wieder dafür, daß der Handel mit diesen fernöstlichen Folterwerkzeugen nicht zusammenbricht.
Der Sonntag – man bedenke: wer steht schon auf an einem Sonntag zu nachtschlafender Zeit außer den pflichtbewußten Jägern? Also nochmals von vorn: Der Sonntag zu Ende März war noch nicht einmal zum Tag geworden, vor den Fenstern breiteten sich Finsternis und Ungemütlichkeit aus, als ich mich nach gnadenloser asiatischer Folter mühsam meiner Vereinbarung mit Josef erinnerte, in Hose und Filzpantoffeln schlüpfte und badwärts strebte, um mit einem kalten Aufguß zuerst einmal meinen Gedanken auf die Sprünge zu helfen und dann den übrigen sanitären Pflichten zu genügen, die sich der gesittete Mitteleuropäer meist morgens aufzuerlegen pflegt. Hierauf wagte ich einen Blick auf das Außenthermometer und registrierte mit Schaudern die Obergrenze der Quecksilbersäule genau einen Teilstrich über dem Nullpunkt. Ich gestehe, daß ich erwog, sofort ins Bett zu meiner lieblich schnaufenden Eheliebsten zurückzukehren. Beim ersten Piepsen hatte sie einen erschrockenen Schrei von sich gegeben, dann aber rasch erkannt, daß nicht sie es war, die aufstehen wollte, sondern nur ich. Also hatte sie sich stöhnend wieder in die Kissen zurückfallen lassen, um ungesäumt ins Traumreich heimzukehren. Ohne Japaner, Koreaner und Taiwaner. Der Gedanke, es ihr gleichzutun, war betörend. Aber dann wies ich die Versuchung zurück. Nein, ich hätte meinem guten Freund Josef ja nie wieder unter die Augen treten können. Es mußte sein.
Seufzend schlüpfte ich in die warme Weste und zog die winddichte Jagdjacke drüber. Wie im tiefsten Winter, dachte ich übellaunig. Dann holte ich die Kombinierte mit dem Schonzeitkaliber aus dem Waffenschrank, stülpte den grünen Hut auf mein damals noch lockiges Haupt und stahl mich leise wie ein Verbrecher aus meinem eigenen Haus. Und das alles, weil ich es Josef versprochen hatte. Die paar Steinstufen hinunter zur Straße waren vom Reif ziemlich glatt. Der Handlauf fühlte sich eisig an. Zu dumm – Handschuhe

vergessen. Aber ich wollte nicht nochmals zurück, denn mein Weg war weit und die Morgendämmerung nah.
Zwanzig Minuten flotter Marsch auf der Landstraße machten warm, und der Gedanke, daß Josef und ich unser gemeinsames Problem heute lösen würden, war ermutigend: Knapp dreizehn Hektar nachbarlicher Wald stießen wie ein stumpfer Keil herein in unser Revier, aber das störte uns hüben nicht, das stört bekanntlich nur selten den, der draußen die Felder gepachtet hat. Josef, unseren Nachbarpächter drüben, störte es in diesem besonderen Fall aber auch nicht, weil wir uns erstens bestens vertrugen und zweitens auch auf unserer Seite Wald genug hatten, um den vorgeschriebenen Abschuß weit weg von Josefs Grenze korrekt und zeitgerecht erfüllen zu können. Das war zu jener Zeit, in der diese Geschichte spielt, überhaupt kein Kunststück. Heute ist das in so manchen Revieren ja doch schon etwas schwieriger. Vor allem dann, wenn die Sache auch Hand und Fuß haben soll. Und so waren Josef und ich gestern abend im »Schwarzen Stier« bei einem oder mehreren Gläschen Wein übereingekommen, den Stier nun endlich einmal bei den Hörnern zu packen und in nachbarlicher Eintracht festzustellen, ob wir den Sprung noch steingrauer Winterrehe nicht etwa doppelt zählten, der abends und morgens manchmal bei uns, manchmal im Nachbarrevier aus dem erwähnten Waldstück namens »Müllerholz« auszog. Und das ließ sich einwandfrei nur feststellen, wenn wir zu vereinbarter Zeit zugleich auf beiden Seiten der Grenze ansaßen. Dann ehrlich die Karten auf den Tisch: Hatte jeder von uns den Sprung – sechs oder sieben Stück waren es meist – in Anblick, dann gab es ihn eben doppelt. Was wir aber eher vermuteten war, daß die Rehe je nach Wind, Wetter und Laune einmal diesseits, dann wieder jenseits des Wäldchens auszogen.
Das alles ging mir durch den Kopf, während ich mich langsam meinem Ziel näherte. Ich begann meine Schritte leiser zu setzen, suchte den Grasstreifen neben dem Asphalt, und aus dem Schreiten wurde schließlich ein langsames Pirschen. Noch immer war es stockfinster, erst handbreit zeigte sich im Osten der graue Streif, aus dem schließlich der neue Tag hervorwachsen würde. Jedenfalls war es noch zu früh, um über die Äcker zu der Kanzel zu stapfen und sich womöglich alles zu vertreten, was vielleicht schon oder noch auf der Wintersaat stand. Ich wartete am Straßenrand, bis die ersten Konturen der damals noch häufigen Wildobstbäume gegen den Himmel erkennbar waren. Nun wurde der Gebrauch des guten Nachtglases zunehmend sinnvoll, und ich starrte mir die Augen aus, aber nichts, nichts stand draußen. Jetzt war es Zeit und beste Gelegenheit, die Kanzel anzugehen. Und zwar auf dem kürzesten Weg. Je kürzer der Weg, desto kürzer auch die Gestank verbreitende Menschenfährte.
Da stand sie auch schon im ersten Morgengrauen, der grobe Klotz mit den kantigen Schattenrissen hob sich schon deutlich gegen Osten ab. Nichts wie rauf. Auch hier noch Reif auf den Leitersprossen. Vorsicht, Mann! Vor Mittag sucht dich hier keiner, wenn du dir ein Bein brichst. Und nun die alte Zeremonie des Rauf-runter-rauf. Sie ist bei fast allen Kanzeln Pflicht, deren

Türen sich nach außen öffnen, und kommt mir immer ein wenig lächerlich vor: Die Kanzel hatte keine Plattform, die Leiter endete daher genau unter der Tür. Also rauf, um den Riegel zurückzuschieben, drei Sprossen wieder runter, um über meinem Kopf die Tür zu öffnen – beinahe wäre sie meiner klammen Hand entglitten, um weithin dröhnend gegen die Wand des Kanzelungetüms zu schmettern. Im letzten Augenblick konnte ich es verhindern. Und dann nochmals rauf zum Einsteigen. Ah, geschafft. Und nun die Tür wieder von draußen herangeholt und von innen geschlossen. Auch das besorgte ein grober Riegel. Jetzt rasch die Fenster auf, die quietschfrei in Lederscharnieren hingen, und das Gröbste war erledigt. Das Sitzbrett war breit und bequem: eine Wohltat, ja!
Für alle Fälle die Kombinierte geladen, es könnte ja sein, denkt man immer, daß ein Fuchsrüde sich ins Tageslicht verirrt, nein, die Fähe schießt man nicht um diese Jahreszeit, und wenn man nicht hundertprozentig weiß, wer da streunt, läßt man das Schießen besser grundsätzlich sein. Dann wieder hoch das Glas, und nochmals in die Runde gesehen. Da stand nichts draußen, wirklich nichts. Die Äcker lagen grob umbrochen da, es roch stark und würzig nach Erde, ein wenig schon nach Frühling. An den Ackerrainen, wo der Märzwind noch nicht aufgeräumt hatte damit, krusteten noch schmutzige Schneereste. Drüben an Josefs Waldrand regte sich gleichfalls nichts. Kein Sprung Rehe, keine Bewegung. Es wurde nun immer heller, und man hätte auch bei bestem Willem mit freiem Auge nichts übersehen können, nichts, was in gerechter Entfernung sich regte. Nun gut, dann standen die Rehe heute eben drüben bei Josef, und es gab sie nur einmal, nicht doppelt. Gegen Mittag würde ich es wissen. Josef und ich waren zum sonntäglichen Frühschoppen im »Schwarzen Stier« verabredet. Dem nachbarlichen Erfahrungsaustausch stand nichts im Wege. Ein Weilchen mußte ich meine Neugierde freilich noch bezähmen, aber die Freude auf den sonntäglichen Frühschoppen ließ mich schon hoffnungs- und erwartungsvoll heißen Atemhauch in die eiskalten Hände blasen. Es half nicht viel. Ich mußte sie mir warmreiben. Wie kann man nur so dumm sein und seine Handschuhe vergessen...
Am Grenzweg saß plötzlich ein Häslein und spielte mit den Ohren. Putzig ist so etwas anzusehen durchs Fernglas, in achtfacher Vergrößerung. Man begreift, warum Kinder den Osterhasen so sehr lieben. Aber Reh war keines da, weit und breit nicht. Drinnen in Josefs Wald krakeelte ein Fasanhahn, das war aber auch schon alles, und langsam verlor ich die Geduld. Ehrlich, die Sonne war nun ganz raus, und kein Reh. Es war saukalt, ich bibberte trotz Wollweste und Jagdjacke, aber ich wollte um nichts in der Welt Vorwürfe von Josef hören. Nein, lieber den Hintern abfrieren, als Josefs geringschätzig herabgezogene Mundwinkel sehen und seine lästernden Redensarten hören müssen. Von wegen batzweicher Bubi, der ein bißchen frische Märzluft scheut.
Zornig beschloß ich, noch eine geschlagene Stunde auszuharren. Die Sonne kroch höher und höher, die Kanzel warf schon einen stumpfen Schatten auf

die Ackerschollen, aber wärmer wurde es deswegen nicht, und es wurde eine sehr kalte Stunde. Kein Reh. Ich verwünschte mich, daß ich mir selbst einen so langen Termin gesetzt hatte, aber da ich nun einmal so unklug gewesen war, wollte ich es auch durchstehen. Die Vorstellung, Josef könnte mir beim Frühschoppen vorwerfen, er sei gegen neun Uhr runter vom Hochsitz und hin zur Grenze gepirscht – sieh da, die Rehe wie auf dem Präsentierteller genau unter meiner schon von mir geräumten Kanzel... Nein, diesen Spott hätte ich nicht ertragen, und wenn er noch so wahr und verdient gewesen wäre!

Ich ballte die frierenden Fäuste und hielt aus bis neun, obwohl um diese Zeit am hellichten Tag vernünftigerweise kaum noch ein Reh, geschweige ein Sprung Rehe zu erwarten war. Dann hatte ich es endlich satt, schloß verdrießlich Fenster und Tür und tappte steif und lahm die Leiter hinunter.

Die Sonne benahm sich freundlich-kühl, und man konnte sich vorstellen, daß es auch in diesem Jahr irgendwann einmal Frühling werden würde. Kiebitz und Schnepfe waren schon da, auch die ersten Flüge von Ringeltauben hatte ich schon beobachtet. Jahr um Jahr das gleiche Lied. Aber wenn ich heute, als alter Kerl, im Frühjahr zu meinen jungen Freunden sage: »Wartet nur, der Winter steht vor der Tür!«, dann lachen sie mich aus. Man muß es nur erst einmal richtig begriffen haben, wie rasch der Winter vor der Tür steht, auch der Winter des Lebens, dann lacht man nicht mehr so vorwitzig, nein.

An jenem Morgen aber, an dem ich mit meinem Nachbar Josef die Rehe zählen wollte, war ich ein junger Mann, noch lange nicht in den sogenannten besten Jahren und philosophischen Gedankengängen weit weniger zugänglich als heute. Daher warf ich mir die Kombinierte locker über die Schulter, schlug mich trödelnd quer über die Felder, sah nach Fährten, Spuren und Geläufen und geriet schließlich, nun schon weit von Josefs Grenze entfernt, wo der Sprung Rehe sich hätte blicken lassen sollen, mitten ins Herz unseres Reviers, das märzlich-zaghaft zu grünen begann. Hier endeten die Felder am schmalen Bach mit den alten Erlen und Weiden, und jenseits begann der Wald. Das Plätzchen hier hatte es mir schon immer angetan. Im Sommer konnte es lohnen, sich in den krummen Schoß meiner Lieblingsweide zu setzen und mit dem Fernglas über den Bach hinweg und hinauf zu schauen in den gegenüberliegenden raumen Bestand, in dem die Sonnenkringel auf Blatt und Moos geisterten. Von hier aus hatte ich mir schon so manchen Rehbock am hellichten Tag ausgemacht, der sich sicher wähnte vor zudringlichem Blick. Zum Schuß bis ganz hinauf ins ziemlich steil ansteigende Holz war es freilich ein bißchen weit.

Weit, weit auch noch bis zum Sommer. Oder? Monate, was sind schon Monate. Nicht einmal ein Lidschlag der Ewigkeit...

Ich machte mich auf den Weg bachaufwärts. Die runden Steine an den Ufern trugen noch silberne Eishauben gleich Käseglocken, denn das Hochwasser war erst vor wenigen Tagen zurückgegangen, und die Nachtfröste waren stärker als das noch schüchterne Tagesgestirn. Nun aber floß der Bach wieder ruhig dahin. Er gebärdete sich eben wie alle Bäche im März, die man vom Verbetonieren und Verrohren bislang verschont hat. Gott sei's gedankt. Kein Winter mehr, aber auch noch kein richtiges Frühjahr. Knirsch und knack brachen kleine Eisplättchen am Uferrand unter den Gummistiefeln. Die Sonne meinte es nun gut, sie stieg höher und höher, wollte aufräumen mit Eishäubchen und Eisplättchen hier drunten am Bach, und als ich zu dem kleinen, geländerlosen Holzsteg kam, um ans andere, ans bewaldete Ufer zu gelangen, war mir schon ordentlich warm. Ein Pirschsteig führte bergauf durch den Wald, ziemlich direkt, mit nur wenigen Serpentinen, und bis ich droben war und durch einen kleinen Schlag ins Bachbett zurück- und hinunterblicken konnte, war mir nicht mehr nur ordentlich warm, sondern verdammt heiß. Der Schweiß lief mir von der Stirn in die Augen, als ich endlich heraus war aus der Steilheit des Abhangs. Hier wurde es wieder eben und menschenfreundlich, dunkle Wäldchen gab es mit eingestreuten stillen Wiesen, und ich wollte auf der Pirsch Richtung Heimat nur noch nachsehen, ob in dieser himmlischen Sonntagsruhe vielleicht ein paar Rehe noch nicht eingezogen waren und sich die wärmende Sonne auf die Decke scheinen ließen. Ein Blick auf die Uhr beruhigte mich: Noch Zeit genug bis zum Treffen mit Josef im »Schwarzen Stier« – obwohl der Gedanke an das steife Schaumhäubchen auf dem Bier schon angenehm auf der Zunge kitzelte.

Auf dem traktorbreiten Fahrweg gab es ein angenehmes Pirschen, und die Hitze des Anstiegs aus dem steilen Bachbett heraus verflog bald. Schritt für Schritt, die Sonne jetzt im Nacken und den Wind im Gesicht – was will der Jäger mehr? Bei jeder Wegbiegung vorsichtig um die Ecken gelugt – nein, auch auf diesem kleinen Wieslein nichts. Doch plötzlich riß mich ein wohlbekannter Vogelruf herum und zurück in die Deckung einer mächtigen Fichte, an deren mannsdicken Stamm ich mich schmiegte.

Ringeltauber! Aber wo? Gar nicht weit. Irgendwo da droben im Geäst einer benachbarten Föhre ließ er seinen Liebesruf ertönen. Ich durfte mich nicht rühren, stand wie festgenagelt auf einer leider rutschigen Wurzel, ließ nur die Augen rollen und die Kombinierte ganz, ganz langsam und möglichst unauffällig von der Schulter gleiten...

Langsam? Unauffällig? Viel zu schnell muß es gewesen sein, viel zu auffällig, denn dort droben klatschte es höhnisch Beifall über so viel menschliche Unzulänglichkeit, und fort war der Tauber, ohne daß ich auch nur ein Federlein von ihm in Anblick bekommen hätte. Auf jeder Feder haben sie ein Auge, sagt man den Wildtauben nach, und es muß wohl etwas Wahres daran sein, denn sie sind wirklich nicht leicht zu überlisten.

Nun, laßt es mich kurz machen: Ich war mitten in einen der schönsten Balzmorgen geraten, die ich je erlebte. Ohne es zu wollen. Bisher hatte ich nicht an Taubenbrust und goldgelb gebratene Speckstreifchen in der Pfanne gedacht. Doch nun packte mich, ich gestehe es, das Jagdfieber, und ich wollte einen dieser prächtigen Vögel erbeuten, die nun im immer wärmer werdenden Sonnenlicht hier und dort ihre Stimmen erhoben, daß es nur so durch den Wald schallte: Ruckuh – guguh...und dann die fünfsilbige Strophe

hinterher mit dem dunkel und geheimnisvoll ausklingenden Gu – gu. Sie balzten wirklich hervorragend heute, aber obwohl ich jede Deckung nutzte und jede nur erdenkliche Vorsicht beim Pirschen und Anspringen walten ließ, bekam ich an diesem Sonntagmorgen, den ich nie vergessen werde, keinen einzigen Tauber. Selbst wenn ich endlich meinte, nun sei es soweit, da droben sei er ja frei auf einem Ast, frei auch der Weg für die Garbe, wenn ich ihn schon fast im Glas zu haben glaubte: er war stets schneller als ich, um die entscheidende halbe Sekunde: Steilflug nach oben, dann Schwingenklatschen wie zum Hohn – und wieder einmal aus und vorbei.
Und wo ruft der nächste Tauber? Die Zeit verging wie im Taubenflug, und sie riefen und ruckten aus allen Himmelsrichtungen, als wollten sie sich lustigmachen über mich. Kann sein, daß sie das wollten, und sie hatten auch allen Grund dazu, denn mein Aussehen war bestimmt nicht mehr das des großen Jägers. Zuerst hatte ich gefroren, doch nun war ich viel zu warm angezogen, schon wieder lief mir der Schweiß in die nach oben spähenden Augen, und mein rotes, erhitztes Gesicht muß für die Tauben ungefähr das gewesen sein, was für den gewissenhaften Lokführer das Rotlicht ist: Signal zum sofortigen Handeln. Für die Tauben Signal zu sofortigem Abstreichen: Packt euch zusammen, liebe zartfedrige Brüder und Schwestern, verlegen wir unseren Balzzirkus ein Wäldchen weiter, denn dort unten kommt ein Zweibein mit grünem Hut, roter Birne und gefährlichem Donnerrohr.
Ich resignierte, gab auf und ging flott – nein, pirschen durfte man das nicht mehr nennen – heimzu. Der Appetit auf das Schaumhäubchen auf dem Bier war ganz beträchtlich gewachsen. Körperliche Anstrengungen in Wollweste und Jagdjacke unter vergleichsweise heißer Märzensonne bringen den Wasserhaushalt des Körpers ein wenig durcheinander, und der will bald wieder ausgeglichen sein. Auch war ich begierig darauf, von Josef zu erfahren, was sich drüben auf seiner Seite ereignet hatte. Immer mehr beschleunigte ich meine Schritte. Und dann geschah das Wunder.
Kurz vor den ersten Häusern des Dorfes steht, ein letzter Ausläufer der Waldparzelle, die dem alten Ebner gehört, eine knorrige Wetterfichte, von jedermann Ebner-Fichte benannt. Sie hat schon so manchem Sturm und etlichen Blitzschlägen standgehalten, sieht so zausig aus wie der alte Ebner selbst mit seinem stets zerrauften Silberhaar, und streckt den einen ihrer Äste, den vom Blitz gesengten, dürr und drohend aus. Und auf diesem Ast, ganz frei gegen den silberblauen Vormittagshimmel, stand doch wahrhaftig – ein Ringeltauber!
Ich war ganz ahnungslos den sich langsam zum Dorf hinunter senkenden Weg entlang gekommem, nun schon mit meinem Mißgeschick versöhnt, die viel zu heiße Jacke ausgezogen, sie in der Hand schwenkend wie ein übermütiger Wanderer. Der Tauber mußte mich längst wahrgenommen haben, strich aber nicht ab.
Noch war es zum verläßlichen Schrotschuß zu weit. Ich ließ die Jacke fallen, nahm die Waffe von der Schulter, im Bewußtsein der Aussichtslosigkeit meines Tuns, und ging deckungslos weiter den Weg entlang auf den Tauber zu.

Der Tauber strich nicht ab.
Nein, es darf nicht wahr sein, dachte ich und war nun auf Schrotschußweite heran. Ich brachte behutsam die Kombinierte zum Gesicht.
Der Tauber strich nicht ab.
Ich sah ihn ganz nah, sechsfach vergrößert, und die feinen Fäden des Absehens kreuzten sich auf seiner gewölbten Brust. Und er strich nicht ab. Ganz im Gegenteil: Er schritt stolz ein wenig hin und her auf dem Ast, und dann blähte er sich: »Ruckuh – guguh...« Und nochmals: »Ruckuh – guguh!«
Kein Steilflug, kein Klatschen, kein Abstreichen.
Er hatte keine Chance. Er wäre mein gewesen. Es war ganz bestimmt nicht nur der Gedanke an die Fallschrote, die drüben am Dorfrand vielleicht auf ein Scheunendach getrommelt hätten. Es war der Gedanke an seine Chancenlosigkeit, an seine Schönheit, an seine unvorsichtige, ganz aus der Art geschlagene Verrücktheit – was weiß ich. Oder kann mir einer einen anderen Grund nennen, warum ich den Abzug nicht durchgezogen habe?
Und er strich noch immer nicht ab. Auch als ich die Waffe entlud, über die Schulter warf, die Jacke holte und unter der Wetterfichte vorbeiging an ihm, stand er noch droben, verdrehte den Hals und äugte zur Sonne, als gäbe es mich nicht.
Ich war tief beeindruckt und wußte nicht so recht, wovon. Alle Argumente, die gegen die Balzjagd im Frühjahr vorgebracht werden, fielen mir ein. Auch alle Gegenargumente. Genauso die bösen Blicke, die wir von jenseits so mancher Grenze einheimsen, weil wir Hirsch und Reh auch in der Brunft,

während des Hochzeitens also, bejagen. Verschiedenartigste Einstellungen und Mentalitäten prallen da aufeinander. In solchen Fällen ist Duldsamkeit an beiden Fronten immer anzuraten. Man läßt uns traditionsverbundene Jäger – nicht nur von unbelehrbarer jagdfeindlicher Seite mit ihren kaum verhüllten finanziellen Hintergründen – dunkle Stirnfalten und erhobene Zeigefinger sehen. Man setzt Europaparlamente in Bewegung, und dann wird es wieder Richtlinien geben, die stur und ungerührt wie Panzer über – ohne Zweifel atavistische, zugegeben – Emotionen und wohlbehütete Traditionen hinwegfahren. Aber diese Richtlinien werden das uralte überlieferte Gedankengut, das mit der Erlegung von Wild aller Art verbunden ist, nicht kurzfristig fortwalzen können, genausowenig wie sie ernstlich und wirksam die vielen kilometerlangen Stellnetze in Südeuropa und Nordafrika entfernen werden, in denen sich die vom weiten Flug erschöpften Vögel verstricken; die Schnepfe und die Ringeltaube immerhin als ansehnlicher Braten, in der Megazahl aber die kleinsten, die schwächsten, die – nach unserer Meinung – kaum das Rupfen lohnen: Zwerglein als Opfer einer Jagdlust ohne jeden Regulierungsauftrag, gespießt und gepfählt auf dem Grill erst im Dutzend ein ordentliches Maulvoll. Die Frage nach der Sinnhaftigkeit drängt sich auf, und wieder kommt man zum uralten Schluß, daß die Nutzung, die Verwertung einen wesentlichen Teil der Waidgerechtigkeit, ja des heutigen Jagens überhaupt ausmacht. Töten um des guten Schusses, also um des Tötens willen, ist vom echten Jagen sternweit entfernt.

Er äugte zur Sonne und beachtete mich nicht. Er muß wohl einer von den Besonderen gewesen sein, und ich ging, seltsam berührt vom Erlebten, nach Hause. Meine Frau fragte, ob ich vielleicht schon Hunger hätte, ein Butterbrot vielleicht, nein, sagte ich, ich sei mit Josef zum Frühschoppen verabredet. Wichtiges gäbe es zu bereden. Über Rehe in einem bescheidenen Hügellandrevier. Sie lächelte auf ihre stille Art.

In der Garage schlenkerte ich die Gummistiefel von den Beinen, schlüpfte in die Schuhe, ging durch den Hintereingang hinauf, brachte die Kombinierte an ihren Platz und machte mich anschließend ein wenig schön, Kamm und so. Dann stieg ich in den Wagen und fuhr ins Dorf zum »Schwarzen Stier«. Der kleine Parkplatz vor dem Haus war schon gesteckt voll, wie immer am Sonntagvormittag. Die einen kommen nach der Kirche, die anderen finden auch ohne Kirche den Weg. Behagliche Sonntagsruhe, ein bißchen Unterhaltung, eine kleine Kartenrunde...Der ländliche Raum strotzt nicht gerade vor Gelegenheiten zu übermütigem Amüsement. Und solange die Gattinnen zu Hause sich nicht mit hochrotem Gesicht am Herd abrackern und dann alle Liebesmüh verbrutzelt, weil der Herr Gemahl plötzlich die Uhr nicht mehr kennt, ist alles in schönster Ordnung. Nein, in häusliche Anarchie und Zwistigkeit ausarten darf so ein Sonntagsfrühschoppen natürlich nicht. Spaß muß sein, aber so weit soll es nach Möglichkeit nicht kommen. Davor muß man sich hüten.

Mit Mühe fand ich noch einen Parkplatz. Der »Schwarze Stier« war wie an jedem Sonntagvormittag so gut wie ausverkauft, dichte Rauchwolken drangen mir entgegen, Männerstimmen, Begrüßungsrufe hin und her, zwei Kellnerinnen pflügten durch das Gewühl, die Serviertabletts beladen mit Bierkrügen, Gläsern und schlanken Fläschchen. Im Hintergrund thronte die Wirtin hinter einer Registrierkasse – ach, wo sind die Zeiten, als die Registrierkassen noch melodisch klingelten, heute summen sie nur mehr elektronisch –, sie winkte mir zu, und ich eroberte knapp noch ein enges Plätzchen zwischen all den vielen Ellenbogen an der Theke. Trina, die eine Bedienung, die hübschere, brachte mir, ohne viel zu fragen, das Bier mit dem Schaumhäubchen, von dem ich schon im Wald geträumt hatte. Ich sah mich um: Nein, Josef befand sich noch nicht unter der wogenden Menge. Na schön, wir wollen ja nicht so sein, vielleicht hatte er sich ein wenig verspätet. Aber schließlich wollte ich es nun bald genau wissen: Bei mir waren die Rehe nicht ausgezogen. Also bei ihm? Oder etwa heute gar nicht? Auch diese Möglichkeit war in Rechnung zu stellen.

Das Schaumhäubchen schwand, schließlich schwand das Bier, das Gespräch mit meinen Ellenbogenpartnern floß träge dahin, und ich überlegte schon, ob ich die Neuanfertigung eines Häubchens ordern sollte, als Trina mich an der Schulter rüttelte – eine andere, zivilisiertere Form der Verständigung gab es kaum in dem Höllenlärm – und nach hinten wies, zur Chefin hinter der Registrierkasse und zum Telefon. Ein Wink mit der Hand, die einen imaginären Hörer hält, ein Finger, der zum Ohr zeigt – Zeichensprache der Primitiven im Hexenkessel, aber verständlich: Aha, ich wurde am Telefon verlangt. Von wem, zum Teufel? Von meiner Frau? Bei mir zu Hause war doch alles in Ordnung. Sollte man meinen, an einem simplen Sonntagvormittag, der sich in schlichter Eintönigkeit zweiundfünfzigmal im Jahr wiederholt. Neugierig kämpfte ich mich durch die Brandung. Die Wirtin hielt mir schon den Hörer hin. »Josef«, sagte sie.

»Josef?« brüllte ich hinein, weil ich meinte, nicht anders den Lärm im Lokal übertönen zu können, der freilich bei ihm zu Hause bei weitem so stark nicht war. »Josef, bist du es?«

»Ja«, sagte er. »Fürchtet euch nicht. Ich bin es.« Bibelfest ist er, der Josef. »Aber warum brüllst du denn so mit mir?«

»Hörst du nicht, was hier los ist beim Frühschoppen?« Als Hintergrundgeräuschkulisse mußte er es unbedingt hören. »Fehlst nur noch du. Mann, beeil dich. Das Bier geht zu Ende.«

»Kann nicht«, sagte er. »Tante Agathe ist soeben gekommen, mit den lieben Kleinen. Meine Frau steht kopf, und ich wollt' mich nur entschuldigen.«

»Genehmigt! Aber dann sag mir doch wenigstens telefonisch, was los war mit dem Sprung Rehe heute morgen. Waren sie auf deiner Seite? Auf meiner waren sie nicht.«

Am anderen Ende des Drahtes war es sekundenlang still, dann räusperte sich Josef. »Nun ja...« dehnte er, »auf meiner Seite...ich weiß nicht. Ich hab verschlafen. Glatt verschlafen. Ich muß mir so einen Wecker kaufen, wie du einen hast. So einen japanischen. Die sollen ja eine fürchterliche Wirkung haben, sagen die Leute...«

Eiskalt über den Buckel . . .

Das war damals, als die großmächtige Wissenschaft noch nicht haushoch über den sogenannten Hausverstand hinausgewachsen war und in manchen Landen die Schnepfenjagd auf dem Frühjahrsstrich noch ganz ohne schlechtes Gewissen und mit höchstbehördlicher Genehmigung ausgeübt wurde. Wo nicht schon verboten, wird sie heute in Frage gestellt wie manch anderes, wie die Bockjagd in der Rehbrunft beispielsweise, wie das Jagen überhaupt. In diesen Jahrzehnten wird von hochbezahlten Spezialisten und überhaupt nicht oder auf Umwegen bezahlten Eiferern so ziemlich alles in Frage gestellt, was nicht der Gewinnmaximierung dient. Aber lassen wir diese spitzen Redensarten, denn sonst heißt es gleich: »Der Kerl gehört zu den ewiggestrigen Mumien von damals, die nichts begriffen haben.« Das nämlich ist der Urteilsspruch, mit dem man flott diejenigen abtut, die sich erfrechen zu behaupten, daß nicht alles, was unsere bescheidenen Großväter jagdlich und forstlich wußten und taten, blanker Unsinn war. Also stelle ich fest: Ich habe im Gegenteil sehr wohl alles begriffen, was sich geändert hat, draußen vor den Fenstern und drinnen in den Gehirnen. Und dieses Begreifen, dieses Eingesperrtsein zwischen Emotion und Realität, zwischen Fühlen, Denken und Erleben dessen, was man heute der Natur und ihren Wildtieren antut, bringt mich manchmal fast zum Heulen.

Gar so kalt, daß es einem kalt über den Buckel hätte laufen können, war es an jenem Abend Ende März ja nicht. Oder war es gar schon im April? Ich erinnere mich nicht mehr so ganz genau, denn es ist schon viele Jahre her. Jedenfalls war Schnepfenzeit, und was das für den Jäger bedeutet, der monatelang nur mit dem Futtersack und dem Salzbeutel unterwegs war und nun zum ersten Mal seine Flinte hervorholt, um zu sehen, ob er sie am Neujahrsmorgen auch wirklich entladen hat – das brauche ich doch nicht weiter zu beschreiben. Das weiß jedermann und jedefrau, die auch nur ein bißchen vom grünen Wirkstoff im roten Blut ererbt haben und sich nicht genieren, Jäger zu sein oder zu werden, obwohl das heute bei weitem nicht mehr so schick ist und zu gesellschaftlichem Ansehen führt wie etwa noch in den sechziger und siebziger Jahren, als sich alles, bettelarm oder neureich, schwerbewaffnet zu den Jägerfahnen drängte. Heute muß man schon ein wenig aufpassen, bevor man sich deklariert. Und aufpassen muß immer der, der in der zur Zeit gerade gültigen sozialen Hackordnung der untere ist, denn gehackt wird immer von oben nach unten. Alter Brauch. Auch da läuft's einem kalt über den Buckel, wenn man bedenkt, wie wenig repräsentativ und wirksam die Jägerschaft nach oben hin vertreten ist. Wenn es um

Wählerstimmen ginge – großer Gott, wie sehr sie sich da Stiefel und Mäuler abwetzen würden. Aber es geht ja nur um die dummen Jägerinnen und Jäger, die allzu schüchtern von sich behaupten, den Tier- und Artenschutz schon längst in der Praxis ausgeübt zu haben, als die vielen anderen Schützer, die sich heute stolz in die Brust werfen – Tier-, Arten-, Umwelt-, Landschafts-, Denkmalschützer und dergleichen –, noch längst nicht erfunden waren und sich noch lange nicht der Liebe und der breiten, massiven Unterstützung der übermächtigen Medien erfreuen konnten.
Es sieht so aus, als hätte ich mich gleich zu Beginn dieser Erzählung, frischweg vom März und vom süßen Frühlingsahnen, zu einer miesen Betrachtung der miesen Lage unserer grünen Mörderzunft – umringt von bösen Feinden sonder Zahl – hinreißen lassen. Und das mitten heraus aus den schönsten Ansätzen zur Schilderung einer fried- und freudvollen Schnepfenjagd. Also schwöre ich ab von diesem Beginnen, unterdrücke wieder einmal alle Versuchungen, die Wahrheit auszusprechen und nichts als die Wahrheit, und kehre zurück zu der überaus feuchten Waldwiese im Besengrund. Woher der uralte Flurname stammt, weiß ich nicht. Ich kann es nur vermuten: Dort wird noch heute das Reisig für die Stallbesen geschnitten, und so wird's wohl auch vor hundert Jahren oder mehr gewesen sein.
Da stand ich also, die Flinte im Arm wiegend wie ein Baby, lautlos im Schirm und Schutz einer Birke, sank langsam immer tiefer ein mit meinen Gummistiefeln und sah vogelmordlustig in der sinkenden Dämmerung über die Wipfel des nahen Jungbestandes hinweg. Rastlosen Blicks, denn der so plakative wie ohrwurmige Spruch: »Ein Schnepf im Jahr genügt fürwahr!« war damals noch nicht geprägt und jagdbehördlich unter die Leute gebracht worden. Also gedachte auch ich, ebenso wie Gerhard, der auf der übernächsten Waldwiese anstand, an diesem Abend ungefähr zwanzig oder fünfundzwanzig Stück zu erbeuten, wie alljährlich, wenn mich im Frühjahr nach langer Enthaltsamkeit die Mordlust wieder einmal ganz schrecklich packte. Wer spricht denn da immer von Abendrot und Schnepfenstern, vom Modergeruch des faulenden vorjährigen Laubes, wer schwärmt da dichterisch von der Romantik dieser unvergleichlichen Stunde zwischen Tag und Nacht – alles Humbug und Ausrede: Ein unschuldiger Vogel mußte abgeknallt werden, gemordet wollte sein! Ohne Mord geht's ja nicht bei unsereinem.
Der Besengrund war nicht nur feucht, er war richtig naß, und obwohl ich nicht zu den Schwergewichten gehöre – unter hundert Kilo kein Kerl, heißt es doch, leider! –, merkte ich endlich, daß ich immer tiefer einsank, wie im Moor. Ich gehöre auch nicht zu den notorischen Angsthasen, die glauben, sie würden gleich von einem tiefen Morastloch verschlungen, wie im Schauerkino oder Gruselfernsehen, wenn es einmal ein bißchen unter den Absätzen der Gummistiefel knaaatscht und schmatzt. Aber als ich dann schon fast bis über die Knöchel versunken war, flüchtete ich dennoch ein Stück näher an die schirmende Birke heran, dort war es bedeutend trockener, und einen guten Stand braucht man ja schließlich bei der Schnepfenjagd. Beweglichkeit ist gefragt, denn wer bis zu den Waden im Dreck steckt, hat keine Wahl mehr

zwischen Spielbein und Standbein und kommt in Schwierigkeiten, wenn er – einmal zick und zweimal zack! – mit der Flinte mitschwingen und vorhalten soll. Unter der Birke fand ich einen guten Platz mit allerdings weit schlechterer Aussicht rundum über die Wipfel. Denn darum geht es schließlich. Aber man kann eben nicht alles haben in diesem Erdenleben, zumindest nicht alles zugleich. Jagd und Liebe und Sex haben vieles gemeinsam.

Da stand ich nun im sinkenden Licht, das Abendrot setzte den Waldrand in Flammen, stülpte ihm einen Heiligenschein auf, der bald verblaßte, und hoch über mir stand nun wahrhaftig am schon nachtblauen Himmel der Schnepfenstern, den zu erwähnen die Jagdpoeten nie vergessen, und wenn ich ein bißchen schnüffelte – ich bin ein schlechter Riecher! –, konnte ich tatsächlich auch den würzigen, herben, leicht fauligen Geruch des vorjährigen Laubes in mich einsaugen. Ganz wie er immer mit viel Aufwand an Worten beschrieben wird. Die Romantik war komplett und die himmlische Ruhe auch. Nur einmal war es mir so, als hörte ich von der Nachbarwiese herüber, in meinem Rücken, wo Gerhard stand, das kurze, schrille Aufjaulen Borros, des Deutsch-Drahthaar-Rüden. Weiß Gott, was der sich wieder einmal herausgenommen hatte, denn Gerhard war ein tierliebender, sanftmütiger Mensch und gebrauchte die dünne Haselgerte aus dem Stiefelschaft wirklich nur in den äußersten Notfällen.

Es war ein gutes Gefühl, Kumpel und Hund in der Nähe zu wissen bei der Schnepfenjagd, und nun hätten nur noch die Schnepfen kommen müssen, um mit dem Morden beginnen zu können.

Es wurde immer finsterer, aber sie kamen nicht. Ich verrenkte mir den Hals und bedauerte, daß mein Kopf auf einem Wirbel aufsaß und nicht auf einem Kugellager, aber es nützte alles nichts. Der Beweglichkeit des menschlichen Genicks sind nun einmal von der Natur anatomische Grenzen gesetzt. Seufzend senkte ich wieder einmal den Blick zu Boden und hörte sofort ein gedämpftes »Quorr, quoor«, aber das war auch schon alles, denn als Blick und Flintenlauf in die Höhe zuckten, war der Vogel längst hinter der Birke verschwunden, die mir zwar Deckung und guten Stand gewährte, mit ihren Zweigen aber auch die gute Rundsicht genommen hatte. Ich erinnerte mich an den auch zu Kriegszeiten möglichst wenig befolgten, weil gefährlichen Grundsatz »Ausschuß geht vor Deckung«. Bei der Jagd gilt er glücklicherweise nicht, denn es muß ja nicht unbedingt geschossen werden, und auch das Wild schießt nicht zurück. Hin und wieder ist man versucht zu denken: Leider. Denn erstens wäre das ja nur fair, und zweitens: So manch ein unguter Zeitgenosse würde es verdienen. Aber an diesem Schnepfenabend unterließ ich nähere Betrachtungen dieses gewiß betrachtungswürdigen Themas, und da ich nun einmal schon hier stand, um einen Schnepf zu erlegen, schritt ich – zwar mit dem Schicksal hadernd, aber dennoch ergebungsvoll – wieder hinaus auf die nasse Wiese, lauschte dem leisen Glucksen und Knaaatschen unter meinen Gummistiefeln und wartete bei nun wieder guter Rundsicht auf den nächsten Schnepf. Auf den Schnepf. In unserer Gegend nämlich sind wir störrisch und dudenfeindlich und nennen die Schnepfe kurz und mundartlich ganz einfach einen Schnepf. Aber dieser männliche Artikel gilt nur für die Einzahl, den einzelnen Vogel, der so schön zickzacken kann. Wenn sie in hellen Scharen heranstreichen, sind es schon wieder Schnepfen, im prächtigsten Hochdeutsch. Weiß der Satan, woher diese sprachliche Unart kommen mag, aber sie hält sich beharrlich und ist wohl nicht mehr auszurotten.

Die erste Gelegenheit war vertan, aber es konnten ja noch weitere kommen. Ich war optimistisch. Ein kurzes Spähen über die gegen den Abendhimmel gerichtete Flintenschiene: Ja, das ging noch einigermaßen. Kommt, ihr lieben Schnepfen, kommt nur herbei. Ich hatte meinen mordlustigen Tag. Wie alle Jäger ihn alle Tage haben. So steht es in den Zeitungen. Besonders in denen, die viel davon verstehen.

Langsam sank ich wieder tiefer. Bis zum Absatz, dann bis zum Knöchel. Es war eine Frage der Zeit, wer das Rennen gewann: die mich verschlingende Wiese oder Gerhard, der versprochen hatte, mich von meinem Stand abzuholen, »wenn es vorbei ist«. Vorbei ist es immer dann, wenn man gegen den Nachthimmel bei bestem Willen keinen Schnepf mehr anvisieren kann. Da würde wohl Borro durch das bürstendicke Unterholz herangestürmt kommen und als erster bei mir sein. Vielleicht würde er mich noch vorfinden, vielleicht war ich aber auch schon im Moor versunken. Immerhin, es gab keine gespensterhaften Irrlichter und auch keine sonstigen Kinorequisiten, in der Ferne heulende Wölfe beispielsweise, auch der unheilbringende Schrei des Käuzchens war nicht zu hören. Nein, ich fürchtete mich nicht. Aber hin und wieder mußte ich auch hier draußen unter den Sternen meinem Genickscharnier ein wenig Erholung gönnen, und in genau einem solchen Moment strich mir – »Puitz, puitz!« – ein Schnepf von hinten über den Hut, ganz tief und neugierig, was denn der Dummkopf da mitten auf der Wiese zu schaffen hatte. »Der wurmt und sticht doch nicht, also? Schließlich ist es ja meine Wiese, oder?« Und fort war er, ließ mir keine Chance.

Ich gab auf. Ein letztmaliger Blick über die Flintenschiene – Schußlicht nur mehr für Sekunden. Ende der Vorstellung. Noch auf der Wiese entlud ich, dann rettete ich mich rasch zurück an festes Land, in den Wurzelbereich unter der Birke. Ich beschloß eisern, mein Leben nicht im Sumpf aufs Spiel zu setzen und hier auf Gerhard und Borro zu warten. Es konnte ja nicht mehr lange dauern, bis die beiden ankamen. Ich lehnte mich an die Birke, zündete mir eine Zigarette an – damals war ich noch ein lasterhafter Mensch – und schnupperte in den leisen Abendwind, der von der Nachbarwiese her zu mir strich und wahrhaftig schon deutlich nach Frühling roch. War das ein Genuß, nach einem langen Winter wieder den im Baum aufschießenden Saft erschnüffeln zu können, das gab Zuversicht und Kraft für das kommende Jagdjahr, denn Morden ist anstrengend.

Die Zigarette war zu Ende, ich entsorgte den Rest sorgfältig unter dem Stiefelabsatz, eine Feuersbrunst war bei dieser Bodenfeuchtigkeit ja ohnedies nicht zu befürchten, und da hörte ich plötzlich Lärm im Gestrüpp, Unterholz brach, nicht hell wie ein Büchsenschuß, wie man es manchmal im Hochsommer hört, wenn die strohtrockenen Äste knicken und bersten, sondern dumpf und feucht – aha, Gerhard wählt die Direttissima quer durch die Stauden zu mir her, Gerhard, der heute ebenfalls keinen einzigen Schuß losgeworden ist. Gleich wird er da sein, Borro natürlich stürmisch voran. Borro, der harte Wüstling, der sich mit dem Elan seiner Jugend und dem Gewicht seiner gut dreißig Kilogramm, geschützt vom drahtigen Haar seines Fells, wuchtig wie ein Geschoß durch Gesträuch und Stacheln wirft. Was unsereiner nie im Leben könnte. Und da war er auch schon. So eine Hundenase ist wirklich etwas Feines, Unübertreffliches, Bestaunenswertes. Obwohl ich meinen Wind im eigenen Gesicht hatte, fand er mich auf Anhieb – keine zehn Meter neben mir erbebte das Gebüsch, peitschten die Zweige, und sein starker Körper katapultierte sich heraus auf die nasse Wiese.

»Borro, hier!« sagte ich, und er verhielt gehorsam, aber mir kam schon irgend etwas verdächtig vor, irgend etwas stimmte da nicht, denn gar so stark und mächtig hatte ich meinen jungen Freund Borro nicht in Erinnerung, und jetzt, da dieses viel größere Vieh nun draußen im Sternenschein auf der Wiese stand, beschränkte sich die Ähnlichkeit tatsächlich nur mehr darauf, daß auch dieses schwarze Ungetüm auf vier Läufen stand.

Nun begriff ich, daß ich ein wildes Schwein, das mich überhaupt nicht im Wind hatte, mit meinem vertrauten Anruf »Borro, hier!« in seiner sausenden Fahrt gestoppt hatte, und es begann mir kalt über den Rücken zu laufen. Denn auch die Sau wollte wissen, was hier eigentlich los war, ich hörte sie scharf die Luft einziehen und den Wind prüfen, und dann stand sie plötzlich spitz, her zu mir, ein dunkler, gar nicht kleiner Batzen, und das kalte Rieseln über meinen Buckel nahm kein Ende. Wollte sie mich annehmen? Die Wahrscheinlichkeit war gering, aber ebenso gering waren meine Aussichten, wenn ich zutreffendenfalls mein Heil in der Flucht gesucht hätte. Im Laufen durchs Dickicht und über Stock und Stein war sie ohne Zweifel um viele Klassen besser.

Eine entladene Flinte auf der Schulter, kein Flintenlaufgeschoß in der Tasche – und selbst wenn ich eines bei mir gehabt hätte, ich wäre mit dem Laden nie zurechtgekommen. Die Sau stand immer noch spitz her zu mir, prüfte hörbar den Wind – »Ffft-ffft!« machte sie – und litt offenbar unter Informationsnotstand, denn kein Lüftchen regte sich von mir hin zu ihr, und ihr schwacher Gesichtssinn gab ihr zuwenig Anhaltspunkte im nun dichten Dunkel unter der Birke. Die Situation war für beide Teile ebenso sensationell wie unerfreulich. Wir glotzten einander an, bis ich endlich, endlich auf den richtigen Gedanken kam und sie anschrie: »Scher dich fort, du Schwein!«

Hei, das hättet ihr sehen sollen, wie schnell sie fortrumpelte, lautlos über die nasse Wiese drüber und jenseits wieder hinein in den dichten Bestand. Das ist das Seltsame an den Sauen: Sie können Krach machen, daß es poltert und splittert wie auf der alten Kegelbahn im Dorfgasthof, wenn sie sich sicher fühlen. Sie können aber auch so leise sein wie ein verschämtes Fürzchen, wenn sie sich aus irgendeiner vermeintlichen oder wirklichen Gefahr verdrücken.

»Aber, aber!« tadelte Gerhard, der ahnungslos mit Borro an der Leine den Pirschpfad genommen hatte und dann von der anderen Seite her den Waldrand entlanggekommen war. Hatte er sich betroffen gefühlt? Ich antwortete vorerst nicht. Mein Mund war noch zu trocken, um ihn darüber aufzuklären, daß nicht er gemeint gewesen war. Und außerdem: Es lief mir noch immer eiskalt über den Buckel...

Eine Sau im Milchtopf

Von einem anderen Ereignis möchte ich noch erzählen, bei dem mir ebenfalls die Gänsehaut rauf und runter über den Buckel lief. Auch hier ging es um Sauen, und auch hier war nicht etwa die Kälte schuld daran, daß sich mir die Haare sträubten, sondern schlicht die Angst. Es war nicht gerade Besorgnis ums nackte Leben, nein, denn ich war erwachsen und befand mich nicht im undurchdringlichen Irrgarten des brasilianischen Urwalds, umringt von giftpfeilbewehrten Indios, sondern bei uns daheim im freundlichen bewaldeten Hügelland. Es war auch nicht so, daß Panik mich gepackt hätte oder der schreckliche Gedanke, man fände irgendwann in ferner Zukunft hier in der Waldesfinsternis mein vermodertes Gebein, von den Sauen beknabbert und wüst durch die Gegend geschleudert, dann von den Ameisen fein säuberlich gereinigt und dennoch keinen Pfennig mehr wert für ein christliches Begräbnis. So schlimm war es wirklich nicht. Ich zitterte dennoch. Knapp einer jagdlichen Untat entgangen, fürchtete ich vor allem eine ungewollte Nächtigung in einem mir wildfremden Wald – nun ja, und der war so triefend naß wie ein Scheuerlappen. Jeder weiß, wie naß ein Wald sein kann. Soll mir nur ja keiner sagen, das sei nicht zum Fürchten...

Als ich mich zu Hause in den Wagen setzte, jagte der Aprilwind die grauen Wolkenfetzen, und zwischendurch lächelte die Sonne kühl herab. »Wenn der Wind jagt, soll der Jäger daheim bleiben« – ein altes Sprichwort, aber für die Jagd auf Schwarzwild hat es keine Gültigkeit. Das Schwarzwild ist bei jeder Witterung unterwegs – wenn es will. Die Sauen stört so gut wie nichts. Sie sind robust und klug. Aber laß einmal den Wind nur ein bißchen sich drehen, so daß sie Witterung von dir bekommen, oder stoß einmal unvorsichtig nur ganz leise mit der Büchse an den Rand des Kanzelfensters – da kannst du deine schwarzkitteligen Wunder erleben. Da sind sie nicht mehr robust, sondern unerhört feinsinnig und auf und davon.

Sie wissen, daß nichts und niemand ihnen gefährlich werden kann in freier Wildbahn, sie sind sich ihrer Stärke bewußt. Sie haben keinen Freßgegner. Ihr einziger Feind ist der Mensch, und die Gefahr durch den Menschen einzukalkulieren, darauf sind sie bei uns in Europa geradezu programmiert. Und deshalb bezeichne ich es auch immer wieder als »Sternstunde«, wenn eine Sau erlegt wird. Eine Sternstunde, in der alles zusammenpassen muß: das Wetter soll passen, bei der nächtlichen Ansitzjagd braucht man den Mond, genug, aber nicht zuviel, denn den grellen Vollmondschein mögen sie – mit vielen Ausnahmen! – nicht gar zu gern, dann müssen sie erst mal kommen, es müssen die richtigen kommen, man muß einen ordentlichen Schuß loswerden können und die Sau schließlich auch noch zustandebringen, weil

im Feuer liegen sie vergleichsweise selten. Das sind eine ganze Menge Voraussetzungen zum jagdlichen Erfolg, und jene Waidkameraden, die per Zufall beim bewaffneten Mittagsspaziergang eine Sau erlegen, sind recht spärlich gesät. Freilich gibt es auch solche Sonntagskinder...
Auf Sauen sollte es gehen, hatte der Freund am Telefon gesagt. »Komm, sie treiben es arg. Sie bringen mich um.« Das war vielleicht ein wenig dramatisch ausgedrückt, aber verständlich: Er führte einen ganzjährigen, aufreibenden Kleinkrieg gegen das Schwarzwild in einem fast zwölfhundert Hektar großen Revier, das knapp zur Hälfte aus Wald mit stellenweise dichtverwachsenen Einständen, zur anderen Hälfte aus landwirtschaftlich intensiv genutzten Flächen bestand: viel Mais und Weizen, viel Kartoffeln. Einmal, in einer elegischen Stunde bei einem Glas Wein in seinem hübschen Jägerstübchen, hatte er seine Jagdbuchhaltung hervorgeholt und mir die bezahlten Wildschadensrechnungen gezeigt. Es handelte sich um Summen, die sogar ihm auf die Nerven gingen, und er war wirklich kein Sozialfall.
»Wie ist das Wetter droben?« hatte ich noch gefragt, bevor ich mich auf die Räder machte.
»Gut«, lautete die Antwort. »Windig und endlich kein Regen mehr. Aber zieh dich warm an.«
Der April ist ohne Zweifel nicht gerade der günstigste Monat zur Ansitzjagd auf Sauen. Wind und Regen wären ja kein Hindernis. Die Rehe mögen den Wind nicht und nehmen den Regen stoisch auf sich wie unsereiner eine unvermeidbare Landplage. Bei den Sauen ist alles anders. Schließlich heißt es ja nicht umsonst »Sauwetter«. Sturm und Wolkenbruch sind ihnen schnurzegal. Aber im April haben die Bachen zum guten Teil schon gefrischt, und selbst wenn sie einem ohne den quecksilbrigen Nachwuchs vor die Büchse kommen – aha, denkst du, eine nichtführende –, kann man keineswegs sicher sein, ob sich die Frösche nicht etwa noch im Wurfkessel befinden und verhungern müssen, wenn du ihnen die Mutter nimmst. Hat sie aber noch nicht gefrischt, so ist das Trauerspiel um nichts geringer. Eine tragende – in mancher Fachliteratur auch hochbeschlagen (wie beim anderen Schalenwild) genannte – Bache aufzubrechen ist ein Jammer ersten Ranges. Auch ich habe diesbezüglich schon böse Erfahrungen gemacht, und seitdem sind mir die Beteuerungen aller Supermänner, die behaupten, man müsse doch um Gottes willen bei gutem Schußlicht die führende Bache von der nichtführenden unterscheiden können, mit Verlaub: äußerst verdächtig. Die Jagd im Frühjahr, in der Kinderstubenzeit, ob nun auf Fuchs, Dachs, Baum-, Haus- oder Stubenmarder, bringt eben unweigerlich immer Probleme mit sich. Der Schießfinger allein wäre das geringere Problem. Die Fragestellung und der Haken sitzen im jagdlichen Gewissen. Meine persönliche Meinung: Laß es sein, wenn nicht zwingende Gründe für den Schuß sprechen.
Ich hatte knapp hundertdreißig Kilometer zu fahren, und je weiter ich kam, desto mehr ließ der Wind nach. Die Böen, die man bis in die Lenkung spürte, wurden immer seltener. Windstille wäre fein, dachte ich. Da hast du bessere Chancen, die Sauen schon beim Anwechseln zu hören. Aber auch die Sauen

haben dann bessere Chancen, dich zu vernehmen, wenn du dich etwa einmal unbedacht räusperst dort droben in deinem Gehäuse. Wo Konrad mich wohl hinsetzen würde?

Bei einer kurzen Kaffeepause in einer an der Bundesstraße gelegenen Raststätte roch ich es: Die Luft wurde wieder dick und feucht, sie schmeckte nach Badezimmer und Waschlappen. Nein! Doch nicht schon wieder Regen! Drei Wochen lang hatte er uns unter die Dächer verbannt und die Bauern zur Verzweiflung getrieben, weil sie mit den schweren Maschinen nicht in die Äcker hinein konnten. Die Felder glichen heimtückischen Sümpfen. Sintflutig war es vom Himmel gekommen, und noch heute waren die Wälder – nach kurzer Schonfrist – naß wie ein Schwamm. Man läßt sich einiges gefallen im launischen April, aber das war entschieden zuviel.

Als ich in den Gutshof einfuhr, segelten die Wolken zwar noch grau wie Putzlumpen dahin, hatten aber bei weitem nicht mehr so viel Fahrt drauf, denn der Wind hatte sich unterdessen nahezu gelegt. Konrad und Inge empfingen mich freundlich und schleppten mich zuerst zu einer kräftigen Atzung, doch dann, als die Hausfrau wieder ihrer Arbeit nachgegangen war, kamen die Jägerprobleme zur Sprache, und für mich war das Hauptproblem, daß ich so gut wie revierunkundig war. Ich hatte im letzten Sommer unter Konrads Führung einen recht braven Bock gestreckt und im Herbst, auf irgendeinen Hochstand in der – übrigens lieblichen – Gegend hingesetzt, ein Kitz. Aber was heißt denn das schon bei rund zwölfhundert Hektar, da ist man immer noch revierunkundig, ein bejammernswerter Fremder, der sich rettungslos in der Natur verlaufen würde, wenn man ihn ohne Aufsicht allein seinem Schicksal überließe.

»Hans und Ernst kommen auch«, sagte Konrad. »Wir sind zu viert draußen, und jeder vom anderen weit genug entfernt. Aber die zwei kennen jeden Schritt in meinem Revier und sind ganz selbständig. Wohin sie gehen, das alles haben wir schon telefonisch besprochen. Wenn sie nicht zum Schuß kommen, fahren sie gleich nach dem Ansitz wieder nach Hause. Kann sein, daß wir die beiden gar nicht zu Gesicht bekommen.« Er lächelte. »Natürlich wär's mir wünschenswert, wir sähen uns alle noch heute nacht in der Wildbretkammer. Und dich, mein Lieber, führ ich mit dem Wagen bis fast an die Kanzel heran, die kannst du nicht verfehlen, und an derselben Stelle hole ich dich pünktlich um Mitternacht wieder ab.« Er seufzte und zuckte die Achseln. »Wär' ja schön, wenn wir länger sitzen könnten, der Mond hält sich bis vier Uhr früh, aber wir alle haben ja schließlich noch eine kleine Nebenbeschäftigung und müssen rechtzeitig aus den Federn. Nur du beneidenswerter Mensch darfst dich bei uns im Gästezimmer ausschlafen, so lange du willst. Dreimal klingeln, und es kommt das Mädchen. Mit dem Frühstück«, setzte er schmunzelnd rasch hinzu.

Bis Mitternacht also. Nun, das waren immerhin fünf Stunden, denn wir wollten bald nach dem Abendessen los. Also stopften sie mich zuerst noch einmal tüchtig voll, und Inge ließ es sich nicht nehmen, uns auch noch Freßpakete mitzugeben. (Meines vergaß ich dann prompt in Konrads

Wagen.) Schließlich aber fuhren wir los, und der Dreiviertelmond hob sich eben behäbig zwischen den Wolken über den Wald empor. Der Wind hatte sich mittlerweile völlig gelegt.

Die Fahrt ins Revier war für mich wie eine Fahrt ins Blaue. Nur ganz dunkel erinnerte ich mich vom Sommer her an Straßen und Feldwege, glaubte mich wenigstens zu erinnern und täuschte mich gewiß.

Ein traktorbreiter Waldweg kreuzte die Asphaltstraße, und dort hielt Konrad den Wagen an und hieß mich aussteigen. »Hier hinein«, sagte er. »Dreihundert Schritt. Du kannst die Kanzel nicht verfehlen. Zuerst hast du rechts und links Wald, dann rechts eine Böschung und links einen Acker, und am Ende des Ackers macht der Weg einen rechtwinkeligen Knick. Genau dort steht die Kanzel, und genau hier draußen an der Straße warte ich um Mitternacht mit dem Wagen, ob nun vorher ein Schuß fällt oder nicht. Im übrigen gelten die alten Spielregeln für die Saujagd bei Nacht: Nicht runter vor der vereinbarten Zeit, und kein Schritt ohne Taschenlampe. Waidmannsheil!«

Ich raffte mein Werkzeug zusammen, schnallte den langen, derben Haselstock vom Dachgepäckträger, und schon gab Konrad Gas und war verschwunden. Ich wußte nicht einmal, wohin er fuhr, wo er selbst sich ansetzen wollte. Und selbst wenn er es mir gesagt hätte: Was hätte der Name des Revierteils oder gar der Kanzelname mir schon bedeuten können? Ich wußte, wo ungefähr es nach Westen ging, weil dort die Sonne untergegangen war, aber mehr wußte ich nicht. Und irgendwo im Westen, jenseits der Wälder, lag der Gutshof. Das hatte ich mir mit Mühe eingeprägt. Nicht etwa Böses ahnend, sondern aus reinem Interesse, wie eben der Jagdgast in einem noch fast völlig fremden Revier sich ein wenig zu orientieren versucht.

Ich wanderte waldeinwärts über den wenig befahrenen und schon ziemlich verwachsenen Weg. Die späte Dämmerung war nun endgültig der Finsternis gewichen, pitschnasses Heidekraut und bösartige Himbeerstauden schrubbten und kratzten an den Gummistiefeln, und ich war recht froh, den Bergstock dabei zu haben, den wir im Hügelland eher zutreffend »Pirschstecken« nennen. Ein drittes Bein kann im stockdunklen Wald auf unbekannten Wegen nur dienlich sein. Doch der Mond kam immer höher, ich ließ mir Zeit, und mit jedem Schritt besserte sich die Sicht. Links lag nun der nicht allzu große Acker, und gradeaus sah ich schon den Wegknick. Unmittelbar dahinter stand knapp am Waldrand wie beschrieben die Kanzel.

Nein, die konnte man beim besten Willen nicht verfehlen. Langsam pirschte ich mich heran. Standen etwa Rehe draußen auf dem Acker? Ein Rundblick mit dem Nachtglas. Nein. Nichts. Der Rest war oft geübte Routine. Jede fremde Kanzel hat ihre Eigenheiten, sei es beim Verschließen der Tür von innen oder beim Öffnen und Fixieren der Fenster. In der Nacht braucht man natürlich ein wenig länger, wenn man sich auf den Tastsinn verläßt und mit der Taschenlampe keine Festbeleuchtung machen will, aber schließlich sitzt man ja doch aufatmend da, die Büchse nun geladen, gesichert und griffbereit, und harrt der Dinge, die man sich wünscht. Beim Saujagen wünscht man sich meistens eine Sau.

Nun, ich saß drei Stunden, und zunächst ging mein Wunsch nicht in Erfüllung. Der kahle Acker – war er schon bebaut? – war ohne Schwierigkeiten gut zu übersehen, die Waldränder auch. In der Kanzel gab es gute Auflagen für Büchse und Ellenbogen, sie war »ergonomisch« gebaut für einen mittelmaßigen und mittelmäßigen Menschen, wie ich einer bin, und mit dem variablen Zielfernrohr bester Herkunft hätte ich mir einiges zugetraut. Aber da war nichts, da kam nichts, und je länger die ereignislose Stille dauerte, desto mehr vermißte ich Inges Freßpaket. Von irgendwoher schlug eine Kirchturmuhr, aber es klang, als käme ihre Stimme aus einer fernen, unbekannten Welt, so wattig und »batzweich«, wie wir Hinterwäldler dort droben im Hügelland sagen.
Müdigkeit befiel mich, und ich merkte, daß ich es gleichmütig zuließ, wenn mir hin und wieder die Augendeckel ein wenig herunterklappten. Aber dann rief ich mich jedesmal zur Ordnung, spreizte die Lider weit auf und griff zum Glas, um noch einmal sorgfältig die ganze Runde abzuleuchten.
Aber irgend etwas stimmte da plötzlich nicht. Irgend etwas hatte sich verändert. War das Glas beschlagen? Hatte die Wirkung des Anti-Beschlagmittels wieder einmal nachgelassen? Das Bild verlor seine Konturen, wurde lappig und unscharf. Ein sauberes Rehlederfleckchen habe ich für solche Fälle immer bei mir, ich holte es hervor und putzte die Okulare blank, dann auch noch die Objektive, aber es änderte sich nichts, das Bild wurde immer verschleierter.
Zu dumm! Ich reckte verwundert den Kopf aus dem Fenster, wollte zum Mond emporsehen und zu den Sternen. Sie waren fort, und ich begriff, daß ich seit geraumer Zeit im Nebel steckte. Es war nicht der Kältenebel, der im Herbst oder Winter je nach den Luftdruckverhältnissen durch Mischung von Feuchtigkeit und Kälte entsteht und entweder vom unterkühlten Boden aufsteigt oder von oben in die Niederungen fällt. Es war ganz anders. Der Wald schwitzte den Nebel aus. Wochenlang hatte er den Regen aufgesogen. Nun war er bis zum Bersten voll davon und gab ihn wieder her.
In neun oder zwölf Kilometer Höhe bestaunt man im Jet das Wattemeer des Schlechtwetters unter sich, das einen droben in blendender, ewigwährender Sonne nicht mehr kratzen kann. Hoch in den Bergen sieht man drunten im Tal den Nebel schwappen wie die kochende Brühe in einem Sautrog beim Schlachtfest. Aber hier, selbst mittendrin, schien alles ganz anders zu sein. Die Milchsuppe holte mich ein. Sie kroch behäbig aus dem Wald heraus, schlich lautlos über den Acker. An vier Seiten vom Wald umgeben, glich er einem Topf, der sich langsam füllte. Ja, es war genauso, wie wenn man Milch in einen Topf gießt. Zuerst bedeckt sich der Boden, dann steigt das Niveau immer höher.
Als der Boden bedeckt war, kam lautlos die Sau. Sie kam von gegenüber aus dem Holz, und es war, als bestünde sie nur aus einem mächtigen Haupt, im Nebel verzerrt, und einem steilen Widerrist. Alles, was drunter war, stand in der Milch. Nun hätte ich viel gegeben für ein bißchen Wind, für ein kleines Windstößchen nur, und schon war die Büchse angebackt, doch der Wind

blieb aus und die Milch stieg und stieg, und das Fadenkreuz dahin zu führen, wo »ungefähr« das tiefe Blatt sein müßte, könnte, sollte – nein, das Risiko war mir zu groß, ich dachte an die vielen Vorträge und Predigten, die ich in Jungjägerkursen gehalten hatte, so etwas macht man nicht, nein. Ich brachte es nicht übers Herz. Zutiefst enttäuscht sah ich zu, wie schließlich die ganze Sau in der immer höher wallenden Milch verschwand.
Und da: »Önk!« ging es und »Äch, äch!« und deutlich, hell und winzig: »Quiek...Quiiiek...«
Die Frischlinge! Mir stand der Schweiß auf der Stirn, als ich die Büchse absetzte und sicherte. Manchmal ist es gut, wenn man irgend etwas nicht übers Herz bringt.
Mann, o Mann! Beinahe wäre das auf höchst schmähliche Weise in die Hose gegangen!
Die Milch im Topf stieg und stieg und verschluckte plötzlich die ganze Kanzel. Es war halb zwölf. Ich entlud, verschloß Fenster und Tür und baumte vorsichtig ab.

Ich bin ungefähr so etwas wie ein Nebelspezialist. Ich bin ihm in meinem Leben schon zu Lande, zu Wasser und in der Luft begegnet, ich weiß, wie gefährlich er sein kann und was ich von ihm zu halten habe. Und wenn er das Buch nicht schon vorher aus der Hand legt, wird auch der Leser gemeinsam mit mir und meinen Erinnerungen dem Nebel noch in zwei Erzählungen begegnen. Das eine Mal im rauhen Gebirge, das andere Mal bei einer harmlosen Entenjagd. Aber der Nebel ist niemals harmlos. Bei keiner Gelegenheit. Er nimmt uns das Sehen, und da Denken und Sehen weitgehend eins sind, nimmt er uns auch das Denken und damit oft den Verstand, er führt uns in die Irre. Unterschätzt den Nebel nicht!

Es war keine Hand mehr zu sehen vor Augen. Die gute, weitstrahlende Taschenlampe war kaum eine Hilfe. Sie bohrte nur ein klägliches Loch in die weiße Milchsuppe vor den Füßen.

Nun bist du, dachte ich, mit viel Glück einer jagdlichen Missetat entronnen. Beinahe hättest du krummgemacht. Du, der große Prediger hinter dem Vortragspult. Dem die jungen, gutwilligen Menschen da drunten im Saal vertrauen. Es überkam mich kalt bei dem Gedanken. Den Nebel und die Nässe fürchtete ich nicht ganz so sehr. Irgendwie kommst du raus zur Straße, dachte ich. Bist ja nicht in der Taiga am Polarkreis. Dort war ich nämlich schon einmal gewesen, lange Zeit, und wollte nie wieder hin.

Ohne den Pirschstecken wäre ich ein Dutzendmal vom Feldweg abgekommen. Drinnen im Wald dann wurde es noch schlimmer. Zweimal fiel ich hin, der Sturz ins Gestrüpp war wie ein Fall ins Wasserbecken. Dann stieß ich mir die Stirn an einer ruppigen Föhre. Ich erkannte sie nur am Geruch. Aber du kommst raus, dachte ich. Du bist bald raus. Hoffentlich sucht Konrad dich nicht schon. Das wäre das allerfalscheste. Wir würden aneinander vorbeilaufen. Signalschüsse helfen wenig. Der Nebel filtert und verfälscht den Schall. Also sieh zu, daß du von selbst rauskommst. Sonst sitzt du fest hier bis morgen früh. Komm raus, mach schon!

Für die dreihundert Schritt zurück zur Straße brauchte ich fast genau eine halbe Stunde. Ich tastete mich die Traktorgleise entlang. Sie waren zuverlässige Helfer. Aber wenn sie sich irgendwo gabelten?

Sie gabelten sich nicht.

Und wenn nun Konrad nicht da war?

Punkt zwölf. Konrad war da. Die Gänsehaut auf meinem Rücken verlief sich langsam wieder. Und auch der Nebel begann sich nun ein wenig zu lichten.

Der Herr und sein Knecht

Das Ereignis selbst lag schon längere Zeit zurück, ich hatte es achselzuckend verdaut und fast schon vergessen, bis mich dann die Todesnachricht erreichte. »An den Folgen eines schweren Unfalls...« und so weiter stand groß und schwarz umrahmt in der Zeitung zu lesen. Viel weniger groß gedruckt und nicht so dick umrahmt, aber immerhin gleich daneben, fand sich eine zweite Anzeige. Selber Tag, selbe Stunde. Der Zusammenhang lag klar auf der Hand. Sie waren wohl wie immer zu schnell unterwegs gewesen, der Herr und sein braver Knecht. Auf die Dauer hatte das ja nicht gutgehen können. Aber wenn sie auch annähernd auf die Sekunde genau zur gleichen Zeit gestorben waren, gab es dennoch, wie in ihrem Leben, bemerkenswerte Unterschiede auch nach dem Tod. Zum Beispiel: Der eine kam in eine monumentale Gruft und der andere vermutlich in ein billiges Reihengrab.

Ich hatte den Mann und seinen Schatten nur flüchtig gekannt, war ein einziges Mal und nie wieder bei ihm im Revier gewesen, und der Leser kann gewiß sein, daß diese Zeilen bei ihren Lebzeiten nie geschrieben worden wären. Nun aber sind sie beide verstorben, sein Name wird nicht genannt und der seines treuen Wachhunds nur verändert wiedergegeben. Doch mein Erlebnis ist geradezu ein Paradebeispiel dafür, wie rasch die guten jagdlichen Sitten in Gefahr kommen können und wie sehr man sich seinen jagdlichen Umgang aussuchen soll. Und so möge dieses Beispiel vor allem unseren jungen Jägern, die noch keinen festen Anschluß gefunden haben, als gutgemeinte Warnung dienen.

Ich habe es nicht vergessen, wie sehr und wie ungeduldig man in den ersten Jagdjahren auf eine Einladung wartet, wenn man nicht das Glück hatte, in ein Revier sozusagen hineingewachsen zu sein. Bewahrt euch dennoch den Stolz. Verlaßt euch ganz auf euer natürliches Gefühl: Eine Jagdeinladung muß von Herzen kommen und mit dem Herzen angenommen werden. Die vorgedruckten grünen Einladungskarten sind nützlich und guter Brauch. Wenn's aber um mehr geht als um eine Feldjagd im Herbst, zu der man womöglich nur eingeladen wird, weil man einen guten Hund führt, wenn's um ein Stück Schalenwild geht, und sei es »nur« eine Rehgeiß, ist es mit einem Stück Papier nicht mehr getan. Da bestehe ich auf dem Blickkontakt mit dem Jagdherrn und einem festen Händedruck. Der muß dann gelten. Und daß ich wahrhaftig alter Hase damals selbst so sehr hereingefallen bin – meine eigene Schuld.

Ich lernte ihn auf dem Flughafen kennen, in der »snack bar«, wie man heute sagt und was doch viel vornehmer klingt als etwa Würstchenbude, und auf den ersten Blick war er ein freundlicher, behäbiger Durchschnittsbürger. Daß er auf der Reise nach München war und Jäger, beides ebenso wie ich, stellte sich erst heraus, als wir zwangsläufig ins Gespräch kamen, weil sein Begleiter mir an der Theke ein Glas Bier über die Hose geschüttet hatte. Dieser Begleiter, der dann auch in der Maschine neben ihm saß, Erste Klasse, versteht sich, weit von uns fliegerischen Normalverbrauchern entfernt, war ein breitschulteriger Riese mit flinken Augen, die seinen Chef und dessen Umgebung nicht eine einzige Sekunde unbeobachtet ließen. Es war nicht schwierig, ihn einzuordnen, er war bald klassifiziert: Man kennt diese bulligen Typen nicht nur aus amerikanischen Krimis, sondern auch schon längst durchs Tagesgeschehen im heimischen Fernsehen, wenn sie sich mit wachen Blicken und jederzeit sprungbereit um ihren Schutzbefohlenen drängen. Leibwächter nannte man sie früher, heute auf neudeutsch Bodyguards. Der Mann hieß aber nicht kinogerecht James Smith oder John Wesson, sondern ganz einfach Poldi Kralnicek, wie ich später erfuhr, und er war weder schießwütig noch auf eine wilde Schlägerei versessen, sondern ein nach unseren europäischen Begriffen durchaus gemütlicher Mensch. Seine Gemütlichkeit bewies er schon damit, daß er sich nach dem Mißgeschick mit dem Bierglas nicht etwa bei mir, sondern bei seinem Herrn entschuldigte. Wie er als Kleinkind mit seiner tschechischen Mutter auf der Flucht in den Westen und später zu seinem Beruf als Leibwächter, Kammerdiener, Chauffeur und Mädchen für alles gekommen war, wäre eine eigene, sehr aufregende Erzählung wert, doch würde diese nicht hierher passen. Denn Poldi Kralnicek war kein Jäger, sondern nur ein vom rauhen Leben Gejagter, und Asphaltdschungelbücher gibt es schon genug.

Irgendwie schien es sein Chef, Herr St. – nennen wir ihn so –, gewöhnt zu sein, alle Widerlichkeiten dieses Lebens mit Jagdeinladungen einzuebnen und wiedergutzumachen, und da er mir so kurz vor dem Flug die Hose nicht mehr reinigen lassen konnte, überreichte er mir eine Visitenkarte, notierte mit charmantem Lächeln – da ich eine solche nicht besaß – meine erfragte Adresse und teilte mir mit, daß ich auf einen Rehbock eingeladen sei, in einem seiner Reviere, Näheres demnächst und telefonisch, seine Sekretärin werde das schon einteilen, die verstehe sich darauf. Ja, auf die könne man sich verlassen. Eine Perle. Wo fände man denn heutzutage noch so eine, die drei Terminkalender unter einen Hut bringen könne, den geschäftlichen, den jagdlichen und den privaten?

Dann kam der letzte Aufruf, er reichte mir freundlich die Hand, und wir gewöhnlichen Sterblichen mußten durch die Sperre und dann durch die hohle Gasse der Ziehharmonika in die Maschine. Herr St. und Kralnicek, first class passengers, hatten noch ein wenig Zeit.

Der kleine Zwischenfall mit großen, vorerst aber noch ungeahnten Auswirkungen hatte mich nachdenklich gemacht. Ich war es – von Jugend an! – nicht gewöhnt, daß so mit Jagdeinladungen umgegangen wurde. Auf einen Rehbock eingeladen zu werden, das war eine ganz besondere Sache. Man wurde lange und kritisch von allen Seiten gemustert und beurteilt, teils insgeheim, teils in aller Offenheit, bevor einem diese Ehre widerfuhr. Mein

Großvater war Bauer und Schmied, und er hatte weder Visitkarten noch einen Leibwächter (nötig), aber er verteilte seine Rehböcke nicht wie wertloses Zeug an Wildfremde. Und es wäre ihm nicht im Traum eingefallen, irgendeinen Dahergelaufenen auf einen Rehbock einzuladen, nur weil er ihm im Gasthof aus Versehen Bier über die Hose geschüttet hatte. Wer aber tatsächlich zum ersten Mal eine Einladung auf ein Stück Schalenwild erhielt, der konnte sicher sein, daß es sich dabei um einen beträchtlichen Vertrauensvorschuß handelte, weil man ihn mochte.

Der Stellenwert, das Wertgefühl des Menschen für das Wild hat sich in den Wohlstandsjahrzehnten offenbar geändert. Die einen verschenken die Ehre wie eine kleine Nichtigkeit, die andern konsumieren sie wie eine Theaterfreikarte. Vom Gefühlserlebnis bleibt nichts oder wenig, was nicht in Kilogramm oder Zentimetern gemessen werden könnte, und unterm Strich sind bei solcher Vorgangsweise alle Jäger in den Augen der unverständigen Jagdgegner die großen Verlierer. Denn so sehr alle diese meist selbsternannten sogenannten Schützer – Tierschützer, Naturschützer und so weiter, die ihr gesamtes Programm und Gedankengut jahrhundertealten jagdlichen Traditionen »entlehnt« haben und nun lauthals öffentlich gegen die Jagd vorbringen –, so sehr sie also alles, was seit je waidmännisch grün war und ist, mit ihrem eigenen Grün oder anderen Farben übertünchen, so sehr verlangen sie kurioserweise vom Jäger, daß er ihre und seine eigenen Regeln gleichermaßen einhält. Und zu diesen Regeln gehört nun einmal auch das Einhalten von jagdlicher Ethik, Wertbegriffen und Stellenwerten – nach innen wie nach außen. Merkwürdig, daß ausgerechnet die Jagdgegner das von uns fordern.

Nun, ich kam nach dem kurzen Luftsprung mit noch nasser Hose auf dem damals noch nagelneuen Franz-Josef-Strauß-Flughafen an, wurde von meinen Münchner Freunden abgeholt und trockengelegt, begann die Visitkarte zu vergessen und flog anderntags, nach Erledigung meiner Verlagsbesprechungen, wieder nach Hause.

Es scheint aber so zu sein, daß Sekretärinnen und Terminkalender ja doch ihre Existenzberechtigung haben. Herr St. hatte mich nicht vergessen, und das muß man ihm grundsätzlich hoch anrechnen, denn heutzutage ist es ja schon aus der Mode gekommen, jemandem im Wort zu bleiben, von dem man keinen Nutzen ziehen kann. Und das konnte er von mir wirklich nicht! Dennoch erhielt ich knapp zwei Monate später einen Anruf seines Sekretariats. Eine ausgesucht seidenweiche Telefonstimme teilte mir mit, Herr St. gedenke nunmehr sein Versprechen einzulösen, er sei nur durch eine Reihe von Auslandsaufenthalten bisher daran gehindert gewesen. Ob vielleicht der kommende Samstag in meine Dispositionen passe? Ich würde selbstverständlich von zu Hause abgeholt werden und bräuchte an nichts anderes zu denken als an der Witterung entsprechende Bekleidung und an meine Büchse, Kaliber erbeten möglichst nicht unter 6,5 x 57, kein reines Rehkaliber, bitte, denn möglicherweise, das stünde heute noch nicht fest, ginge es in ein Revier mit gelegentlichem Vorkommen von Sauen. Und sie schloß: »Unser Herr Kralnicek wird sich allerbestens um Sie bemühen.«

Niedergeschrieben klingt das alles ein wenig geschraubt, aber genauso brachte sie es hervor. Seidenweich und sexy, aber streng geschäftsmäßig. Wie hatte St. es formuliert? »Näheres demnächst telefonisch, meine Sekretärin wird das schon einteilen, die versteht sich darauf.«
Tatsächlich, sie verstand sich ganz hervorragend darauf, und mit dem vielen Organisieren von Jagdeinladungen schien sie auch in die Grenzbereiche des jagdlich notwendigen Wissens eingedrungen zu sein, wie ihre fürsorglichen Bemerkungen betreffend Bekleidung und Kaliber verrieten. Oder war sie etwa selbst Jägerin? Und warum auch nicht?
Ich sagte zu, jawohl, der kommende Samstag passe recht gut, wobei mich allerdings nun schon mehr die Neugier plagte als die Jagdlust, denn Alltägliches, gut oder schlecht geführte Reviere hatte ich in meinem Leben schon genug gesehen. Und es war auch durchaus nicht so, daß ich nach einem weiteren »Knochen an der Wand« gegiert hätte.
Am Samstag war das Wetter geradezu ideal, es fand sich ohne Mühe eine »der Witterung entsprechende Bekleidung«, und auch den Kaliberwünschen meines Jagdherrn konnte ich genügen, obwohl es dann schließlich doch nicht in ein Saurevier, sondern in die Berge ging. Pünktlich um vier am Nachmittag klingelte es, und vor der Tür stand, groß und mächtig, diesmal aber in Chauffeuruniform, der gute Poldi Kralnicek und lachte mich an. Heute keine flinken Augen, kein mißtrauisches Sichern rundum, außer Dienst gab es nur Biederkeit. Auch Bodyguards dürfen hin und wieder friedliche Seiten zeigen.
Ich bat ihn herein, servierte ihm noch rasch ein kleines Bier, damit er es mir über die Hose schütten könne, und wir amüsierten uns sehr. Kralnicek war ein prima Bursche, und wenn ich daran denke, daß es ihm beim Anprall an der Autobahnbrücke den Kopf fast von den Schultern gerissen hat, krampft sich mir noch heute das Herz zusammen.
»Herr Kralnicek«, sagte ich, während ich in die Jacke schlüpfte und den Hut vom Haken angelte, »das ist aber nett, daß ausgerechnet Sie mich abholen...«
»Wir sind zu dritt«, erklärte er. »Im 24-Stunden-Turnus. Einer ist immer beim Chef, einer hat Bereitschaft für Botenfahrten und sonstiges, das bin heute ich, und der dritte, der Charly, der hat wirklich frei.«
»Wenn ich Sie also richtig verstehe, Herr Kralnicek, dann bin ich heute das Paket, das Sie mit einer Botenfahrt ins Revier des Herrn St. befördern...«
»Genau!« sagte er, trank sein Bier aus und drängte zum Aufbruch. »Wenn ich Sie zu spät beim Siebel abliefere, bekomme ich Schwierigkeiten.«
Wer denn der Herr Siebel sei, wollte ich wissen und schlug die Tür hinter mir zu. Kralnicek, schon auf der Treppe, sagte: »Einer von den Oberjägern. Der führt Sie.«
»Und wir müssen doch vorher noch beim Herrn St. vorbeischauen, oder?« fragte ich, mit althergebrachten Vorstellungen und üblen Ahnungen gleichermaßen befrachtet.
»Nein, nein«, der Poldi Kralnicek schüttelte den Kopf, »das ist nicht der Brauch. Und außerdem, der Herr St. ist heute und morgen in London.« Er

verpackte meinen Gewehrsack und den Wetterfleck in den Kofferraum des Daimler und riß dann die Beifahrertür für mich auf. Ich ließ mich ins feinste Leder fallen und schnallte mich an. Meine Gedanken konnte ich nicht anschnallen. Sie liefen mir im Zickzack davon, während wir durch den lauen Frühsommernachmittag fuhren, zuerst im Stau, dann, auf der Autobahn, nur mehr links auf der Überholspur.

Ich würde Herrn St., meinen Jagdherrn und Gastgeber, also nicht einmal zu Gesicht bekommen. Nicht heute, wahrscheinlich nie. Ich war das Paket, das per Botendienst zu einem Berufsjäger transportiert wurde, dem es aufgehalst war, mich zu Schuß zu bringen. Keine Spur von herzlicher Begrüßung durch den Jagdherrn in romantisch gelegener Jagdhütte, kein Händeschütteln, kein Willkommensschluck. Nur kalte Routine. Siebel, da kommt einer auf einen Bock. Den Tag und die Stunde sagt Ihnen mein Büro. Ein Einmal-Gast und nie wieder. Bringen Sie den zu Schuß, wenn's geht. Muß ja nicht der beste Bock sein, verstanden?

Diese Variationen kannte ich alle. Nichts Neues unter der Alltagssonne. Mein Großvater war Bauer und Schmied, das habe ich schon gesagt. Mein Großonkel war Berufsjäger. Ein hartes Leben in der Einschicht war das. Jedenfalls unterbezahlt für diese körperliche Schinderei in den Bergen, oft genug auch unbedankt. Seine Kinder gingen im Sommer wie im tiefen Winter sechs Kilometer zur Schule, das sind hin und zurück zwölf auf den kleinen Füßchen. Tag für Tag, Jahr für Jahr. Von Schulbussen wagte damals noch keiner zu träumen.

Merkwürdig, wenn ich an ihn denke, fällt mir immer nur zweierlei ein, fast alles andere ist in der Erinnerung verblaßt: Er trug jahraus, jahrein grauen, nicht grünen Loden. Und das zweite Bild: Ich sehe ihn auf den Steinstufen zu seinem altersdunklen Holzhaus sitzen und sich die Wickelgamaschen binden. Er trug keine Wollstutzen, sondern bevorzugte eben derbe Wickelgamaschen. Jeder wie er kann und will. Das Sprichwort galt wohl auch damals schon, doch viel zu wollen gab es sonst nicht für ihn. Eine eindrucksvolle Schar von Jägern aus der ganzen Talschaft hat ihm das letzte Geleit gegeben, und schöne Worte wurden an seinem Grab gesprochen. Aber er durfte wenigstens als das sterben, als was er gelebt hatte. Wenn ein Berufsjäger stirbt, dann klingen die Hörner an seinem Grab, und wenn ein Eisenbahner beerdigt wird, na klar, dann kommt die Eisenbahnerkapelle. Die heutigen Berufsjäger sind sich dessen nicht mehr so ganz sicher. Revierteilungen, Profitdenken und Rationalisierung – was auf das gleiche hinausläuft – haben einen ganzen Berufsstand in Gefahr gebracht. Ich kenne zwei oder drei, die sind Vertreter geworden, Holzeinkäufer und so weiter. (Einer hat Glück gehabt. Der hat reich geheiratet.)

Das alles ging mir durch den Kopf, als mich der freundliche Herr Kralnicek im meergrünen Daimler durch die Gegend katapultierte, und man sollte es nicht glauben, wie weit man es in knapp anderthalb Stunden bringen kann: von der Großstadt bis mitten hinein in die schönste Bergwelt. Oder bis in den Sarg.

Und so kam alles, wie es hatte kommen müssen. Das hübsche kleine Forsthaus lag ganz hinten am Talschluß, rechts und links ging es steil in die Höhe, und ich dachte besorgt an meine nicht gerade hervorragende Kondition. Aber auch dem Oberjäger Siebel, einem freundlichen grauhaarigen Mann, ging es nicht besonders gut. Er hatte eine Sommergrippe im Leib, er hustete, und seine Augen glänzten fiebrig, als er mich im Namen des Jagdherrn begrüßte und dessen Abwesenheit entschuldigte. »Der Herr ist sehr beschäftigt«, sagte er. »Und Sie sollten ins Bett«, sagte ich. »Sie haben Fieber.« Er bemühte sich um ein Lächeln und schüttelte den Kopf. »Nein, nein, das geht schon. In anderthalb Stunden sind wir zurück. Mit Ihrem Bock.«
Und während sich Kralnicek, der Paketbote, in die Küche zurückzog zum Kaffee und zur rundlichen Frau Siebel, tranken wir beide ein Schnäpschen, und der Oberjäger zog sich für den Reviergang um und schilderte mir den Bock, den er für mich wußte: einen recht guten, auch »brav« genannten Sechser, knapp über die Lauscher hoch, mit mäßigen Enden. Das, was man einen Abschußbock nennt. So wie man ihn in einem gutgeführten Revier auch einem Zufallsgast gönnt, den man nie im Leben mehr wiedersieht. Die Dachsbracke unter dem Tisch tat nur so, als schliefe sie, in Wirklichkeit hörte sie ihrem Herrn aufmerksam zu, und mir war alles recht.
Meine sportliche Kondition wurde nicht gefordert, denn wir stiegen schließlich in einen Unimog und fuhren ein Stückchen auf einer Forstraße bergauf, ließen den Wagen stehen und kletterten, hundert Schritt weiter, auf eine bequeme Kanzel mit gutem Ausblick hinauf in einen ein- oder zweijährigen Schlag, und als wir uns häuslich eingerichtet hatten, tranken wir kalten Tee aus Siebels Thermosflasche, und er schluckte zwei Aspirin. Heißer Tee hätte ihm besser getan, aber wer hat im Sommer schon heißen Tee in der Thermosflasche. Hin und wieder schüttelte ihn ein Hustenkrampf, er entschuldigte sich wegen des Lärms und meinte, der Bock käme ohnedies weit da drüben, und ob ich mit der Auflage gut zurechtkäme, na ja, es seien immerhin gute hundertfünfzig Meter. Nach meiner Meinung waren es gute hundertachtzig, und der breite Wurzelstock, den ich probehalber anvisierte, war verdammt klein im Absehen. Doch den ein wenig zähen Schuß fürchtete ich nicht. Was mir weniger gefiel, war die kommerzielle Perfektion, mit der hier alles so gemütlich und bequem ablief, ohne jede körperliche Bemühung. Ohne jagen zu müssen, wenn man verstehen will, was ich damit meine. Wie auf dem Scheibenstand. Doch dafür konnte Siebel nichts. Seine Portion an körperlichen Bemühungen kassierte er spätestens im Dezember, wenn man ihn hinaufschickte in die windumheulten Schrofen und Schneekare, um den restlichen Gamskitzabschuß zu erfüllen.
Nun, es kam dann alles ganz anders, wie so oft bei der Jagd, denn zuerst kam gar nichts, und im allerspätesten Licht, gerade noch ansprechbar, kam ganz nahe ein Urian von Bock, fast doppelt lauscherhoch, eine Seltenheit in den Bergen, und Stangen, Stangen! Und Enden! Und dabei – dem ganzen Gestell nach – kein Jüngling mehr, sondern ein reifer Bock. So etwas hat man nur alle heiligen Zeiten einmal in Anblick, und Siebel neben mir preßte das

Fernglas an die Augen und keuchte vor Aufregung, kämpfte mit dem Hustenreiz, und ich konnte mir gut denken, was in ihm, in seiner treuen Berufsjägerseele vorging. Ich glaubte ihm aufs Wort, was er mir nachher schilderte, daß er nämlich den Bock zwar gekannt, ihn aber noch nie so weit herunten im Schlag bei der Kanzel vor sich gehabt hatte. Und in welcher Verlegenheit er gewesen sei, da der Gast doch ganz offiziell auf einen guten Bock eingeladen war, zumindest auf einen »braven« – wo auch immer der (meist nur herbeikonstruierte) Unterschied liegen mag. Was tun also, wenn da plötzlich wie hergezaubert ein hochkapitaler stand?
Die Antwort ist im Grunde ganz einfach, denn der waidmännisch denkende Gast ist zwar rechtlich immer für seinen eigenen Schuß verantwortlich, besonders was die Sicherheitsvorschriften betrifft, wartet in der Praxis aber ab, bis der führende Jäger seinen Sanktus gegeben hat. Siebel hätte mir diesen ja nur verweigern müssen. Aber ehrlich, wie er war, gestand er nachher ein, daß er im entscheidenden Augenblick gezögert und nicht gewußt hatte, was tun: den ihn quälenden Hustenkrampf zurückhalten oder ihm mit voller Absicht freien Lauf lassen.
Er wurde einer Entscheidung enthoben, denn der Bock machte plötzlich ganz von selbst kehrt und verschwand wieder im Altbestand.
Die Hustenexplosion löste sich nun ungewollt, und ich klopfte Siebel auf den Rücken. »Gehen wir«, sagte ich. »Es ist vorbei. Kein Schußlicht mehr.« Und: »Glauben Sie etwa, ich hätte Herrn St. so einen Bock fortgeschossen? Als Einmal-Gast, als expreßbefördertes Wertpaket?«
Die bereits oben erwähnte Antwort gab er mir später, als seine Frau ihm einen gewürzten Glühwein, mir eine Flasche Bier für den sommerlichen Abenddurst und unserem Freund Kralnicek einen Tee ganz ohne mit Zitrone kredenzte, denn der mußte mich ja noch nach Hause fahren.
Was er dann, nachdem wir Abschied genommen, auch tat. Ich saß neben ihm, angeschnallt, empfahl mich dem Himmel, und er bombte mich durch die Nacht. Ich hatte viel Zeit zum Nachdenken.
Da ist die eine Seite: In manchen Kreisen, zu denen auch ich mich bekenne, gilt eine Jagdeinladung auf Schalenwild, einmal ausgesprochen, so lange, bis das Stück liegt. (Und sei's auch manchmal noch so lästig für den Jagdherrn. Ist es jedoch wirklich lästig für ihn, dann ist er kein Freund.) Von Herrn St. aber hörte ich nie wieder, bis ich dann, Jahre später, die Todesanzeige las.
Und da ist die andere Seite: Jagen ohne Hund ist Schund, und Jagen ohne Freund ist seelische Einsamkeit. Die körperliche Einsamkeit, vielleicht tagelang allein droben in der Jagdhütte, macht uns nichts aus. Die seelische aber drückt aufs Gemüt. Wenn keinerlei persönliche Beziehung mit dabei ist, ist es auf jeden Fall kein gutes Jagen. Nicht so, wie es sich gehört.
Vor meiner Haustür verabschiedete ich mich von meinem Leibwächter, der nicht der meine war. Ich fand ihn nett, trotz seines merkwürdigen Berufs, und hätte ihn gern einmal wiedergesehen, aber ich wußte, daß das nie der Fall sein würde. Auch würde ich nie wieder in einem Daimler kutschiert werden. Der Benützer alltagsüblicher Untersätze hatte es genossen, ich gebe es

zu. Das Sommerwetter war herrlich gewesen, das einsame Tal hinreißend schön, die Fahrt atemberaubend, aber insgesamt, trotz Kralniceks und der beiden Siebels Freundlichkeit, hatte ich eine Niete gezogen, denn das Herz war nicht mit dabei gewesen.

Ich hätte es wissen müssen.

Der Nasenbock

Obwohl ich alter Mann doch weiß oder wissen sollte, daß es nichts mehr bringt, andauernd eitel in den Spiegel zu starren, bin ich dennoch bei mancherlei Gelegenheit gezwungen, es zu tun. Beim Rasieren beispielsweise. Da ergibt es sich oft so, obwohl ich es gar nicht will, daß mir das kleine Närbchen auf dem Nasenrücken ins Auge fällt, ein bißchen rechts, nicht genau in der Mitte, dieses kleine, blasse Närbchen, das er mir als Andenken hinterlassen hat, mein Bergbock aus der hier so grünen und dort so felsigsteilen, aber immer wunderschönen Steiermark. Und wenn ich das Närbchen sehe, schlägt die Erinnerung funkensprühend immer wieder zu wie ein Schmiedehammer.

Als der Schuß fiel, dachte ich zweierlei. Zuerst: Au, verdammt, tut das weh – nicht dem Rehbock, sondern mir! –, denn es hatte schnell gehen müssen, mein Anschlag steil hinauf war vermutlich schlampig gewesen, und so hatte mir das Okular des Zielfernrohrs trotz Gummimuffe ordentlich eins über die Nase verpaßt. Und zweitens dachte ich, noch ganz auf das Wild konzentriert, voll Verwunderung: Vorbeigeschossen! Und repetierte rasch durch. Es war ein seltsames Zeichnen, wie ich es bei dieser Patrone (7 x 64, 11,2 g HMK) noch nie gesehen hatte. Aber alles erlebt man zum ersten Mal: Der Rehbock warf auf, äugte hinauf in den Schlag, wahrscheinlich vom weithin rollenden Echo des Schusses getäuscht, senkte dann langsam das Haupt, legte sich hin wie ein gehorsamer Hund beim Halt- oder Downbefehl und war auch schon ganz ohne Schlegeln verendet.

Erst jetzt spürte ich, wie frisch, ja beinahe kühl der Frühsommermorgen hier droben auf halbem Weg zur Sembacher-Alm war, wo unsere Jagdhütte stand, in der wir nun schon, in der stillen Zeit noch lange vor der Rehbrunft, vier Tage verfaulenzt hatten, ohne nennens- oder gar erlegenswerten Anblick.

Kühl und frisch, fast kalt. Ich stand aus dem nassen Gras auf, unterlud den Repetierer, und meine Zähne klapperten. War es die Kälte oder das berühmte »Schnattern hinterher«? Vielleicht beides zusammen. Wen das Fieber überhaupt nicht mehr packt, auch hinterher nicht, der jagt nicht mehr, sage und schreibe ich immer, der schießt nur noch. Irgendwann muß es jeden packen, sonst ist er schon leer, ausgebrannt, ausgeschossen. Da sollte er lieber aufhören mit dem Jagen, meine ich.

Auch Hannes, der sich nun neben mir hinter dem Erlenstrauch erhob, bibberte ein wenig. Seine stoppelbärtigen Wangen waren bläulich verfärbt. Aber wir hätten es wissen müssen und uns wärmer anziehen sollen. Im Osten stand noch die dunkle Wand des abziehenden Gewitters, das den Temperatursturz gebracht hatte. Wir hatten gedacht: Na schön, eine kleine Morgenpirsch, und nachher wieder in die Hütte. Aber dann war plötzlich der Bock dagewesen, hatte mit uns Verstecken gespielt und in dem dichten Bewuchs am steilen Hang einmal hier das Haupt und dann dort den Schlegel gezeigt und uns so in Deckung hinter den Erlenstrauch gezwungen, hinunter ins pitschnasse Gras. Fast eine halbe Stunde lagen wir auf dem Bauch, bis er sich endlich frei und breit hinstellte und der Schuß fallen konnte.

»Waidmannsheil!« sagte Hannes, und ich antwortete, tief durchatmend: »Waidmannsdank! Ich glaub, jetzt reicht's. Wir sind alle beide naß bis auf die Unterhosen. Bis auf die Haut. Und mein Nasenbein ist auch gebrochen!« Kaputt war es nicht gerade, jedoch die Nase blutete zuerst heftig wie ein Springbrünnlein, dann langsam und eher bedächtig, aber unermüdlich, und je mehr die Spannung nach dem Schuß sich legte, desto mehr spürte ich den Schmerz. Wenn alte Hasen – nicht nur beim Anschlagen der Büchse – Jugendsünden begehen, dann tun sie es meist übertrieben gründlich. Ich hätte mich am liebsten auch noch selbst geohrfeigt.

»Mach dein Taschentuch naß und stopf es dir in den Nacken«, riet Hannes. Ein altes Hausmittel. An kaltem Wasser war kein Mangel. Man brauchte mit der nicht mehr ganz blütenweißen Schneuzfahne nur über die Gräser zu streifen, schon sog sie sich voll. Als die Blutung endlich nachließ und dann ganz aufhörte, stiegen wir die hundert oder hundertzehn Meter den ziemlich steilen Hang hinauf zum Bock. Wir hatten ihn richtig angesprochen: ein Zwei-, höchstens Dreijähriger mit dünnen Stängelchen und kaum mehr als angedeuteten Enden. In den kargen Bergen machen die Rehböcke nicht viel daher.

»Und vor allen Dingen«, sagte ich, »werden die Schandmäuler drunten jetzt Ruhe geben müssen.« Denn Hannes als Mitpächter und ich als sein Dauergast aus fernen Landen waren im Lauf der letzten Wochen schon zum Gespött der lieben Waidkameraden geworden. Bisher kein Waidmannsheil. Eine Weile lang hält man das ohne Wimpernzucken durch, aber dann ärgert es einen ja doch, wenn man überall freundschaftliche Sticheleien anhören muß, kaum daß man irgendwo ein Lokal betritt und sich in Ruhe ein kleines Bier gönnen will.

Ich bückte mich, um den Rehbock aufzubrechen, aber da begann die Nase wieder zu bluten. »Laß das«, meinte Hannes, »ich mach das schon. Geh du einstweilen hinauf zur Hütte, bring die Rucksäcke, schließ die Fensterläden und sperr zu.« Das tat ich, aber beim Lädenschließen und Zusperren blieb es ja nicht, es war noch aufzuräumen und das bißchen Frühstücksgeschirr zu spülen, und als ich wieder drunten war bei Hannes und dem Rehbock, schien schon die Sonne in den Hang herein, der Schlag dunstete wie eine Waschküche, schwache Nebelschwaden stiegen auf, und jetzt erst kam es mir so richtig zum Bewußtsein, daß ich einen vorzeigbaren Abschußbock erlegt hatte und ein wunderschöner warmer Sommertag sich ankündigte. Die Welt war ja doch noch einigermaßen in Ordnung. Als Minuspunkt des Tages war nur die geschundene Nase zu vermerken.

Wir schränkten dem Bock Vorder- und Hinterläufe und trugen ihn zu zweit,

jeder an einem Ende, den Sembacher-Steig hinunter durchs dortige Hochholz, waren guter Dinge, besonders weil mein Gesichtserker nun endgültig nicht mehr blutete, und machten erst eine kleine Rast, als wir auf die Wiese hinauskamen, von der man schon auf die Straße hinuntersah, wo die Autos flitzten, klein wie Kinderspielzeug. Der Sembacher-Hof hatte ein neu gedecktes rotes Ziegeldach. Von oben sah es aus, als könne man es mühelos abnehmen wie bei den Bauernhöfen aus bunten Holzklötzchen, mit denen wir und unsere Kinder spielten. Die Zeiten sind vorbei. Die heutigen Kinder spielen nur mehr mit Mondraketen und Fantasy-Ungeheuern. Alles muß elektronisch funktionieren und blecherne Computerstimmen haben. Ob das gut ist? Ich kann mich erinnern, wenn ich bei meinem Bauernhof das Dach abnahm, stand da drinnen im Stall eine schwarzweiß gefleckte Kuh. Natürlich auch aus Holz und ohne Blechstimme.
Mit dem Fernglas guckten wir dem Sembacher neugierig in Haus und Hof hinein, aber dort regte sich nichts. Schwacher Rauch kringelte aus dem Kamin. Die waren fertig mit der Stallarbeit und saßen jetzt wahrscheinlich beim Frühstück.
»Komm«, sagte Hannes und nahm sein Bockende wieder auf, das schwerere, das mit dem Haupt, weil ich zwanzig Jahre älter bin als er und er wohl fürchtete, meine Nase könne wieder zu bluten beginnen, wenn ich mich zu sehr anstrengte. Und da war was Wahres dran. Wir tappten den steilen Steig hinunter, und die Moospölsterchen waren noch aalglatt von Tau und Regen. Da hieß es aufpassen. Dennoch setzte ich mich einmal auf den Hintern. Als wir uns drunten vor dem Haus auf das Bänkchen fallen ließen, den Bock brüderlich zwischen uns auf dem Boden, war ich ziemlich erledigt. »Leg den Bock ins Gras«, bat ich Hannes. »Wir machen dem Sembacher den frisch betonierten Hausrundgang schweißig. Das wird ihm nicht gefallen.«
Aber der Sembacher – selber Jäger wie fast alle Einschichtbauern hier – war nicht so zimperlich. Er hatte uns längst durch das Küchenfenster in Anblick und kam mit der vollen Doppelliterflasche heraus, um mir Waidmannsheil zu wünschen. Es war kein Schnaps in der Flasche, nein, Gott bewahre, denn auch das wäre dem Sembacher zuzutrauen gewesen in aller Frühe, sondern herrlicher, fruchtiger Obstmost.
Außen naß und innen ausgetrocknet, erfrischten wir uns ordentlich in der nun schon wärmenden Sonne, und der Sembacher meinte in seiner langsamen Art, so ein Obstmost sei etwas Feines, er bekomme ihn faßweise geliefert, nicht zu teuer, nein, aber auch nicht zu unterschätzen in seiner hinterlistigen Wirkung. Bei allen Heiligen, schwor der Sembacher, das ganze Faß sei uns vergönnt, aber wir sollten uns doch eher ein wenig bremsen bei dem uns ungewohnten Genuß.
Die Warnung war, wie sich dann gegen Mittag herausstellte, mit Recht und Vorsorglichkeit erfolgt, zunächst aber saßen wir still und zufrieden auf dem Bänkchen vor dem Haus, sahen hin zum in der Sonne glitzernden Fluß, der von der Bohlenbrücke überspannt wurde. Diese uralte, aber immer noch sichere schmale Brücke war es wohl, die dem einsamen Haus am Fluß den

Vulgo-Namen, den Hausnamen gegeben hatte: Bruckenhauser. Sembacher und Bruckenhauser – das war seit Generationen eins. So sehr eins, daß der junge Schorsch Sembacher (laut Taufschein) in seinen ersten Tagen beim Wehrdienst immer in kleine Schwierigkeiten geriet und zu Unrecht der Taubheit oder Dickfelligkeit bezichtigt wurde, wenn er beim Namensaufruf stumm wie ein Fisch blieb, anstatt »Hier!« zu brüllen. War er es doch von zu Hause gewöhnt, eher Bruckenhauser gerufen zu werden als Sembacher, weil es mehrere Sembacher gab, aber nur einen einzigen Bruckenhauser.

Wir fühlten uns wohl und ruhig und tranken durstig noch ein Glas und dann noch eines. Es waren große Gläser. Der Sembacher brachte Speck und Brot heraus und Schneidbrettchen, und es schien aus dem schönen Morgen ein gemütlicher Vormittag werden zu wollen. Aber da half ja alles nichts, wir mußten weiter, denn der Bock verlangte nach der Kühlkammer und meine geschundene Nase nach einem ordentlichen Pflaster.

»Jaja«, sagte der Sembacher hintergründig, ohne mein eisgraues Haupt zu achten, »ist mir auch schon einmal passiert. Als ich noch ein ganz, ganz junger Jäger war...«

Das Auto stand gleich rechts neben der Brücke, so wie wir es vier Tage zuvor verlassen hatten, um zur Hütte aufzusteigen. Wir verluden den Bock, der mittlerweile schon oberflächlich ausgekühlt war, im Kofferraum, winkten dem Sembacher zu, der nun allein auf dem Hausbänkchen saß und zu überlegen schien, ob er sich vielleicht doch noch ein Gläschen genehmigen sollte. Dann gab Hannes Gas, und wir fuhren über die Brücke. Die Bohlen rumpelten abscheulich, manche mochten schon locker sein, aber Bedenken gab es keine, denn da fuhr ja auch der Milchtankwagen drüber. Und nun hatte uns die Bundesstraße wieder, die Reifen sangen seidenweich auf dem Asphalt, anstatt zu poltern, wir waren guter Dinge, und Hannes meinte: »Fahren wir noch einen Sprung ins Obere hinüber? Nur so ein bißchen schauen...«

Das »Obere« war in unserem Sprachgebrauch der jenseits der Bundesstraße gelegene Revierteil, der sich aus dem breiten Trogtal weiter hinauf erstreckte bis an den Fuß des – immerhin! – fast Zweitausenders, wo dann die Jagdgrenze verlief. Hannes bog links ab in ein Sträßchen, das sich zwar romantisch-kurvig durch das Hochholz zog, im Winter aber gefürchtet war. Hier ging es zum Füttern oft nur mehr mit dem Unimog oder sonstigem schwerem Geschütz. Heute freilich war es das reinste Vergnügen, obwohl der Waldschatten nicht unbedingt nach meinem Geschmack war. Ich hätte mich lieber irgendwohin auf ein Sonnenplätzchen gelegt. Das mochte an der Unterwäsche liegen. Kann sein, daß ich nässer geworden war als Hannes. Dennoch kam stille Freude auf: Zu Hause im Quartier wartete frische Wäsche, und meine Nase schmerzte nur mehr mäßig.

Da Hannes am Steuer den größten Teil seiner Aufmerksamkeit ja doch auf die Straße richten mußte, sah ich den brandroten Fleck am Gegenhang zuerst. Aber schon war er wegen der folgenden Linkskurve wieder verschwunden.

»Anhalten, leise aussteigen«, sagte ich, und Hannes begriff sofort. Der

Motor erstarb, Gang rein, Handbremse angezogen. Wir stiegen mäuschenstill aus, ließen die Türen offen. Nur keinen Krach jetzt, und Verkehrshindernis waren wir sicher keines. Hier kam nur alle paar Stunden ein Auto vorbei. Am Talschluß gab es noch das Forsthaus der Nachbarjagd, sonst nichts mehr. Nur Sträßchen und Wald und dann der klotzige Berg.
»Nach der Kurve steht ein Reh im Gegenhang«, sagte ich. »Was es ist, weiß ich nicht. Brandrot und wahrscheinlich jung. Der Wind ist günstig. Versuchen können wir's ja.« Und dann fiel mir ein, was Hannes gesagt hatte, und ich wiederholte ein wenig spöttisch: »Nur so ein bißchen schauen...«
Er warf mir einen strafenden Blick zu, nahm seine Büchse und einen Bergstock aus dem Wagen, und wir stiegen im lichten Bestand den Hang hinauf, um droben auf der anderen Seite – hoffentlich – Einblick in den Gegenhang nach der Kurve zu bekommen. Hannes lief wie ein Wiesel vor mir her, na ja, in dem Alter, und ich schnaufte hinterdrein. Fünf Minuten brauchten wir, dann standen wir droben in guter Deckung auf der Kuppe und sahen zur Straße hinunter und zum Gegenhang hinauf. Aber der brandrote Fleck war verschwunden, das dichte Unterholz hatte ihn verschluckt. Doch das war ja nichts Neues, so erging es einem oft. Ein Reh macht drei kleine Schrittchen, und schon sieht es so aus, als sei alles nur eine Fata Morgana gewesen. Es ist hier ganz anders, als stünde es drunten im Flachland mitten auf einer Wiese, wo man es nicht so leicht aus den Augen verlieren kann.
Ich beschrieb Hannes annähernd genau, wo es rot hinter dem Gebüsch hervorgeschimmert hatte, und jetzt erst begriff ich, daß es ziemlich weit sein mußte bis dort hinüber auf den Gegenhang, arg weit, ein zäher Schuß, meiner Meinung nach, wenn es wirklich dazu kommen sollte.
»Komm, Rehlein!« sagte ich leise, »laß dich doch noch einmal ansehen!« Hannes lachte, mir um eine Spur zu laut. »Still!« sagte ich. »Dort ist es tatsächlich schon wieder!«
Noch war es ein Es, das Reh. Jetzt stand es breit im Sonnenschein unter einer mächtigen Fichte ohne Unterwuchs. Wir starrten mit den Gläsern hin. »Geiß«, sagte ich. »Schwach. Eine Schmalgeiß!« Eine Weile war es ganz still, und dann sagte Hannes: »Knopfbock. Einwandfrei!«
»Bist du aber streitsüchtig!« meinte ich. »Ist ja egal. Viel zu weit!«
Er schwieg, wahrscheinlich nur aus Höflichkeit mir altem Mann und gebürtigem Hügellandjäger gegenüber, dem alles, was über 150 Meter ist, schon grundsätzlich »zu weit« vorkommt. Aber in den langen Jahren bei Hannes hatte ich längst gelernt, daß in den Bergen ganz andere Maßstäbe gelten und auch anerkannt werden müssen, solange die Grenzen der Waidgerechtigkeit nicht erreicht oder gar überschritten sind. Und so sah ich ihm also mit einigem Vergnügen zu, wie er seinen Bergstock schräg gegen den nächsten Baum spreizte, sich hinter den Bergstock setzte, das linke Knie für den linken Ellenbogen anwinkelte, die rechte Schulter gegen den Baum lehnte und die Büchse auf dem Bergstock auflegte, den Vorderschaft weich in der linken Hand. Perfekt, perfekt! Das muß sich einer einmal genüßlich ansehen, wie die Profis das machen in den Bergen!

»Ich hol ihn dir nicht von dort drüben herunter«, sagte ich, und das sollte ein Scherzchen sein, aber er war schon so sehr konzentriert, daß er es gar nicht mehr hörte. Ich wußte nun, daß er den Knopfbock nicht nur durch das Zielfernrohr ansehen, sondern tatsächlich schießen wollte, und da verstummte ich natürlich und linste nur hinauf und hinüber mit dem Glas zu dem mir winzig erscheinenden Reh, das dort unter der Fichte in den Sonnenkringeln stand. Der Schuß brach, das Knopfböckchen machte noch eine Todesflucht und war verschwunden.

»War gar nicht so weit«, sagte Hannes und stand auf. »Gehst doch schon lang genug auch bei uns jagen. Aber das Entfernungsschätzen in den Bergen mußt du noch lernen. Wird schon noch. In zwanzig, dreißig Jahren bist du soweit. Bis dorthin verlaß dich nur auf die Querbalken deines Absehens. Auf sonst nichts. Und immer schön auf die Nase aufpassen«, setzte er freundlich lächelnd hinzu. Das war freilich hart.

Ich spazierte zum Wagen hinunter, und er machte sich daran, seinen Knopfbock zu bringen. Es dauerte eine gute Stunde, bis er damit ankam, von Dornen zerkratzt, nochmals naß bis auf die Haut, aber diesmal durchgeschwitzt, nicht von Regen und Tau. Ja, bei uns drunten geht man hin und hebt das Stück von der Wiese auf oder im flachen Schlag. Und die ganz Faulen fahren, je nach Jahreszeit, sogar mit dem Wagen bis hin, wenn es nur irgendwie geht...

Mir will das gar nicht so recht gefallen. Aber wer kann's ändern? Der sogenannte Fortschritt verdirbt mit der Zeit auch die besten alten Jägersitten – von denen freilich einige schon »neu zu überdenken« wären, wie die Politiker sagen, wenn sie sich wieder einmal insgeheim längst zu einem radikalen Kurswechsel entschlossen haben.

Im Kofferraum, dessen Deckel offen blieb und leise wippen durfte, lagen nun mein »Nasenbock« und das Knopfböckchen friedlich und still nebeneinander. Wer hätte das gedacht nach so langem Waidmannspech. Es ist immer wieder die alte Geschichte: Es geht entweder leicht oder oft genug gar nicht.

Zur Rückfahrt ins Dorf setzte ich mich ans Steuer. Zuerst ging's das kurvenreiche Waldsträßchen bergab, dann waren wir wieder auf der Bundesstraße, und je näher wir dem gastlichen Haus, der trockenen Unterwäsche und der Kühlkammer kamen, desto rascher fuhr ich, schließlich fast in verwegenem Tempo, wie es sonst gar nicht meine Art ist.

»Hast recht«, nickte Hannes verständnisvoll. »Es wird allerhöchste Zeit. Bei mir wirkt und werkt er auch schon, der viele Obstmost vom Bruckenhauser...«

Auf dem Holzweg

Merkwürdig ist das, sehr merkwürdig, daß man nach so vielen Jahren Jagd noch immer ein wenig nervös werden kann, wenn sich am späten Nachmittag die Sonne neigt und man weiß: So, nun pack deine Siebensachen zusammen, trödle nicht mehr länger herum, es wird Zeit zum Ansitz. Nervös, das ist sicher nicht das genau richtige Wort. Innerlich angespannt, das trifft eher den Kern, so sollte man besser sagen, erwartungsvoll vielleicht, ein bißchen ungeduldig, jedenfalls aber freudig gestimmt. Irgend etwas liegt in der Luft, und es muß durchaus kein großes Ereignis sein, ein bescheidener Anblick genügt oder auch gar keiner. Und wenn's auch nur die gute Waldluft ist, die in der Luft liegt, von der die Gelehrten, einmal ja, einmal nein, behaupten, daß sie stärker ozonverseucht sei als der Benzindampf in der Stadt. Mich fragt zwar keiner, aber wenn mich einer fragen würde – so ernst die Sache auch sein mag! –, so würde ich immer noch eher für die ozonige Waldluft stimmen als für den stinkenden, in der Hitze brodelnden Asphalt. Und so freue ich mich auch immer wieder aufs Hinausgehen und bin lieber um eine Stunde früher draußen als um eine Minute zu spät. Und das nicht nur des jagdlichen Erfolges wegen.

An diesem Sommerabend aber lag noch etwas anderes in der Luft, aber daran waren wir drei völlig unschuldig, konnten es weder ahnen noch verhindern, und wenn ich sage »wir drei«, so ist damit zuallererst meine liebe Frau gemeint, meine sogenannte weitaus bessere Hälfte, dann an zweite Stelle wird Arca gereiht, die nicht mehr sehr junge, aber noch ambitionierte und hochaktive Deutschkurzhaar-Hündin, und erst zum Schluß der Wertung komme ich. Alle sagen »Chef« zu mir, auch meine schon aus dem Haus geheirateten Kinder, aber echter Chef bin ich keiner. Die Ereignisse dieses Nachmittags und des darauffolgenden Vormittages beweisen es.

Da stand ich also gerade vor meinem Waffenschrank und überlegte ein bißchen, und Arca saß neben mir steif und aufrecht auf den Keulen, sah gleichfalls sachverständig in den Waffenschrank hinein und dann ein bißchen tadelnd zu mir auf. Sie konnte es nicht sagen, aber ich weiß genau, was sie dachte: Na, hab dich doch nicht so lange und umständlich. Sauen hast du schon drei Wochen lang keine gespürt, und der Sinn steht dir nach einem Rehbock. Also ein Rehkaliber, oder?

Haargenau das dachte sie. Aber dann war unsere telepathische Zwiesprache schon beendet, es ereignete sich ein störender Eingriff von außen, und zwar von jener Art, die ich gar nicht mag. Zunächst fuhr draußen vor dem Haus ein Auto vor. Das ist schlimm genug, wenn ich selbst gerade im Begriff bin, ins Revier zu fahren. Aber dann fuhr bremsenquietschend noch ein zweites

Auto vor, eine Staubwolke erhob sich, und im nächsten Augenblick war das Haus überschwemmt von Verwandtschaft jeglichen Grades, auf der Durchreise ins schöne Land Italien, inselreif und dementsprechend lautstark, unangemeldet wie ein plötzliches Gewitter, das rasch und bedrohlich über den Grat herüberkommt ins eben noch so sonnig-friedliche Tal.
Bei uns gibt es zwar keine zackigen Berggrate, sondern nur welliges Land mit dunklen Wäldern und sanften Feldern, das Gewitter war aber um nichts angenehmer oder ungefährlicher. Meine liebe Frau rotierte, Arca knurrte und hob ein wenig die Lefzen, zeigte die Zähne und sträubte die Rückenhaare, und ich war schlicht wütend über den dreisten Überfall. Mein Ansitzabend war gründlich verdorben.
Nachdem sich die Gäste pflichtschuldig ein wenig geziert hatten und erst lange genug genötigt werden mußten, nahmen sie endlich doch die Einladung an, bei uns zu übernachten, besiedelten das eheliche Schlafgemach, das Besucherzimmer unter dem Dach, jedes Sofa und die Badewanne, und es wurde ein sehr gemütlicher Abend. Draußen vor den Fenstern säuselte genau der richtige Wind, den ich gebraucht hätte, um zu meinem Rehbock zu kommen.
Nun ja, vielleicht waren wir selbst auch mitschuldig an der Einquartierung. Denn den für ewige Zeiten auf uns lastenden Vorwurf, wir hätten womöglich wirklich nicht nachdrücklich und aufrichtig genug zum Bleiben genötigt, hatten wir uns ja doch nicht einhandeln wollen.
Für mich war gerade noch ein altes Stahlrohrbett mit zerlegenen blanken Matratzen drunten im Heizraum übrig geblieben, denn bei meiner Frau lag Tante Anna, doch hatte das nun wenigstens den Vorteil, daß ich nicht allzu leise sein mußte, als ich morgens ohne Frühstück das Haus verließ. Alles, was der Jäger so braucht, hatte ich schon abends, nach der letzten Runde »Mensch ärgere dich nicht« mit meinem Schwager Karli, mit in den Keller genommen. Und den Hund samt seinem Korb. Da lag er nun und schnaufte, sah mich schräg von unten an, als ich mich marschbereit machte. Arca wartete auf ihr Zeichen. Wies die Hand auf mein Knie, hieß das »Bei Fuß«. Wies sie in den Korb, hieß das »Warten, bis ich dich hole«. Bei Bedarf also. Diesmal wies die Hand in den Korb, und Arca brummte beleidigt.
Nur niemanden stören. Ich stieg leise die Treppe empor. Sollten sie ruhig weiterschlafen, die Lieben. Meine Frau war ohnedies mit den Nerven fertig. Nur Verrückte stehen auf, noch lange bevor das Morgengrauen anbricht. Verrückte und zuweilen auch Jäger. Aber ich hatte einen langen Weg vor mir, und das zu Fuß. Den Wagen aus der Garage holen – nein, das hätte zuviel Krach gemacht und wäre zudem ja gar nicht möglich gewesen, weil Onkel Karli den seinen genau vor dem Kipptor geparkt hatte.
Die Kanzel, die ich im Sinn hatte, lag ziemlich weit draußen im Revier, eine gute halbe Stunde Fußmarsch, flott gegangen, und so marschierte ich entschlossen los. Es war noch stichfinster. Hinter den letzten Häusern begann der sogenannte »Holzweg«. Er hieß nicht deshalb Holzweg, weil man sich auf ihm ständig auf dem Holzweg, dem verkehrten Weg befunden hätte, son-

dern weil dort die überschweren Holzlaster aus dem Wald kamen. Und sie richteten ihn auch dementsprechend zu! Bei Regenwetter sah der Holzweg aus wie ein überquellendes Schlammbecken, bei anhaltender Dürre wie die Wüste Gobi: steile, knietiefe altbackene Buckel, dazwischen Steine und Sand. Also, ungefähr so stelle ich mir eben die Wüste Gobi vor. Weil ich sie noch nicht kenne. Ich kenne nur ein Stückchen von der Libyschen Wüste, so in der Gegend von Tobruk herum. Durch den schmalen Sehschlitz eines Panzers betrachtet, verliert sie viel von ihrem landschaftlichen Reiz. Unsere heutigen jungen Leute kennen diese Gegend glücklicherweise nicht, und wenn doch, dann nur freiwillig als Touristen oder hochspezialisierte Gastarbeiter.
Damals, als Tante Anna, Onkel Karli und Cousine Susi samt Anhang auf der Reise nach Italien wie ein Heuschreckenschwarm über uns herfielen, war der Holzweg noch landschaftlich unberührt und dementsprechend gobiähnlich. Nachher dann, ein paar Jahre später, haben die ökologieverständigen Planer endlich das Problem in den Griff bekommen und uns gezeigt, was eine Harke ist und was ein Schaufelbagger. Was man mit Beton und Asphalt alles erreichen kann, wenn man nur ein bißchen guten Willens ist...
Es hatte längere Zeit nicht geregnet, die Schlammschlacht blieb mir also erspart, und ich stolperte guten Mutes auf dem Holzweg über Steinbrocken und durch Schlaglöcher, aber das Vorwärtskommen im Dunkeln war kein reines Vergnügen, nein. Es gehörte Routine dazu. Rechts und links lagen Felder mit der noch stehenden Halmfrucht und ihrem unnachahmlichen grünlichen Geruch; ja, Sie haben richtig gelesen, grünlichen Geruch, kurz vor der Endreife. Die Ernte stand bald ins Haus, vielleicht nächste Woche schon konnte man mit der Gerste beginnen, wenn das Wetter hielt, und das wäre ausnahmsweise einmal sehr früh gewesen, bei unserer mittleren Höhenlage. Die ganz drunten im Flachland sind immer um zwei oder gar drei Wochen voraus, jedes Jahr, so gewiß wie das Amen im Gebet.
Im ganz langsam aufkeimenden Morgengrauen konnte ich mit dem Glas schon den dunklen Saum des Waldes vor mir erkennen, in dem der Holzweg sich dann verlor. Aber so weit hinein wollte ich gar nicht. Mein Ziel war der Hochsitz ein wenig seitab des Weges, ein paar Schritte nur den Waldrand entlang, in einer alten Fichte, und ich war genau zur rechten Zeit dran, nicht zu spät, aber auch nicht zu früh, was ja unter Umständen noch viel schlimmer ist, weil man wie blind in der Gegend herumtalpt und sich alles vertritt.
So ein erwachender Morgen droben auf dem Hochsitz ist immer wieder ein Ereignis. Hat man sich erst einmal gemütlich eingerichtet, nimmt man natürlich sofort das Glas zur Hand, um sich zu überzeugen, ob da irgend etwas »draußen« ist. Aber gerade um diese Jahreszeit ist es schwer, denn wenn wirklich etwas »draußen« aus dem Wald ist, dann ist es ja »drinnen« in den Feldern, und das ist, wie jedermann weiß, genauso kompliziert und verborgen, solange die wogende Halmfrucht noch steht. Weiß Gott, da sitzt man dann da und verrenkt sich den Hals und guckt und guckt, ob nicht irgendwo ein dunkles Haupt sich aus den Ähren erhebt oder ein schwärzlicher Fleck dort am Ackerrand steht, der vorher nicht da war oder nicht hingehört, weil

man ja sein Revier kennt, jeden Rain, jeden Strauch. Und erst dann, wenn man ganz sicher zu sein glaubt, daß da wirklich nichts ist außer einem neuen, großen Maulwurfshügel, läßt man das Glas zur Brust sinken und lehnt sich, altes Unheil vergessend, wieder einmal entspannt zurück an den dicken Stamm der alten Fichte – mitten hinein ins klebrig quellende Harz.

Und jetzt erst hat man Zeit, den beginnenden Morgen und die aufgehende Sonne zu betrachten, das Farbenspiel, das vom düsteren Grau über sanftes Rosa bis hin zum grellen Orange reicht, sobald der Tag voll erwacht ist und das Regiment übernommen hat. Dann hört man die Glocken vom Kirchturm im fernen Dorf läuten, sieht nochmals hoffnungsvoll in die Runde, leuchtet den Waldrand ab und die Felder – nichts, gar nichts. Wieder einmal setzt sich die Erkenntnis durch, daß man besser im Bett geblieben wäre – wenn, ja wenn der Sonnenaufgang nicht so schön und die Hoffnung nicht so groß gewesen wäre. Aber wer das nicht begreift, wer nicht trotz allem immer und immer wieder zu unvernünftiger Stunde aufstehen und voll Hoffnung hinausgehen kann, der wird uns wohl nie verstehen.

Man schrieb den 27. Juli, und ich holte den Blatter hervor, setzte ihn an die Lippen, intonierte eine kurze Strophe und verschwieg. Auch die Haubenmeise über mir im Geäst verstummte jäh. Schmalgeißen hoch droben in der Fichte erschienen ihr verdächtig. Manchmal denke ich bei der Blattjagd, ob sich die Böcke nicht ebenso darüber wundern, die Stimme der liebesbereiten Geiß hoch droben in den Bäumen zu vernehmen anstatt drunten hinter Busch und Strauch. Aber da als wissenschaftlich erwiesen gilt, daß sich schon so mancher Bock zu ebener Erde von Stimmen aus dem oberen Stockwerk betören ließ, versuche auch ich es alljährlich wieder. Mit wechselndem Erfolg.

Zweite Strophe: Piäh...piäää...

Aber nichts gerät in Bewegung da draußen in der Gerste, nichts drückt sich, lüstern und argwöhnisch zugleich, den Waldrand entlang herbei. Also lange Pause. Fünf Minuten oder zehn. Dann ein unwiderruflich letzter Versuch: Piä, piääh! Piääh!

Denn allzuviel Liebesgeschrei vergrämt den Bock und macht ihn ebenso unsicher und verstört wie den stadtfremden nächtlichen Reisenden, der unversehens und ahnungslos im Rotlichtbezirk auf den Autostrich geraten ist...

Nichts. Fort mit dem Blatter. Es stimmt wohl nicht der Tag und nicht die Stunde. Aber warten wir doch noch ein Weilchen. So schnell die Büchse ins noch ungedroschene Korn zu werfen – wer tut das denn? Und vor allem: Hier ist es gut sein, hier läßt sich gut weilen. Eine Lerche steht winzigklein hoch droben im bläulichweißen Morgendunst und singt riesengroß, und zu Hause trällert bestenfalls Tante Anna das italienische Liedchen, das sie gestern abend schon eifrig geübt hat – weil es ja schnurstracks nach Italien gehen soll.

Hab ich's eilig nach Hause?

Manchmal glaube ich, daß es heute schon viel weniger Lerchen gibt als einst.

Jaja, es gibt sie schon noch, himmelhoch stehen sie im Blau, kaum zu sehen, und tirilieren, daß es nur so lieblich schwingt und zittert in der Sommermorgenluft. Aber dann wieder meine ich, in meiner Kindheit hätten sie es noch zehnmal ärger getrieben, das ganze Firmament war voll von ihnen und ihrem Gesang. Oder bilde ich mir das nur ein? So wie ich auch den Wachtelschlag vermisse? Doch, ja, es gibt schon auch noch Wachteln, hier und dort hört man eine Einsame schlagen, aber wo sind sie alle geblieben, die vor zwei, drei Jahrzehnten noch ihren fröhlichen Lärm veranstalteten? »Pick-derick« und »Kick-dirick« riefen die Hähne weithin über die Felder, und »Quip-quip« steuerten die Hennen bei, erst im Spätsommer zogen die letzten von ihnen fort, und wir durften sie getrost bejagen, ohne befürchten zu müssen, ihre Art zu gefährden. Wer hat sie fortgehext? Wer hat sie so dezimiert? Doch nicht wir Jäger. Die Antwort darauf? Die weiß nicht nur der Wind. Die weiß jeder, der ein bißchen darüber nachdenkt. Aber ich bin es nun schon leid, über Gewinnmaximierung zu schreiben und die Brutalität, mit der man in den letzten Jahrzehnten die Natur übernutzt und erbarmungslos ausräumt.
Sie wird eines Tages ihre Sache selbst in die Hand nehmen und hart zurückschlagen, dessen bin ich sicher.
Genauso sicher bin ich, daß ich es nicht leid sein dürfte und tagtäglich dagegen ankämpfen, dagegen zumindest anschreiben müßte, artikulieren, zum Ausdruck bringen, was uns das Herz und der Natur den Atem abwürgt.
Also bin ich schuldig, wenn ich nicht mit allen den mir gegebenen ohnmächtigen Mitteln dagegen ankämpfe und anschreibe. Denn anderes kann ich nicht.
Gedankenvoll baumte ich ab, warf mir die Büchse locker über die Schulter und schlenderte heimwärts. Bei Tageslicht ist der Holzweg bei weitem nicht so beinbrecherisch, da hat man Zeit, den Blick ein wenig seitwärts schweifen zu lassen, über das ruhig atmende Land und die sanft im Wind sich wiegenden Ähren und über die raschwüchsigen Silomaiskulturen, die längst auch schon hoch genug sind, ein Reh zu verbergen. Man ist eben als Jäger immer mit den Augen unterwegs, nicht nur droben auf dem Hochsitz, auch wenn man spazierengeht, lässig und gelassen, Morgenansitz vorbei, dem Frühstück entgegen. Frühstück mit Tante Anna, meiner älteren Schwester, die immer alles besser weiß als ich und mich immer noch als Kind behandelt. Aber sie meint es wohl nicht so kratzig, wie es manchmal hervorkommt, denn auf ihre eigene, ihre besondere Art ist sie eine gute Seele. Man muß es nur wissen. Merken tut man es nicht.
Keine zweihundert Meter außerhalb des Dorfes, gleich hinter den Scheunen und Schuppen, gibt es eine kleine Geländefalte, die schon seit Menschengedenken nur als Wiese genutzt wird, weil auf ihrem kühlen Grunde ein ganzjähriges kleines Gerinne, das auch in den heißesten Sommern nicht austrocknet, für saftiges Gras sorgt. Und ich kam den Holzweg entlang, an hohen Halmen um die Ecke blickend, und sah ein Reh, das eben aus dem Getreide heraus und hinein in die grüne Wiese wollte. Ich hatte guten Wind,

das Reh sicherte in die andere Richtung, und so ließ ich mich rasch aufs rechte Knie nieder und ging der Sache auf den Grund, gleich mit dem Zielfernrohr, denn es war ja nicht weit, neunzig Schritt, hundert vielleicht, das Fernglas zu nehmen wäre pure Zeitverschwendung gewesen.

Natürlich war es nicht mein Bock, der mit dem verdrehten ungeraden Sechsergeweih, dem ich nun schon seit zwei Wochen hinten am Waldrand nachlief – obwohl auch das der Fall hätte sein können –, aber es war immerhin ein anderer Bock, und zwar ein überlegenswerter. Nicht der Güte wegen, nein, vor solcher Lüge sei Sankt Hubertus davor, eher überlegenswert in der entgegengesetzten Richtung. Ein Jährling war's, schwach und mißraten, und zwischen den Lauschern zeigte er nur zwei dünne Spießchen: so dünn und halb so lang wie ein Bleistift. Bleistifte gibt es heute kaum mehr, man schreibt mit Kugelschreibern oder Computern, Füllhalter haben Seltenheitswert erlangt und werden nur mehr von Staatsmännern und solchen, die es werden oder bleiben wollen, zum Unterschreiben windiger Verträge vor der Fernsehkamera benützt – aber jeder weiß wenigstens noch, wie ein Bleistift aussieht: dünn und mickrig.

Womit der Beschreibung des Geweihchens Genüge getan ist. Meine Trophäensucht quoll wieder einmal über, ebenso mein Mitleid mit dem gewiß vom Lungenwurm geplagten, verhärmten Geschöpfchen dort draußen. Ich nahm mich zusammen, stellte den Atem auf Sparflamme und ließ fliegen.

Es muß kein besonders guter Flug gewesen sein, kniend aufgestützt und der Sache allzu sicher wird es einige Turbulenzen gegeben haben, denn der Bock quittierte die Kugel zwar deutlich, ging aber dann flüchtig ab, zurück ins Getreide, woher er gekommen war. Und das war ganz genau das, wovor sich jeder von uns immer wieder fürchtet.

Ich setzte mich an den nun schon sonnenwarmen Rain, rauchte drei Pflichtzigaretten statt einer, sah meinen Händen zu, wie sie langsam zu flattern aufhörten, und überlegte, ob ich gleich den Hund holen oder zuerst den Anschuß untersuchen sollte. Ich entschied mich für letzteres, wartete eine weitere halbe Stunde und ging dann langsam hin, stellte mit Befriedigung fest, daß der Wind aus dem Gerstenacker herauskam und nicht umgekehrt meine Witterung mit hineintrug ins vermutliche Wundbett, das dreißig Meter weit entfernt sein konnte, aber auch dreihundert. Zum Jagen gehört ohne Zweifel auch die Kraft und der Wille zum Töten, gelegentlich wenigstens, ein paarmal im Jahr. Zum vernünftigen Jagen gehören aber vor allem auch die Einsicht und der Verstand zum Sterben-Lassen. Laßt das Wild in Ruhe verenden. Quält es nicht in seinen letzten Augenblicken mit eurer abscheulichen menschlichen Witterung oder gar mit herannahenden Schritten.

Am Anschuß fand ich sofort dunklen Leberschweiß, was mich beruhigte. Ich setzte mich hin und gab noch eine Viertelstunde drauf, wohl wissend und gern in Kauf nehmend, daß ich nun das Frühstück mit meiner Schwester Anna und dem lieben Karli und so weiter versäumt hatte, was mich überhaupt nicht beunruhigte. Schließlich ging ich ganz langsam ins Getreide hin-

ein, schußbereit, Schritt für Schritt, immer den dunklen, sämigen Tropfen nach, die an den Halmen abgestreift waren oder die Ackererde düngten. Und immer wieder betete ich mir vor, vom schlechten Gewissen geplagt: »Wer Leberschweiß hat, hat auch das Stück, und um so rascher hat er es, wenn er lange genug warten konnte.« Denn das ist, dem Wortlaut nach, zwar ein Widerspruch, aber eben nur ein scheinbarer.
Die Wartezeit war lang genug gewesen, fünf Viertelstunden insgesamt, denn das Böckchen hatte sich schon nach wenigen Schritten niedergetan und war gleich im ersten Wundbett Minuten später verendet. Aber wer weiß das schon mit so großer Sicherheit? Alte Sprüche sind recht gut und weise, aber Garantien – wer gibt schon Garantien? Und so geht man Jahrzehnte jagen und atmet immer noch tief ein und noch tiefer aus, wenn wieder einmal etwas gutgegangen ist, was ohneweiters auch in die alte Loden- oder Lederhose hätte gehen können...
Rucksack hatte ich natürlich keinen bei mir, wie fast immer, wenn ich ihn brauchen würde, und so schärfte ich dem schwachen Böckchen die Sehnen der Vorderläufe frei, schob in altbewährter Weise Haupt und Hinterläufe durch die verschränkten vorderen und trug die knapp zwölf Kilogramm wie ein Köfferchen durchs ganze Dorf, vom ersten Haus bis fast zum letzten, denn wir sind ganz am unteren Ende zu Hause. Ich begegnete drei Milchlieferanten, die mit dem Wägelchen die kuhfrische Milch ins »Milchhaus« zur Sammelstelle führten, und jeder bewunderte gebührend den vermeintlich »schönen« Bock. Waidmannsheil und Waidmannsdank. Dann kam vom unteren Ende der Dorfstraße der erste Verwandtschafts-Pkw mit meiner Cousine Susi, ihrem Mann und den zwei Kindern, die manchmal entzückende Bambini sein konnten und dann wieder ekelhafte, bösartige Fratzen, wie alle Kinder eben. Die Bambini fuhren nach Italien, und ich stand mit meinem Bambi an der Straße. Auf in den Süden! Susi am Steuer. Zum Abschiedsküßchen hatte es nicht mehr gereicht, weil der Kerl, der böse Jäger, nicht einmal zum Frühstück erschienen war. Sie winkte mir nur zu und blieb nicht einmal stehen. Es mußte ein strategisch koordinierter Aufbruch gewesen sein, denn fünf Atemzüge später kam schon der zweite Pkw angebraust, doch Onkel Karli stieg hart auf die Bremse.
Tante Anna traten fast die Augen aus dem Kopf, entsetzt sah sie auf mein kleines, praktisches Köfferchen und auf meine schweißigen Hände.
»Was hast du denn da schon wieder einmal totgeschossen?« fragte sie. »Muß das denn wirklich sein?«
Es hätte wenig Aussicht auf Erfolg gehabt, ihr begreiflich machen zu wollen, daß das tatsächlich hin und wieder sein mußte. Schon von Gesetzes wegen. Und Onkel Karli, mein lieber Schwager, der gestern abend beim »Mensch ärgere dich nicht« und nach dem sechsten Kognak noch so gemütlich gewesen war, schüttelte nur wortlos den Kopf und gab heftig Gas. Auf nach Italien! Susi hatte gewiß schon zwei Kilometer Vorsprung. Der mußte erst mal wieder eingeholt werden.
Ich ging die letzten paar Schritte nach Hause. Weil das Wetter so schön war,

hatte man sich endlich doch noch nötigen lassen, auf der Terrasse zu frühstücken. Dort sah es aus wie nach verlorener Schlacht, und meine arme Frau schwang verbissen den Besen. Arca war damit beschäftigt, die von Susis kleinen Rangen angeknautschten und dann weggeworfenen Rosinenhörnchen einzusammeln.

Die Worte meiner lieben Schwester gingen mir – wieder einmal – lange durch den Kopf. Denn das ist es ja, was wir immer wieder, einmal von dieser, einmal von jener Seite, zu hören kriegen. Sei es aus Bosheit, sei es aus Unverstand.

Ihr habt fast alle die überlangen Container gesehen, mit denen dreistöckig übereinander die Schweine zur Schlachtbank geführt werden, schrill quiekend, angstgestreßt, das Weiße der rollenden Augen hervorkehrend. Der Sonntagsbraten mit dem leckeren, goldbraunen Speckrändchen hatte einst gewiß auch gute, wohlige Gefühle, als er im Koben noch behaglich grunzen durfte. Aber nun spürt und weiß er in seinen letzten Stunden und Minuten, wie ausweglos ihm Grausiges bevorsteht. Und das weiß und ahnt er schon, wenn draußen im Hof der Laster brummt und der Metzger den Stall betritt, einstweilen nur den Strick in der Hand oder den derben Stock.

Hingegen: Das Stück Wild, das dort vor dem Hochsitz in der Dämmerung oder selten auch am hellichten Tag sich breit hinstellt und das Blatt der tödlichen Kugel bietet, ahnt und weiß nichts von solchem Schrecken. Oft hört es den Knall gar nicht mehr, oft dauert sein Leid nur kurz, so kurz, wie man als Mensch es sich wünschen würde dereinst. Doch Menschen dürfen von ihrem Leid nicht erlöst werden wie etwa das Lungenwurmböckchen, von dem eben die Rede war.

Man muß das alles wissen und gegeneinander abwägen, bevor man Urteile fällt, ganz abgesehen vom gesetzlichen Auftrag, den ja irgendeiner erfüllen muß. Dann doch am besten der, der etwas davon versteht und dem es gegeben ist.

Bambimörder – das ist ein gefälliger Werbespruch geworden in den letzten Jahrzehnten, in denen die selbsternannten Schützer aller Richtungen und Geisteshaltungen im Verein mit aufstrebenden, nur am Gewinn orientierten Freizeitindustrien sich kurioserweise weigern, wenigstens noch die primitivsten, die selbstverständlichsten Rechte und Spielregeln der mit Beton zugegossenen und vergifteten Natur anzuerkennen. Wir sind keine Bambimörder. Wir tun nichts, was nicht sein muß. Müßte es nicht sein – die mächtige Lobby der Jagdgegner aus verschiedensten Lagern und mit den abenteuerlichsten Motivationen hätte längst erreicht, daß die Jagd eingestellt würde.

Wir sind weder Mörder noch Schlächter, und diejenigen unter uns, die das Maß nicht kennen und das Ziel, die also zur Gegenseite gehören, nicht Äpfel sind von unserem gemeinsamen Stamm, die mögen wir nicht. Der ganz maßgebliche, meiner Meinung nach wesentliche Unterschied zum ehrsamen Beruf des Metzgers liegt in der fundamentalen Gleichgültigkeit, mit der dieser, zwangsläufig ohne jede Emotion, sein tägliches Handwerk verrichtet. Es muß genauso getan werden wie die Jagd. Doch diese Gleichgültigkeit – wo

käme er hin ohne sie! – können wir Jäger nicht vorweisen, weil uns das Jagen durch Zehntausende von Jahren auch emotionell überliefert ist und dazu außerdem auch nicht Handwerk, nicht mehr Broterwerb bedeutet, sondern Erfüllung einer – sich immer mehr ändernden – Aufgabe im Gesamtrahmen heutiger ökologischer Bedingungen. Es jagt ja heute keiner mehr aus Hunger, und wem die Verpflichtungen zuviel sind, die er mit dem Erwerb des Jagdscheins übernimmt, die Verpflichtungen nämlich zum Erhalten *und* zum Erlegen, der befindet sich eindeutig auf dem Holzweg, dem symbolischen Holzweg diesmal, dem sprichwörtlichen. Er soll ruhigen Gewissens zu Hause bleiben und irgend etwas anderes Nützliches tun. Niemand wird es ihm übelnehmen.

Unverhoffte Begegnung

So ein kleines, schattseitig gelegenes Revier im Mittelgebirge verlangt neben körperlicher Fitneß auch viel Geduld und eine gewisse Zähigkeit des Willens. Wer rasch aufgibt, ist dort fehl am Platz. An manchen Tagen greift blanke Verzweiflung um sich. Da meint man, es gäbe überhaupt kein Wild mehr, es sei keines mehr da. Man guckt sich vergeblich die Augen aus mit dem Spektiv – nichts! Vielleicht drückt es sich heimlich in den wildverwachsenen Gräben umher, vielleicht steht es gar frank und frei zur Besichtigung mitten im Sonnenschein – aber drüben im Nachbarrevier, jenseits der »Schneid«, des Grats. Wer weiß. Man fühlt sich genarrt. An anderen Tagen ist wieder alles da, was Allmutter Natur zu bieten hat, aber in Anblick hat man es deshalb noch lange nicht.

Drunten in den Revieren des Flach- oder Hügellandes ist ein auf den Acker oder die Waldwiese ausziehendes Reh vom Hochsitz oder der Kanzel aus wohl kaum zu übersehen, es sei denn, das Essen war zu gut gewesen, was als Spätfolge ein Nickerchen nach sich gezogen haben mochte. Droben in den Bergen aber, ab einer Seehöhe von 1.500 Meter etwa, wobei diese Angabe jedoch örtlich verschieden gilt und bei weitem nicht überall stimmt, gibt es kaum Hochsitze. Der allwinterliche Schneedruck macht sie kaputt, knickt sie in zwei, drei Jahren, bringt sie zum Einsturz, während doch drunten in der weniger extremen Landschaft einer solide und mit Verstand gefügten Kanzel eine Lebenserwartung von mindestens einem Jahrzehnt zugesprochen werden darf.

Dort oben in der Kampfzone des Waldes aber, auf der Alm oder im Fels, muß man sich fast alles hart erpirschen. Es ist eine sehr alte, urtümliche, vielleicht die natürlichste Art des Jagens: nicht Warten und Schießen vom Hochsitz herunter, aus dem »Hinterhalt«, wie uns gelegentlich vorgeworfen wird, sondern ein Suchen und Kräftemessen der Sinne. Der Hinterhalt-Vorwurf, also das gefahrlose Abknallen wehrloser Geschöpfe aus dem Versteck heraus, klingt besonders gleisnerisch aus dem Mund und der Feder all jener, die vergessen haben oder verdrängen, daß der Mensch es war, der das Wild aus seinen Lebensräumen verjagt und zum Nachtschattenwesen gemacht hat. In einem Atemzug aber fordern sie um des Profites willen die Erfüllung immer höherer Abschußpläne. Wie denn, wie, wenn Skiliftschaukeln die Berge wie Spinnennetze auf stählernen Insektenbeinen überziehen, Hotels in kaum entsorgbaren Hochlagen die Landschaft verstänkern und Autobahnen die Reviere und uralten Zugstraßen des Wildes in Stücke schneiden? Wer soll da alljährlich mehr und immer wieder mehr auf die Decke legen können, selbst wenn es ihm noch Spaß machte? Gewinnsucht und Politik haben aus dem

guten alten Spruch »Zurück zur Natur« eine lächerliche Farce gemacht. Zurück zur Natur wollen sie heute schon fast alle. Aber keiner zu Fuß.
Dort droben in den Bergen gibt es noch ein letztes Restchen vom urtümlichen Jagen, von körperlichem Einsatz und ein wenig Chancengleichheit. Wobei der kritische Leser nun gleich eine Definition des Begriffes »Berg« von mir einfordern wird, denn die Ansichten darüber sind verschieden. Der Bewohner der küstennahen Tiefebene, der die Welt noch nicht gesehen hat, ist geneigt, eine Erhebung von wenigen Hundert Metern schon Bergland zu nennen, und tatsächlich kommt es ja auf die persönliche Sicht an. Aus dem Fischerboot im schmalen norwegischen Fjord gesehen, ist der fast senkrecht steil aufragende Fjell ein gewaltiger, furchteinflößender schneeumhüllter Klotz, einem Dreitausender in den Alpen ähnlich, und erst die Landkarte belehrt uns, daß er nur 900 oder 1.000 Meter hoch ist. Kaum anders empfindet das menschliche Auge den Höhenunterschied, wenn der eigene Standpunkt schon bei 1.500 Meter oder etwas darüber liegt, man also nur den relativen Höhenunterschied bis zur sichtbaren Gipfelhöhe – die sich meist dem Auge verbirgt – zu begreifen hat. Und so mag auch für den einen ein Berg sein, was für den anderen nur ein Hügelchen ist, genauso wie für den meeresungewohnten Bergler, wagt er sich einmal aufs Wasser, Zweimeterwellen schon haushohe Wassergebirge bedeuten – was dem Seemann kaum ein müdes Lächeln entlockt.
Zu mir sagte einmal einer: Berg ist alles, was müde macht beim Hinaufsteigen. Er traf den Kern und hatte vollkommen recht. Der Mann war ein Philosoph...
Aber da bin ich nun mit einigen Betrachtungen weit abgekommen vom steilen Bergpfad, der mich in dieser Erzählung hinführen sollte zu der unverhofften Begegnung, die schon der Titel verspricht. Zurück also in jenes Revier, das sich vom in etwa 1.100 Meter Seehöhe an der Paßstraße gelegenen Haus des Pächters hinauf erstreckte bis zu den steilen Karen, wo wirklich das echte Edelweiß gedeiht, nicht das in den Hausgärten gezogene, wo es winters in den vom Schneesturm umtobten Klüften tatsächlich ungemütlich und lebensgefährlich wird, im Sommer aber, auf dem Bänkchen vor der Jagdhütte auf der Alm, pure Gemütlichkeit sich ausbreitet. Auf der Landkarte betrachtet, war das Bergrevier aber eher ein kleiner Keil, ein Stückchen Torte, das sich drunten im Tal breit hinstreckte, in der Waldzone schon schmäler wurde und oberhalb der Almen, im Fels und am Gipfelgrat, sich sozusagen mit den Nachbarjagden verbrüderte, denn die Grenze war nach beiden Seiten hin kaum weiter als einen doppelten Büchsenschuß entfernt.
Doch das spielte keine große Rolle, denn wir hielten gute Nachbarschaft, und beim gemeinsamen Gamsriegeln erwies sich sogar als Vorteil, was bei weniger guten Nachbarn vielleicht Zornesadern und Zähneblecken hervorgerufen hätte.
In den blanken Fels geht ein Rehbock nicht. Kennt man ein solches Mittelgebirgsrevier aber gut, so weiß man ungefähr, wo der eine oder andere Schlüpfer seinen Einstand hat im dichtverwachsenen Graben oder droben auf der

Alm, doch genau seinen Wechsel anzusagen ist in diesem Gelände nur äußerst selten möglich, und so gibt es auch, immer guten Wind vorausgesetzt, so manche unverhoffte Begegnung mit Rotwild oder Reh, oft auf kürzeste Entfernung, zur beiderseitigen Überraschung. Die Sekunden zum Entschluß, die bei der bequemen Ansitzjagd sich zu Minuten, ja Viertelstunden dehnen können, schmelzen in solchen Augenblicken dort droben dann zu Zehntelsekunden zusammen. Die Ansprechkenntnisse sind um ein Vielfaches mehr gefordert.

Ich war in diesen Jahren schon kein junger Springer mehr, und die ersten grauen Fäden im allerdings noch reichlich vorhandenen Hauptschmuck hatten dem Übereifer und dem Trophäendenken längst den fälligen Schlußpunkt gesetzt. Ich habe mir überdies, auch vorher schon, eigentlich nie allzu viel aus der Trophäe an sich gemacht. Formulieren wir es so: Es war nie die Trophäe allein, die mich jagen gehen ließ. Doch der den Begründungen nachspürende Essay, der sich darüber schreiben ließe, gehört nicht in eine schlichte Sammlung von Jagderzählungen.

Und so wäre es mir auch in jenem Sommer egal gewesen, ob Knopfbock oder ein Guter. Aber der Jagdherr bestand darauf, daß es diesmal ein sogenannter »braver« Erntebock sein sollte für mich, weil ich im Vorjahr, wahrscheinlich mit mehr Waidmannsheil als Verstand, ein paar Gäste gut zum Schuß gebracht hatte. Ein Guter also, aber dafür nur den einen, denn in dem nicht allzu großen Bergrevier strotzte der Abschußplan (damals) ja auch nicht gerade von allzu vielen Böcken. Und wie schon so oft war die Freigabe zwar voll guten Willens erfolgt, doch vor das Kriegen setzte Diana noch viel Mühe und Anstrengungen und schließlich sogar noch einen höchst eigenwilligen Schlußpunkt.

Im April schon bestätigte ich mir einen, der wohl ein Guter war im Sinne dessen, was der Jagdherr meinte. Steingrau stand er am Saum des Bergwalds und äugte hinaus auf eine noch schneegefüllte tiefe Rinne, in der sich alljährlich im Frühjahr eine kleine, ungefährliche Lawine bis fast hinunter zum Haus des Pächters schiebt. Ungefährlich ist sie nur für den Menschen wegen ihrer im Graben eingebetteten Richtung, aber wir haben schon so manches Stück Wild darinnen verludert gefunden, wenn Ende Mai oder Anfang Juni die letzten Schneereste in den Felswinkeln fortgetaut waren. Ja, dachte ich, der könnte es sein für heuer: nicht gerade übermäßig hohe, aber starke, knuffige Stangen mit durchschnittlichen Enden. Das linke Vorderende war auswärts verdreht, der Bock also unverwechselbar, und das spielt noch eine besondere Rolle in dieser Geschichte.

Ob er aber seinen Einstand hielt? Vielleicht wich er aus, hinauf auf die Almböden oberhalb der Baumgrenze. Dann konnte man ihm nur von der Jagdhütte aus beikommen, von oben her. Oder er kam herunter zu den Wiesen, auf denen das Hausvieh weidete, die Milchkühe. Alles schon dagewesen. Aber letzteres traute ich ihm eigentlich nicht zu. Er schien mir schon zu alt und zu gefinkelt zu sein für solche Unbekümmertheiten. Wie auch immer, es würde schwierig werden: Hielt er seinen Einstand im dichtverwachsenen

Bergwald, konnte der Erfolg kaum mehr als zufällig sein. Denn zu viel Jägerfleiß, zu viel Pirschen im steilen, unübersichtlichen Gelände würde mehr verderben als nützen. Hier rollt ein Steinchen, dort schlägt der Wind für ein paar Minuten um – und schon spürt so ein Gerissener, Alterfahrener, daß da noch einer ist, nicht nur er allein ist im Einstand, einer mit ganz andrer Witterung ist auch noch da.

Im Flachland oder in den Revieren des bewaldeten Hügellandes bis hinauf zu einer Seehöhe von 500 Meter mögen sich, und das ganz besonders vor Beginn der Jagdzeit, die jüngeren Stücke daran gewöhnen, daß dort oben einer auf dem Hochsitz hockt, solange es nicht dauernd kracht. Aber der alte Bock am Berg gewöhnt sich nie daran. Er verzeiht dir keinen Fehler.

Zog er aber nach den Einstandskämpfen hinauf an den Rand der unbewirtschafteten Alm, so war zwar dort das Gelände besser einzusehen, aber man mußte ihn von oben her bejagen, von der hochgelegenen Jagdhütte aus, und das war meist nur am frühen Vormittag möglich, wenn die Sonne den Wind wärmte und bergwärts aufsteigen ließ, so daß man langsam abwärts pirschen konnte zum Waldrand hin, wo der Heimliche sich vielleicht an der Baumgrenze zwischen den Latschenfeldern und Almwiesen umherdrückte. So oder so, es mußte ein schwieriges Waidwerken werden auf diesen Bock.

Es verging der Mai, die jungen Stücke wurden langsam rot, im Juni dann die älteren. Sehr spät beginnt das Verfärben in rauhen Höhenlagen. Doch fürs erste sah ich ihn überhaupt nicht wieder. Den ganzen Juni nicht. Erst Anfang Juli hatte ich ihn erneut in Anblick: noch immer drunten im Bergwald, gar nicht weit weg von einem Pirschsteig, der hinauf zur Jagdhütte führte, jenseits eines steilen Grabens. Nun war er satt rotbraun, nicht fahl, nicht grell, ganz unauffällig verfärbt stand er hinter einem Erlenbusch und ließ den kurzen, verdrehten linken Vordersproß in der Sonne blinken. Dann war er wieder weg im dichten Unterwuchs und verweigerte mir seinen Anblick bis zur Brunft. Selbst wenn ich ihn vorher hätte erlegen wollen, es wäre mir nicht gelungen. Er war zu heimlich, und er hielt seinen Einstand nach wie vor im dichten Wald, zog nicht hinauf auf die Alm und nicht hinunter zu den Wiesen. Aber eine Erlegung vor der Brunft kam ohnedies nicht in Frage. Wir waren damals noch sehr konservativ in unseren Ansichten, obwohl es genügend jüngere Böcke im Revier gab, gute Dreijährige, Vierjährige, die ebenso oder gar noch mehr »vererbungswürdig« schienen. Vielleicht war das ein kurioses Denken. Denn wer kann denn schon hineinschauen in die Gene draußen in der Revierpraxis? Wer weiß denn wirklich, welcher Bock welche Geiß mit Erfolg beschlagen hat? Auch das Geschlechterverhältnis hatten wir schon einigermaßen im Griff. Aber wir dachten immer noch mehr an die Wahl und weniger an die Zahl. Ein reifer Bock mit einem Erlegungsdatum vor Ende Juli oder gar im Juni galt ganz einfach als Schande. Auch heute noch, nach wie vor, schlagen die Wogen des Streits über diese Ansicht so hoch über dem Problem zusammen, daß man das Problem selbst nicht mehr sieht.

Es kam der August, und es kam, recht spät in diesem Jahr, die Rehbrunft. Es kam aber auch ein Jagdgast, dem ebenfalls ein guter Bock zugedacht war. Ein silberhaariger alter Herr war er, nicht mehr besonders gut auf den Beinen. Die steilen Bergflanken waren nicht sein Fall. Also verbrachten wir vier Tage droben in der mehr als bescheidenen Jagdhütte. Hier war das Jagen leichter, die Almböden zogen sich flacher dahin, und erst dahinter, aufstrebend zum Kamm, begann der Fels. Dort auf der Alm wußte ich einen braven, schußbaren ungeraden Sechserbock für den Gast. Erlenstauden, Wassergräben und rumpelige Heidekrautwiesen schienen ihm lieber zu sein als drunten der Bergwald mit den immerhin fetteren Gräsern und Knospen. Oder hatte ihn der Alte hinauf auf die Alm verdrängt? Gut möglich. Ihn zu bejagen war nicht schwer. Wenn ich ihn gewollt hätte, wäre er längst auf der Decke gelegen. Doch in diesem Jahr hatte ich mich schon allzusehr auf den Knuffigen drunten im Wald festgelegt. Man soll das nicht tun. Aber auch der Jagdherr hatte ja gesagt: »Das ist heuer dein Bock!«

So jagte ich also mit dem Gast von der Hütte aus, und natürlich klappte es nicht gleich am ersten Tag. Am zweiten Tag sahen wir einen jungen Spießbock eine Geiß treiben. Wir lagen hinter ein paar Felsbrocken und sahen zu. Es war nicht viel los mit dem Jüngling, der von weiß Gott woher gekommen sein mochte. Ich kannte ihn nicht, und außerdem sollte der Gast ja einen guten Bock strecken. Am dritten Tag hatten wir, wie das eben so ist, überhaupt keinen Anblick.

Die Abende verbrachten wir gemütlich in der Hütte, August am Berg, es war kühl, sehr kühl, das Feuer knisterte im eisernen Herd, und der Gast, Friseurmeister von Beruf und Besitzer mehrerer Damensalons, erzählte lustige Geschichten. Nicht von der Jagd, sondern von Dauerwellen, kapriziösen Kundinnen und Personalschwierigkeiten. Mir war alles recht.

Am Morgen des vierten Tages erlegte er seinen Bock. Es war nicht sehr schwierig, auch nicht gar weit, und er schoß ihn sauber. Der Gast war überglücklich, und ich schleppte. Aber auch ich freute mich mit ihm. Nach der roten Arbeit öffnete ich die letzte Flasche, die noch in der Hütte war, und wir erwiesen dem Bock die Ehre und saßen beschaulich auf der Bank und blickten über das weite Trogtal bis hin zu den fernen Bergkämmen. Das schrofige, jähsteile Kalkgebirge am Horizont sah im warmen Sonnenlicht um nichts wärmer oder freundlicher aus. Es sah so aus, wie es war: weißgrau, kalt und gefährlich. Die kleinen Friedhöfe in den Dörfern rundum beherbergten unter kunstschmiedeeisernen Kreuzen die Toten. Mutwillige Kletterer und pflichterfüllende Berufsjäger teilten sich schweigend die letzte Ruhestätte. Doch hier drüben bei uns im Urgestein schien alles ein wenig runder und eine Spur gemütlicher zu sein. Wohl dem, der sich durch einen oberflächlichen ersten Eindruck nicht täuschen und zum Leichtsinn verführen ließ.

Gegen Mittag wurde der Gast unruhig, vielleicht dachte er schon wieder an die Dauerwellen, sein jagdliches Pensum war schließlich erfüllt, und er erklärte, ins Pächterhaus absteigen zu wollen. Er kannte Weg und Steg, gefährliche Stellen gab es keine, bei denen ich ihn ungern allein gesehen hätte, und so war nichts gegen seinen Wunsch einzuwenden.

»Gut«, sagte ich, »am frühen Nachmittag komme ich mit dem Bock langsam nach. Wir sehen uns dann drunten.«

Der große Maestro der Damenwelt nahm seinen Bergstock und stapfte gemächlich los. Ich war recht gern mit ihm beisammen gewesen. Es soll ja Jagdgäste geben, bei denen das nicht unbedingt der Fall ist.

Ich versperrte die Jagdhütte – hin und wieder brachen Wanderer das Schloß auf, diesmal war es ganz gewesen –, sah noch nach zwei Salzlecken und machte mich dann ohne Eile ebenfalls auf den Weg ins Tal. Der inzwischen völlig ausgekühlte Rehbock in meinem Rucksack legte sich ordentlich in die Riemen. Der Tag war klar und warm und dennoch schon an den Herbst gemahnend. Nicht die Temperatur nach Celsius macht den Unterschied. Heiß kann's auch noch im September sein, im Oktober gar, wenn die Sonne sich in einer Reihe von schönen Tagen im Fels festgekrallt hat, als wollte sie nimmer loslassen. Der Unterschied liegt in der Luft, im wahrsten Sinn des Wortes. Die Luft wird seidenweich und fernsichtig, sie flimmert nicht mehr wie im Hochsommer, sie wird irgendwie färbiger. Aber ich weiß nun wirklich nicht, ob ich das richtig beschrieben habe. Ob man das überhaupt umfassend beschreiben kann. Wer's je erlebt hat, weiß es.

Auf dem freien Almboden spürte ich noch ein bißchen kühlenden Wind, aber drunten im Hochholz war's dann schwül und dunstig wie in einer altmodischen Waschküche, und bald war mein Hemd durchgeschwitzt. Wo heute eine Forststraße heraufführt, damals aber nur ein schmaler Pirschsteig durchs Hahnenrevier führte, am Rand eines kleinen Schlages, setzte ich mich auf einen harzduftenden Stock und rastete ein wenig. Hier ungefähr in der Nähe war auch »der Meine« zu Hause, wenn er nicht gerade mit tiefem Äser irgendwo auf einer Brunftfährte unterwegs war, vielleicht weit entfernt in einem der Nachbarreviere.

Ob ich es ein bißchen mit dem Blatter versuchen sollte? Ich griff in die Hemdtasche. Weg. Droben in der Hütte vergessen. Ringsum kein frischer Grashalm. Nur krachdürre Rinde, Holzmehl, verwitterter, ausgespülter Rasen und Felsbrocken. Und Sonne zwischen den Zweigen. Meinen Fiepkünsten mit bloßen Lippen traute ich nicht so recht. Lieber nichts als falsch. Ich ließ es sein. Dann döste ich ein wenig vor mich hin, vier Tage und drei Nächte wenig und schlecht geschlafen, fast immer unterwegs gewesen. Ein Kolkrabe weckte mich aus meiner Verträumtheit. »Klong, klong.« Also weiter. Der Bock mußte in den Kühlraum.

Eben wollte ich mich hochstemmen, doch unterhalb des Steigs rollten ein paar Steinchen, es »steinelte«, wie man dort in der Gegend sagt, und dieses Geräusch ließ mich wieder leise zurücksinken auf meinen Baumstumpf. Steine rollen nie von selbst, außer bei einem Erdbeben oder bei einem Gewitterguß. Ich griff nach der Büchse und spähte nach unten. Stille im Unterholz, nichts. Eine Minute verstrich, zwei. Und dann, wie eine Explosion, gewalttätiges Rauschen und Brechen im Unterwuchs, und hervor und bergauf fegte in voller Flucht ein brandroter junger Gabelbock, verhoffte am Rand des kleinen Schlages, äugte zurück, setzte die Flucht fort, verhielt wieder!

Nein, du bist es nicht. Nicht du. Aber wer ist hinter dir her, wer scheucht dich zu solcher Panik?
Warten. Keine andere Wahl. Die Büchse lag schon halb im Anschlag, die Sicherung glitt lautlos nach vorn. Und da war er auch schon. Langsam und wuchtig schob er sich aus dem Schatten heraus auf die Blöße. Der mir für heuer zugedachte Bock. Der Alte. Ja, er war es, aber heute benahm er sich nicht wie ein Alter. Die zornige Verfolgung des jungen Rivalen hatte ihn unvorsichtig gemacht. Der Wind stand nicht gerade günstig, als ich nun langsam die Büchse ganz in die Schulter einzog, keine zwanzig Schritt von ihm entfernt, doch er plätzte nur wütend mit dem Vorderlauf, daß Moos und Erde stäubten, rollte die Lichter nach dem Frechling hin, der in sein geheiligtes Reich eingedrungen war und nun sogar den Mut bewies, einzuhalten in der Flucht und zurückzuäugen nach dem Verfolger. Doch in der nächsten Sekunde schon würde der Hausherr wieder drauflosstürmen und ihn weiterjagen. Und ich saß mittendrin in diesem spannenden Kampf. Beide Böcke beachteten mich nicht.
Die nächste Sekunde aber mußte die meine sein. Ich hatte den Alten im Glas. Er war so nah, daß das Sechsfache sich ausfüllte mit dunklem Rot. Ich hörte ihn zornig keuchen. Ich sah hinter dem Fadenkreuz die über und hinter dem Blatt vibrierenden kraftstrotzenden Muskelstränge. Es war ein unbeschreiblich faszinierender, schrecklich wilder Anblick inmitten einer schönen, friedlichen, damals noch urtümlichen Berglandschaft. Mein Herz hämmerte laut, aber meine Hand war ruhig, und ich wußte, daß in der nächsten Zehntelsekunde dort drüben Stahlmantel und Bleispitze Verheerungen anrichten und dieses rasende, herrliche Schauspiel für immer beenden würden. Und ich weiß bis heute nicht, was in mir vorging, denn plötzlich, ganz von selbst, ohne jede Überlegung, setzte ich die Büchse ab.
Vielleicht bin ich kein »richtiger« Jäger, denn in den darauffolgenden Jahrzehnten ist genau das gleiche noch zwei- oder dreimal mit mir geschehen, aber ich habe es nie bereut.
Den alten, unverwechselbaren Bock mit dem verdrehten Vorderende sah ich im nächsten Frühjahr auf der Trophäenschau, erlegt in einem Nachbarrevier. Da kaufte ich ein schönes, handgeschnitztes Trophäenschild, gar nicht billig, pinselte liebevoll nur die Jahreszahl darauf und hängte es leer zu meinen anderen Bergböcken. Nur zur Erinnerung.

Vergeßt die Sonne nicht!

Wenn ich an die Berge denke, in denen ich einen guten Teil meiner jagdlichen Lehrjahre verbrachte, bäumen sich ungebärdig die Erinnerungen auf, und in der Rückschau, wenn man selbst nicht mehr am Berg jagen kann, weil das alte, verschlissene Herz und die zerrauchte Lunge den Strapazen nicht mehr gewachsen sind, erscheint einem vieles goldumflossen und erzählenswert. Und war letztendlich doch nur Alltag, durch den verklärenden Schimmer jugendlicher Begeisterung für das Waidwerk gesehen. Der junge Mensch denkt und empfindet eben ganz anders als der alternde oder gar vergreisende. Aber das ist gut so. Auch unterschiedliches Denken und Empfinden muß sein. Es gehört mit zum allgültigen Naturgesetz, und wo kämen wir hin, wenn die Jungen mit den Alten keine Generationsprobleme hätten, wenn es keine Unterschiede gäbe, jeder dieselben Freuden hätte, denselben Schmerz, dasselbe Hobby, dieselbe stürmische Liebe zur selben Frau – Mord und Totschlag gäbe das. Die Natur weiß schon, warum sie unsere Vorlieben so verschieden gestaltet, den einen beispielsweise zum Naturliebhaber und waidgerechten Jäger werden läßt und den anderen nur zum Liebhaber und Schürzenjäger. Wobei aber, hab ich mir sagen lassen, das eine nicht das andere ausschließt und die Abgrenzungen nach beiden Seiten hin recht durchlässig und unscharf sein sollen...

Je nachdem, ob und was die Sonne an den Tag bringt. Aber nicht nur das An-den-Tag-Bringen ist Aufgabe der Sonne. Sie wärmt, erhält und ermöglicht das Leben. Doch sie täuscht auch allzu gern die Sinne.

Mein erstes merkwürdiges und lehrreiches Erlebnis mit der Sonne, das sich später vielhundertfach wiederholte und bestätigte, hatte ich ebenfalls in einem Mittelgebirgsrevier, ähnlich jenem, in dem die »Unverhoffte Begegnung« stattfand, aber damals war ich viel jünger, ein jagdlicher Jungspatz noch, beinahe ein Jungjäger. Ich mag den Ausdruck gar nicht sehr. Er sagt nichts aus. Nichts über das Lebensalter, denn Jungjäger über Fünfzig gibt es reihenweise, und nichts über die jagdliche Erfahrung. Der eine erwirbt sie rasch, wenn ihm gute Jagdgelegenheiten geboten werden, der andere quälend langsam. Ist man nach der Erlegung des ersten Rehbocks kein Jungjäger mehr? Oder muß man erst noch den zweiten gestreckt haben?

Wenn letzteres zuträfe, wäre ich damals keiner mehr gewesen, denn zwei bescheidene Trophäen zierten schon meine viel zu große Wand, nackt sah sie noch aus, und bei dieser Erzählung geht's um meinen dritten Rehbock. Um den, besser gesagt, der mein dritter hätte werden sollen. Aus welcher Bemerkung der argwöhnische Leser schon schließen kann, daß ihm auch jetzt wieder keine Schilderung von allzu großer Knallerei ins Haus steht.

Ich erinnere mich noch gut, allzu gut: Jung an Jahren war ich, jung an Erfahrung, aber zuversichtlich wie einer, der glaubt, den Vertrag mit Diana schon unterschrieben in der Tasche zu haben. Zuversicht ist das Vorrecht der Jugend, Kraft und Ausdauer sind – den Jahren entsprechend – hinreichend vorhanden, und so wollte ich nun wieder einmal acht Tage in den Bergen jagen, ganz allein und ausgestattet mit viel zu viel Vertrauensvorschuß durch den Jagdherrn, meinen Lehrprinzen, Gott hab ihn vielmals selig. Noch heute wird es mir unbehaglich bei dem Gedanken, was ich damals an Unheil hätte anrichten können, aber er, der »Chef«, gehörte erstens zu den Optimisten, was ich von mir selbst nicht behaupten möchte, zweitens hatte ich schon drei oder vier Jagdjahre in seinem Revier mit mäßigem Erfolg hinter mich gebracht, und drittens war er der Ansicht, daß er »nicht ewig eine Hebamme neben mich hinstellen könne«. Ein junger Kerl, schon gar ein junger Jäger, müsse lernen, für sich selbst und für seine Handlungen geradezustehen. Man könne ihn nicht jahrzehntelang bemuttern, und gerade die schlechten Erfahrungen seien es, die man sich zu Herzen nähme und bis ans Lebensende in Erinnerung bewahre. So gesehen seien schlechte Erfahrungen nämlich gute Erfahrungen, aus denen man lernen könne – für alle Zukunft.
Seine Einstellung mochte viel für sich haben, auch können – so weiß ich es heute – manche Gegenargumente vorgebracht werden, aber es hat wenig Sinn, rückschauend darüber zu diskutieren. So war es eben, und ich hatte damit fertigzuwerden, ja ich darf sogar sagen: damit zu leben, denn die Angst vor einem Fehlabschuß, ihm somit Schreckliches anzutun, verfolgte mich oft genug bis in den Schlaf. Der »Rote Punkt« – eine mittlerweile schon abgetane Philosophie – war damals noch ein Schock für den, der es ehrlich meinte mit der Jägerei und ein bißchen jagdliches Gewissen hatte. Heute ist für jeden Sündenbock, der feuerrot zu bepunkten wäre, eine wissenschaftlich und behördlich abgesegnete Ausrede bereit, wenn er nur, das ist die einzige Metzgerbedingung, zur Reduzierung und immer wieder Reduzierung möglichst gleich in der Kindergartenklasse erlegt wurde. Und auch beim weiblichen Wild kennt die päpstlich-milde Verzeihung schon bald keine Grenzen mehr.
Aber genug davon, es ist schon viel zuviel darüber gestritten worden, anstatt zu handeln, und dies soll eine Erzählung werden und kein jagdlicher Glaubenskrieg.
»Geh also hin«, sagte der Lehrprinz mit biblischem Anklang, er liebte kleine Späßchen, »und tue nicht desgleichen, sondern dein Bestes. Schieß deinen dritten Rehbock.«
Den ersten hatte ich unter seiner Führung erlegt, den zweiten und auch zwei streng ausgesuchte Geißen mit Toni, dem Jagdaufseher, aber das alles waren Lehrbuchfälle gewesen: Man sitzt und wartet, das Stück tritt aus, man spricht an (eigentlich spricht nur der Pirschführer an), man bezwingt seinen Puls, man zielt und trifft recht ordentlich und bekommt auf gerechte Art den Bruch überreicht. Keine Komplikationen. Und wie sieht es unterm Strich aus? Was sind denn schon ein paar Stück Rehwild, an der Seite des Pirsch-

führers erlegt? Was bringen sie an Erfahrungswerten für die spätere Praxis? Wenig, sehr wenig, wenn alles immer so glatt verläuft.
Meinen dritten Rehbock aber sollte ich mir nun allein bestätigen und erjagen, ganz auf mich gestellt, allein droben am Berg in der Hütte, allein auf Schritt und Tritt im Revier, allein mit meinen Entscheidungen. Allein auch mit den Tücken, die irgendwann einmal auf mich zukommen mußten, denn so verblendet war ich nicht, daß ich gemeint hätte, es müsse nun so weitergehen auf alle Zeiten, so glatt und reibungslos.
Das ist es nämlich, was zur Gefahr werden kann für den jungen Jäger, daß ihn die Anfangserfolge allzu selbstsicher machen, ja sogar überheblich und im schlimmsten Fall leichtsinnig. Da hat er zwei, drei Stück Schalenwild geschossen – im Feuer! Ein paar Fasane – plumps! Und da meint er nun, ein menschlich verständlicher Fehler, das bißchen Wackeln des Absehens macht doch nichts aus, und mit der Flinte wird salopp, ja schlampig aufgefahren, die Streuung ist ja groß genug, es wird schon alles gutgehen! Solche Glückspilzerei dauert nicht lange, das dicke Ende kommt schon noch, irgendwann kommt es, und Glücksrittertum auf Kosten des Wildes sollten wir uns nicht leisten. Ich habe späterhin Glücksritter gekannt, die zu abscheulichen Schießern wurden, nicht etwa nur deshalb, weil sie ein kleines Loch im Charakter hatten, sondern weil sie ganz vorzügliche Schützen waren und ihnen das Glück – hier sage ich absichtlich nicht »Waidmannsheil« – allzu lange treu geblieben war.
Auf also ins Revier, beladen nicht nur mit Rucksack und Büchse, auch mit den Zweifeln an der eigenen Fähigkeit. Der Pirschsteig begann praktischerweise gleich hinter dem Haus. Heute sind Forststraßen in die mächtige Bergflanke gesprengt, grausame Wunden hat man dem Berg geschlagen, um das Holz auch von der Waldgrenze herunterbringen zu können. Man sieht es mit Bedauern, kann sich aber der Einsicht nicht verschließen, daß vorher dort oben der Ur-Wald zwar in wilder Schönheit, aber volkswirtschaftlich sinnlos verrottete. Manche Stellen gab es, zu denen man nicht einmal den leeren Hirschschlitten hinaufbrachte, geschweige schwer beladen herunter, und so mancher Schuß auf ein stärkeres Stück Rotwild unterblieb, weil das Bringen aus diesem oder jenem steilen, knüppeldick verwachsenen Graben einfach unmöglich war.
Damals aber, als ich meinem dritten Rehbock entgegenstieg, gab es noch keine Forststraßen, und Sorgen über den Hirschtransport brauchte ich mir auch keine zu machen, weil ich keinen Hirsch frei hatte. Nach vier Stunden Anstieg auf schweißtreibendem Steig kam ich bei der Hütte an, die sich, schon in der baumlosen Almregion, verwegen in den Schatten einer riesigen Felsnase schmiegte. Genau gesagt, war es auch keine »richtige« romantische Jagdhütte, sondern ein schmaler, kleiner Anbau an einen großen Almstall. Auch Stall ist nicht das richtige Wort: Eher ein hölzernes Schutzdach auf derben, grobgefügten Steinmauern mit großdimensionierten türlosen Zugängen, durch welche sich das Almvieh drängen konnte, hinaus oder herein, je nach Laune und Wetterlage. Die beiden Zwergstübchen im Anbau – halb ver-

fallene, geborstene Fensterstöcke, faulige Dielen, urig, aber gemütlich – hatten als Unterkunft für Senner und Viehhüterbuben gedient, als die Alm noch bewirtschaftet gewesen war, und so manch einer mit rußigem Gesicht soll dort Unterschlupf gefunden haben in alten wie auch gar nicht so weit zurückliegenden Zeiten. Die Hütte war damals nie verschlossen, und nie ist etwas von dem wenigen Hausgerät abhanden gekommen, das an einem klobigen Rechen an der Wand hing oder in dem kleinen, schiefen Küchenschränkchen verwahrt war, den Mäusen ein Tummelplatz, dem Rost willkommener Fraß. Und dennoch war es so schön dort oben, im Sommer auf der Bank vor der Tür, Sonne oder Sterne und Mond über dem buckligen Grat, im Winter an den kleinen eisernen Herd gedrängt, eine Decke um die Schultern, vorn glühheiß gebraten, der Rücken kalt, im leisen Gespräch mit dem Hüttenkumpel bei der abendlichen Rumsuppe, wie Jagdaufseher Toni den Tee nannte, oder auch allein, in die wunderlichsten Gedanken versunken.

Anfang September war es, ein wenig spät im Jahr für den ersten Versuch, den dritten Rehbock zu strecken, aber damals stand ich noch bei Vater Staat auf der Lohnliste, und den Urlaub während der Schulferien zu nehmen war uraltes Vorrecht der Familienväter. Ich hatte warten müssen.

Der Tag war sonnenhell und heiß, das Hemd schweißnaß und die Lippen salzig. Rasch riß ich Tür und Fensterläden auf, und lauer Wind blies die stickige Luft aus den beiden Stübchen. Der erste Weg führte zur nahen Quelle, die alte Wasserkanne klapperte vertraut mit ihrem Deckel. Das Wasser sprang, ein winziger Wasserfall, immer noch über die graubemoosten Steine im Erlengraben. Nichts hatte sich geändert seit Kindertagen, als ich vom Jagen nur träumen durfte und am Sonntag die Großen bestaunte, die drunten im Dorf während der oft genug zu langen Predigt vor der Kirche standen, stolz die Gamsbärte wippen ließen und schnell ein Pfeifchen schmauchten. Und wie sie mißtrauisch nach jeder kleinen Wolke Ausschau hielten und – husch, alle zugleich, wie auf Kommando – beim ersten Regentropfen schon den Stolz, die Manneszier vom Hut holten und sorgsam in der Brusttasche bargen, in einem eigens dazu, für den Fall aller Fälle, mitgebrachten schmiegsamen Pappdeckelfutteral...

Ein Gams, ja! Aber noch war ich weit davon entfernt, vorerst sollte es dem dritten Rehbock gelten, allein, ohne Pirschführer, und so verträumte ich noch eine Stunde auf der Bank, sah in die Bergwelt hinein wie in Theaterkulissen, die Sonne begann zu sinken, und dann machte ich mich langsam auf die Socken.

Tagelang machte ich mich auf die Socken. Frühpirsch, Faulpirsch, Abendpirsch, fleißig, fleißig. Brav, brav. Aber es lief ganz einfach nicht so richtig. Am vierten Tag kam Toni herauf, brachte Nachschub an Eßbarem, zog kopfschüttelnd wieder ab. Es war nicht etwa nur herkömmliches Waidmannsunheil oder schlichte Dummheit meinerseits. Im Bergrevier, wo am späten Nachmittag der Wind schon hinunterfällt in die Einstände des Rehwilds, bis zum Waldsaum und in die verfilzten Gräben hinein, hat es der Anfänger

wirklich nicht leicht. Und außerdem stimmte das Wetter nicht. Es war viel zu warm, nachts stand hell der Mond am Himmel. Die ersten Herbstnebel oder gar ein wenig Regen wären besser gewesen, heute weiß ich das alles. Damals aber glaubte ich, Sankt Hubertus habe meine Urlaubswoche mir zuliebe mit Schönwetter gesegnet. Nur Toni hatte stirnrunzelnd gemeint, wenn das so weiterginge, sei mit einer miserablen Hirschbrunft zu rechnen.
Rotwild, gab es das überhaupt? Das Revier schien wieder einmal leer und ausgeräumt zu sein. Und dennoch hatte ich, lange vor meinem Rehbock, einen Hirsch in Anblick. Es war morgens, die Sonne schien schon, die Birkhähne begannen im Almkraut zu rodeln, da stand er tief unter mir am Waldrand und trat unruhig hin und her, ein – wie ich meinte – schwaches, junges Hirschlein mit dünnen, langen Spießen, wie mir schien, und weit, sehr weit. Für mich jedenfalls zu weit zum Ansprechen. Ich starrte ihn mit dem Fernglas an, bis er wieder in den dichten Bestand einzog. Mag sein, daß es, aus meiner heutigen Sicht, kein schwaches, junges Hirschlein war, sondern der klassische Fall von Abschußhirsch. Toni kannte ihn nicht. Es muß wohl ein Durchzügler gewesen sein, schon von der ersten Unruhe vor der Hohen Zeit getrieben.
Natürlich sah ich auch Rehe, denn es ist ja unwahrscheinlich, daß einer gar nichts in Anblick bekäme, auch unter noch so ungünstigen Umständen, wenn er von morgens bis abends draußen ist, die Augen offenhält und nicht schläft, irgendwo an einem windstillen Plätzchen im warmen Heidekraut zusammengerollt wie ein Igel. Zweimal sah ich Gams droben auf dem Kamm, das eine Mal einen Einzelgänger, wahrscheinlich war es ein älterer Bock, das andere Mal Scharwild, sechs oder sieben, wie sie über den nackten Grat hereinwechselten und dann, als gefiele es ihnen nicht bei uns im Revier, gleich wieder zurück zum Nachbarn zogen.
Aber die Rehe, die ich sah, waren alle nicht »meine« Rehe. Dort drüben, beispielsweise, standen Geiß und Kitz. Nur eines. Eine ältere Geiß? In der Praxis fehlte mir noch die Erfahrung, sie von der anderen Geiß zu unterscheiden, die auf dem sonnigen Gegenhang die karge Äsung annahm. Die hatte überhaupt kein Kitz dabei, oder? Ich machte vergleichende Ansprechübungen, bis alle drei fort waren.
Dann sah ich endlich einmal einen Rehbock, aber er stand wieder weit, sehr weit weg in den Krüppelfichten, an die 200 Meter weit, und das war mir damals – und manchmal auch heute noch, je nach Stellung und Beleuchtung – zum genauen Ansprechen viel zu weit. Ich hatte kein Spektiv, das habe ich mir erst viel später zugelegt, als ich draufkam, daß es auch in der Ebene und im Hügelland ein sehr brauchbares Instrument ist. Mit dem Fernglas allein kam ich nicht zurecht. Er hielt das Haupt so unruhig, hatte er nun das so viel beredete »bunte« Gesicht oder nicht? Glänzte dort über dem Äser der ebenso oft diskutierte Muffelfleck in der Nachmittagssonne, oder war es nur eine Spiegelung von Weiß im rötlichen Braun, hervorgerufen durch einen Reflex im zitternden Licht? Man hatte mir ja so vieles eingetrichtert – und immer mit den besten Absichten. Daß alle diese Merkmale von Jung und Alt, unter

anderem das angeblich bunte, weil kontrastreiche Gesicht und der berüchtigte Muffelfleck, nur Anhaltspunkte und keine festen Regeln sind, daß ihnen nur Wahrscheinlichkeitswerte zukommen, die sogar regional voneinander abweichen können, das alles verwirrte damals wie heute den jungen Jäger, der gläubig alles in sich aufgenommen hat, was man ihm predigte. Er ruft sich alles in Erinnerung, versucht alles zugleich in Relation zueinander zu setzen, schaut dreimal hin, um nur ja keinen Fehler zu machen, und das ist oft schon um zweimal zuviel, wenn es schnell gehen müßte. Glücklicherweise muß es nicht sehr oft schnell gehen, denn außer einer Trophäe weniger an der Wand ist ja wirklich nichts versäumt.

Die heutige Wildbiologie, eine noch sehr junge Wissenschaft, zugegeben, ist da schon vorsichtiger geworden. Zwar prallen noch Lehrmeinungen und Forschungsergebnisse aufeinander, gibt es noch Widersprüche, aber wohl gerade deshalb hält man sich an die Ehrlichkeit, die freilich oft aussieht wie Ratlosigkeit: Nix ist mehr fix. Am lebenden Stück festzustellende, genau beschreibbare Altersmerkmale gibt es nicht. Und so fühlt sich die Wissenschaft oft genug in die Ecke gedrängt. Die Praktiker, die für ihre Beitragsleistungen und Subventionen gerne Ergebnisse hören würden, mucken hin und wieder auf. Da wird die Ehrlichkeit der Verzweiflung dann zum sokratischen Geständnis: »Ich weiß, daß ich nichts weiß.« Das schlägt sich natürlich auch in der Fachpresse nieder. Glücklicherweise sind auch die heutigen Lehrbücher mit der Verkündigung von unanzweifelbaren Ansprechrezepten ebenfalls schon weit zurückhaltender geworden, als sie es noch vor etwa zwanzig Jahren waren. Womit dem Mann im Revier aber auch nicht so recht geholfen ist. Solange ihm keine neuen Spielregeln geboten werden, hält er sich eben an Großvaters überlieferten Wissensstand und fährt dabei im Durchschnitt gar nicht so schlecht, denn dumm waren die Damaligen ja schließlich auch nicht.

Worüber aber auch heute noch viel zu wenig geredet wird in den Kursen und Jägerschulen, ist das Spiel von Licht und Schatten, von Gegenlicht und Hintergrund. Ein einziger Sonnenstrahl, je nach seinem Einfallswinkel, vermag auf ein eisgraues Haupt in spielerischem Trug den Muffelfleck über dem Äser hinzuzaubern, und der sinkende Schatten am Waldrand färbt die schwache, rötliche Muttergeiß im Nu zum starken, bräunlichen Kitz oder läßt den eben noch blitzenden Vorderssproß des Dreijährigen zu einem armseligen Stümpfchen kümmern. Beispiele gibt es ohne Zahl. Denkt an die Zauberkraft des Lichtes! würde ich heute den jungen Jägern sagen, und achtet vor allem auf den Körperbau, doch ist auch das nicht immer der Weisheit letzter Schluß. Achtet auf Benehmen, Haltung und Lebenskraft, nicht so sehr auf Träger- oder Wildbretstärke. Beim Menschen und erst recht bei den Mädchen irrt ihr euch ja auch nicht so leicht. Dort erkennt ihr Jugend oder Alter auf den ersten Blick am »Gestell«. Es sei denn, es geht euch so wie in dem alten Witz: Von hinten Lyzeum, von vorne Museum. Ja, das gibt es natürlich auch, und genau das sind dann die Fehlabschüsse.

Doch nun, nach so viel Abschweifung in graue und grüne Theorie, wieder zurück auf den Berg. Zwei Tage später hatte ich einen anderen Bock in Anblick, aber er hatte es so eilig quer durch einen Erlengraben, daß ich bei bester Überzeugung, ihn erlegen zu dürfen – ein Knopfbock! – keine Chance hatte. Er war nahe genug, ich hatte ihn ansprechen können, aber als ich das Glas sinken ließ und zum Repetierer griff, war er schon wieder untergetaucht in der chaotischen grünen Wildnis des Wassergrabens. Aus und vorbei. Die Dämmerung ist kurz im Gebirge, es wird rasch finster, wenn die Sonne einmal hinter den Kamm gerollt ist und der Nacht den Vortritt überläßt. Müde trat ich den Heimweg zur Hütte an, machte mir eine Konserve heiß, löffelte aus der Dose, um den Teller nicht spülen zu müssen, und setzte mich dann hinaus auf die Bank, in den Mittelpunkt der irdischen Ruhe, unter die Sterne. Das Mondlicht spielte droben um den Grat, die nahe Quelle wisperte, und ich war trotz allem zufrieden. Weiß Gott, wie es zuging, aber ich war zufrieden, obwohl ein junger Mensch doch Anrecht auf Erfolg hat, auch auf jagdlichen Erfolg. Denn wie könnte er sich sonst voll einsetzen und dem Waidwerk seinen schuldigen Dank abstatten, Dank schon allein dafür, daß es ihm erlaubt ist, echtes Jagen unter freiem Himmel vollbringen zu dürfen. Wie könnten die Jungen dem Schöpfer und seinen Geschöpfen, der Allgewalt der Natur, dem Da-Sein oder wie immer man es nennen mag, ehrlichen Herzens danken, wenn sie immer nur Mißerfolge ernten würden? Der Dank wäre nur Heuchelei.

Erfolg spornt an, doch auch Hoffnung spornt zur Tat. Und so wurde ich im Morgengrauen wieder hoch vom dumpfigen Strohsack, nicht zu früh, um sich nicht alles zu vertreten, nicht zu spät, um rechtzeitig das kleine Bodensitzchen hinter einer Legföhre zu erreichen. Wenn der Wind sich nicht drehte wie verrückt, wenn er unter der Morgensonne brav hinaufsäuselte in die Flanke des gewaltigen Berges, dann mußte sich doch am schon beschriebenen Gegenhang im erst halbverwachsenen Schlag auch einmal etwas anderes zeigen als die einschichtige, kitzlose Geiß. Tatsächlich sah ich sie wieder, gleich im ersten Licht, doch diesmal folgten ihr zwei Kitze. Hatte ich die beiden beim ersten Anblick übersehen? Durchaus möglich.

Aller guten Dinge sind drei, sagt man, und an diesem vorletzten Morgen am Berg sah ich den dritten Bock. Er stand, wie erhofft, drüben im Gegenhang, zeigte frei Haupt, Träger und Blatt, trat dann sogar ganz aus den schütteren Erlen hervor und äugte ruhig hinüber zu der Geiß mit ihren beiden Kitzen, die ihn ebenso gelassen zur Kenntnis nahmen und weiterästen. Die Sonne war nun ganz aufgegangen, kam schon handbreit über den Grat, den Wind hätte ich mir nicht besser wünschen können und den Bock nicht ruhiger. Er verhielt, äugte immer noch arglos hinüber zur Geiß und ließ mir Zeit.

Natürlich ging mein Puls beschleunigter, die Halsschlagader klopfte, aber ich bezwang das Flattern meiner Hände und strich das Fernglas an dem Bergstock an, den ich vor mir in den Boden gerammt hatte. Da war er nun, mein dritter Bock, auf den ich so lange gewartet hatte, und er machte es mir ganz leicht. So sehr auch das Entfernungsschätzen über eine schmale Schlucht hinweg das freie Auge zu täuschen vermag, waren es dennoch keinesfalls mehr

als 100 Meter, eher weniger, neunzig vielleicht. Meine ersten beiden Böcke hatte ich auf deutlich größere Entfernungen erlegt. So nah wie dieser hier war mir keiner gekommen. Aber von Schießen durfte noch keine Rede sein.
Der Bock stand im Sonnenschein auf einer kleinen Blöße, wie aus Stein gehauen, und regte sich nicht. Seine Lichter waren dunkel wie Kohle, die Lauscher aufmerksam angespannt und unbeweglich, und dazwischen ein mäßig starkes Sechsergeweih, wenig über lauscherhoch, aber mit deutlich auf genau gleicher Höhe angesetzten Vorder- und Hinterenden: ein Kreuzbock. Rosen waren nicht zu erkennen.
Ich zwang mich, wegzuschauen von der Trophäe. Schau nicht aufs Geweih, schau auf den Bock. Schau ihm ins Gesicht und aufs Gestell. Die Stimme meines Lehrprinzen klang mir in den Ohren. Das Gebäude? Durchschnittlich wie die Trophäe. Nicht massig, nicht abgekommen. Durchschnittlich eben. Die Farbe? Verwaschen rotbraun. Nicht grellrot oder semmelgelb, auch nicht fahl. Der Schatten eines Strauchs verdeckte ihn halb. Wo ihn der Schatten traf, war er rehbraun, in der Sonne viel mehr rötlich. Das Gesicht? Mürrisch oder jugendlich, stupsnäsig-jung oder ältlich-hager? Mir erschien es einförmig grau. Jetzt – o Himmel, bleib doch stehen! – tat er drei Gänge und stand voll im Sonnenlicht. Das Wunder geschah: Aus Grau wurde schlagartig Bunt. Natürlich, da war die markante Zeichnung um die Lichter, da war jetzt auch der Muffelfleck über dem Äser. Keine strahlende Laterne mehr, aber doch deutlich erst im Verlaufen begriffen.
Und die vielen Worte fielen mir ein: Was sich da so unbefangen am hellichten Tag mittenhin stellt zu den anderen Rehen, Freund, die braven Sechser bei Geiß und Kitz sind fast ausnahmslos zwei- bis dreijährige Böcke. Meist die größten Sündenböcke.
Mir stand der Schweiß auf der Stirn, als ich das Glas absetzte. Einen wenn auch nur durchschnittlichen Dreijährigen zu schießen – nein, das durfte ich meinem Jagdherrn nicht antun.
Der Bock zog schließlich langsam fort, ohne daß ich auch nur eine Sekunde mit der Hand nach der Büchse gezuckt hätte, und es tat mir nicht einmal leid. Enttäuschung habe ich auch in meinem ganzen späteren Leben immer nur dann empfunden, wenn ich selbst mir irgend etwas aus Leichtsinn oder Unüberlegtheit vermurkst hatte, nie, wenn ich aus Überzeugung ein Stück pardonieren mußte.
Ich wanderte zur Hütte, frühstückte und fand dann in der Brennholzkiste eine alte Zeitung zum Feuermachen und im erkalteten Herd ein Stückchen Holzkohle, denn Papier und Bleistift gab es nicht hier droben. Ich zeichnete mit der Holzkohle das Gehörn auf die Druckerschwärze, groß, grob, kunstlos, aber deutlich: die Stangenhöhe im Verhältnis zu den Lauschern, die beiden Kreuzsprossen in gleicher Höhe, und bei den Rosen, die ich nur andeutete, machte ich ein Fragezeichen hin. Darunter schrieb ich, so gut man eben mit einem splitternden Stückchen Holzkohle schreiben kann, das Datum und: »Dreijährig?«
Als ich mich drunten im Jägerhaus von Toni und seiner Frau verabschiedete,

schenkte ich ihm das großformatige Zeitungsblatt mit dem zeitgenössischen Kunstwerk, nicht Öl, nicht Leinwand, sondern nur Holzkohle auf zerknittertem Rotationspapier. Er betrachtete es, zuckte die Achseln und meinte, das Gehörn allein sage nichts aus. Das war mir nicht neu.

Die Zeit der Hirschbrunft verbrachte ich in der Stadt am Schreibtisch, von lästigem Papierkram umgeben, doch ein paar Wochen später war ich wieder im Revier. Wir saßen in der Küche am Tisch vor der gemütlichen Eckbank, und nach dem Begrüßungsschluck brachte Toni mein Gemälde und legte es vor mich hin. Dann ging er in die Stube und holte das Original.

Die Zeichnung war mir nicht übel geraten. Eine Verwechslung war ausgeschlossen. Ja, das war meine Nummer drei. Toni hatte den Bock kurz vor Torschluß erlegt. Nun zeigte er mir auch noch die Unterkiefer: beidseitig stark, sehr stark abgeschliffen, Malmplatten statt Kauflächen. Der »Dreijährige« war ein Greis gewesen, acht bis zehn Jahre alt, vielleicht sogar mehr. Genauer sollte man sich nicht festlegen, das tun nicht einmal die allerweisesten Trophäenbewerter. Und nichts von allem hatte gestimmt: Das Haupt, sagte Toni, sei eisgrau gewesen, nicht bunt, vom Äser hinauf bis zu den schwächlichen Rosen. Durchaus keine Dachrosen. Kein Muffelfleck.

Die Sonne bringt es an den Tag. Aber oft verdunkelt sie auch vieles. Sie ist eine große Gauklerin. Sie zaubert milde Reflexe auf eisgraue Häupter, spiegelt im Spiel von Licht und Schatten hier den Muffelfleck hin, dorthin die bunte Maske um die Lichter. Ich hatte keine ausreichende Erfahrung damals, aber diese eine Erfahrung habe ich an jenem Morgen dazugewonnen fürs ganze Leben: Freunde, denkt auch an die Sonne, wenn ihr von alten Lehrweisheiten sprecht. Vergeßt die Sonne nicht!

Alles gelogen!

Nun schweigt einmal still, ihr blutigen Anfänger in der hohen Kunst des Jägerlateins, ihr viel zu schüchternen Prahlhänse am sonntäglichen Wirtshaustisch, ihr Möchtegern-Mini-Münchhausens, des großartigen Lügenbarons talentlose, mißratene Nachkommenschaft – nun schweigt einmal ausnahmsweise still und laßt einen echten Fachmann zu Wort und Papier kommen, mich, einen altbackenen Lateinprofessor, denn jetzt bin ich es, der euch einmal einen ordentlichen Bären aufbinden will. Ich werde euch Märchen erzählen, daß euch die Augen nur so übergehen, und womit beginnen wir? Natürlich mit dem Hirsch, denn der Hirsch ist – oder war, muß man bald bedauernd sagen – der König des Waldes. Das ist ein wunderbarer Beiname, und jeder, der je einen Hirsch (als Jäger:) in Anblick hatte oder (als sonstiger Mensch:) gesehen hat, wird das bestätigen. Befürchtungen und Gerüchte, der Hirsch befände sich bereits auf der jagdlichen Intensivstation und sei in zwei oder drei Jahrzehnten nur mehr präpariert in Dioramen und Museen oder bei lebendigem Leib nur mehr in Tierparks zu besichtigen, sind in unseren Zeiten des gewinnorientierten Konsumdenkens leider nicht völlig von der Hand zu weisen. Denn das, was der Hirsch braucht, nämlich ruhige, artgerechte Einstände, und das, was maßlos ausufernde Freizeitindustrie, Fremdenverkehr und Politiker brauchen, nämlich umsatzversprechende, extreme Landschaftsübernutzung und stimmzettelwillige, zufriedene Geschäftemacher – das paßt nun einmal gar nicht so recht zusammen. Bei solcher Konstellation kommt der Hirsch (und manch anderes Wild) zwangsläufig bald zur Strecke, auch ohne die schußgeilen blutrünstigen Jäger, ganz ohne Pulver und Blei.

In jener grauen Vorzeit aber, in der unser erstes Märchen spielt, gab es noch Hirsche, darunter sogar hin und wieder recht absonderliche. Ein solcher Sonderling und ein fürwitziges Jungjägerlein sind die Hauptpersonen der folgenden faustdicken Lügengeschichte.

Es war einmal – so beginnen alle wahren und alle verlogenen Märchen – ein Jungjägerlein, dem war am Abend zuvor in der einsamen Jagdhütte hoch droben auf der Alm der Höllteufel begegnet. Ganz teuflisch hatte er eine lange Feuerzunge aus dem rostigen, schiefstehenden Eisenherd heraus und dem vor sich hin dösenden Jungjäger, der in die Flammen starrte, fast mitten ins Gesicht gestreckt. Kann sein, daß es auch nur ein Kienscheit war, das da so heftig explodierte und krachte, aber unser Jüngling erschrak gar mächtig, flüsterte mit blassen Lippen: »Oh, mein Gott!«, erweckte Reu' und Leid und faßte die besten Vorsätze. Als selbstauferlegte Buße verzichtete er fürs erste freiwillig auf die sechste Henkeltasse heißer Rumsuppe – was er Tee nannte

–, begnügte sich mit der fünften und begab sich zum erholsamen Schlaf nach nebenan, in die fensterlose Kammer, aufs muffige, stets feuchte Matratzenlager, wo man sich unter dicken Pferdedecken einigermaßen nur dann wohlfühlen konnte, wenn man sich vorher mit Übung und Erfahrung die genau notwendige Bettschwere angeeignet hatte. Aber daß ihm schon nach der fünften großen Henkeltasse der Teufel begegnen würde – wer hätte das gedacht! Er mußte sich wohl in der Dosierung, im Mischungsverhältnis von Quellwasser, Teeblättern, Zucker und Rum ein wenig vergriffen haben.
Dementsprechend übel gelaunt wachte er noch lang vor Tag auf, griff sich stöhnend an den schmerzenden Kopf, beschloß aber tapfer, die Morgenpirsch nicht zu versäumen, besonders deshalb, weil er bisher noch nie einen Hirsch geschossen, einen solchen aber gestern abend, noch vor der Teufelserscheinung, tief unten im Erlengraben mächtig röhren gehört hatte. Zwar fürchtete er sich vor der ersten Begegnung mit einem Hirsch, denn er ahnte dumpf, daß seine Ansprechkenntnisse gerade dazu reichten, Schmalspießer und Kronensechzehner auseinanderzuhalten, aber da es irgendwann einmal ja doch sein würde müssen, dieses erste Zusammentreffen, verpackte er sich in seine warme Jacke (5. Oktober, droben hoch am Berg), schnappte seinen grünen Hut und den vom Vater ererbten Repetierer vom Haken, begab sich hinaus in die Finsternis, talpte einen vom Rindvieh ausgetretenen schlammigen Steig entlang, klapperte des öfteren grell und klirrend mit der Eisenspitze seines Bergstocks gegen Stein und Bein, vertrat sich alles, hockte sich schließlich hin auf einen kleinen Bodensitz, erwartete die Morgendämmerung und schlief ein.
Der Höllteufel im schiefen Eisenherd hätte jetzt gern wieder einmal gelacht und höhnend seine brandrote Zunge herausgestreckt, aber er konnte nicht mehr so richtig lachen, weil das Feuer natürlich längst erloschen und noch nicht zur Morgensuppe wieder fröhlich entfacht war.
Als unser Jungjägerlein erwachte, lachte anstatt des Höllteufels die Sonne. Er reckte und streckte sich, und das Bodensitzchen, mit morschen Brettern flüchtig hingebaut an den ziemlich steilen Hang, brach mit lautem Krach unter ihm zusammen. Fluchend hob er seinen Hosenboden von der Mutter Erde, klopfte sich laut den Dreck ab, schob mit den derben Bergschuhen die Holztrümmer beiseite, um den der Länge nach hingepolterten Repetierer an sich heranangeln zu können, und bei dieser jagdlich-nützlichen Beschäftigung blickte er zufällig auch einmal nach oben. Dort gab es für gewöhnlich nichts zu sehen außer ruppiges Almgras und Heidekraut, durchwachsen von ordentlichen Felsbrocken – wie der geräucherte schneeweiße Bauernspeck von dunklen, köstlichen Fleischadern. Aber jetzt, weil ja der Höllteufel mit im Spiel war, stand dort droben wie eine Fata Morgana ein Mordstrumm von Hirsch und äugte tatsächlich neugierig herunter. Der Jungjäger äugte hinauf und brachte langsam, langsam die Büchse an sich. Der Schweiß brach ihm aus bei dieser Tätigkeit, aber das lag an den Nerven und nicht an der Hitze des Oktobermorgens, obwohl es die Sonne jetzt recht gut meinte und die Bergflanke ordentlich aufwärmte, so daß der Aufwind spürbar hinauf-

strich zu dem Hirsch, der das aber überhaupt nicht übelnahm, sondern nach wie vor mit schönster Gelassenheit zu unserem Jüngling herunteräugte. Was der wohl machen würde.
Schon allein daran muß der Fachmann doch merken, daß es sich bei dieser Erzählung, ganz wie angekündigt, nur um schreckliches Latein handeln kann.
Das Jägerlein griff nach der Brust, nicht etwa um andächtig das Kreuz zu schlagen, sondern um den Hirsch einmal durchs Fernglas anzusprechen, wie es sich gehört. Da lachte der Ofenteufel aber doch wieder ganz fürchterlich, auch ohne daß ihm eingeheizt worden wäre, denn das Fernglas hing noch in der Hütte am Haken. Was blieb dem jungen Nimrod anderes übrig, als sich der Länge nach an den Hang zu werfen und den Hirsch durchs Zielfernrohr anzusprechen? (Der – Huberto sei Dank! – das alles in größter Ruhe aushielt. Die spöttischen Waidkameraden behaupteten später, der glückliche Erleger müsse die Witterung eines auf ganz besondere Art brunftigen Tiers um sich verstreut haben, und forderten die Preisgabe des bisher geheimgehaltenen Mischungsverhältnisses von Quellwasser, Teeblättern, Zucker und Rum.)
Wie dem auch sei, sehr weit war es nicht bis dort hinauf, vielleicht 150 Schritt, und der Hirsch stellte sich nun brav breit und wandte das Haupt, um seine Enden zählen zu lassen. Auf diese kurze Entfernung ging das auch mit dem Zielfernrohr recht ordentlich, denn ein unüberschaubarer Endenwald war es wirklich nicht, im ganzen waren acht zu sehen, dazu schwache Stangen bei insgesamt massigem Wildkörper, und so wußte auch unser junger Freund trotz unzureichender Erfahrung, daß ihm der Jagdherr nicht den Kopf abreißen würde, und er sah den großen Augenblick immer näher an sich heranrücken. Am liebsten hätte er ihn hinausgeschoben, so lange es ging, aber dann besann er sich auf seine mit Erfolg abgelegte Jägerprüfung, bezwang den tobenden Puls und die flatternden Hände, stemmte sich mit den Zehenspitzen im kargen Erdreich fest, denn er drohte ständig abzurutschen in seiner unbequemen Lage, doch schließlich fand das Fadenkreuz ins Leben, ein bißchen tief mußte er anfassen, weil es so steil hinaufging, und dann ließ er fliegen.
Den Hirsch schien es zu stören, denn er machte kehrt und wollte in seiner Fährte zurück. Der junge Jäger war verblüfft. Er hatte nichts anderes im Kopf als hundert Erzählungen in verschiedenen Jagdzeitschriften und unzählige glaubhafte Berichte seines Lehrprinzen, und in solch klassischer Situation erwartete er tatsächlich nichts anderes, als daß der Hirsch nun allen Ernstes im Feuer zusammenbrechen und er selbst ihm mit ergriffenem Herzen die Totenwacht halten müsse, bevor er sich an die für ihn noch schwierige rote Arbeit machte. Nämlich: Wo anfangen? An der Drossel oder am Schloß? Aber vielleicht hatte der Jagdaufseher Wastl drunten im Tal den Schuß gehört und kam, um ihm zu helfen. Hoffentlich.
Die Verblüffung über das regelwidrige Verhalten des Hirsches schlug dann um in rasche Reaktion. Ein Langsamer war er nicht, und so fädelte er das so

willig dargebotene Ziel nochmals ein ins Glas, in der – gar nicht so weit von der Hand zu weisenden – Annahme, er habe glatt »gfahlt«, wie der Wastl sagen würde. (Was mit vor Schreck »fahler« Gesichtsfarbe nichts zu tun hat, sondern berglerisch soviel wie »gefehlt« heißt, also schlicht vorbeigeschossen.) Nun, dachte er völlig richtig, dann eben ein zweites Mal, und er wurde auch diesen zweiten Schuß auf ordentliche Weise los.
Auf beiden Seiten wuchs das Mißvergnügen. Unser junger Freund war maßlos enttäuscht, repetierte aber dennoch wieder durch, und der Hirsch nahm wahr, daß es auch in dieser Richtung weh tat, und folgerichtig kehrte er langsam nochmals um, in die ursprüngliche Richtung. Er stand wieder breit und empfing die jetzt schon zornig abgefeuerte dritte Kugel des Jünglings, der nun aber für sich beschloß, die Büchse in den nächstbesten tiefen Brunnen zu werfen. Doch es stimmte alles an dem Jüngling und an der Büchse, nach dem dritten Schuß endlich kam der Hirsch den steilen Hang herunter, bemühte sich noch vergeblich, den Jäger totzufallen, verfehlte ihn aber um einige Meter und verendete schließlich in einer kleinen, knapp hirschgroßen Geländemulde, aus der ihn heraus- und auf den Almsteig zu ziehen den Jungjäger noch viel Schweiß und Mühe kostete, bis schließlich doch der Wastl gelaufen kam und sich ganz groß wunderte. Alle drei Schuß hatte er im Leben, der Hirsch, aber der Ofenteufel hatte dem Jungjäger eben wieder einmal mit merkwürdigen und unglaubwürdigen Teufeleien eins auswischen wollen. Doch der und der Wastl brachen den Hirsch auf und schleppten ihn zunächst einmal bis zur Hütte, und dann kochten sie Rumsuppe zum Tottrinken und wischten schadenfroh dem Ofenteufel eins aus. Aber gründlich...

Es war einmal ein alterfahrener Jäger, weiße Haare und zähes Gebein, der hatte ein Saurevier gepachtet, das ihm im Lauf der Zeit nicht nur viele Sauen, sondern auch viele Sorgen eintrug. Nach einigen (meist selbstverschuldeten) üblen Erfahrungen mit dem 7-mm-Kaliber wurde er, weiß Gott von welchem gerade modernen Guru, zu der wirklich nicht immer zutreffenden Heilslehre überredet, daß es bei stärkeren Sauen einzig und allein auf Auftreffenergie und Geschoßgewicht ankäme, und deshalb ließ er sich – ein ganz armer Hund war er ja gerade nicht – in Ferlach nach eigenen Wunschvorstellungen eine 9,3er Bockdoppelbüchse bauen, aus welcher er das 19 Gramm schwere Brenneke TUG verschoß. Das haute natürlich gewaltig hin bei den ziemlich seltenen wirklich groben Sauen, aber die Fluchtstrecken bei den weit häufigeren Frischlingen und Überläufern wurden deswegen auch nicht kürzer. Was ihn schrecklich ärgerte. Und als ich ihm schließlich meine eigene Heilslehre verkündete, daß nämlich zum Saujagern sich nichts besser eignet als ein zwar grobkalibriger, aber möglichst billiger Repetierer mit möglichst teurem Glas und der besten, teuersten Montage, da wurde er wild und besah mich wochenlang nicht mehr. Bis er dann eines Morgens bei mir vorgefahren kam, einen Knopfbock aus dem Kofferraum seines Wagens holte, ihn ziemlich verärgert auf den sauberen Zementboden meiner Garage fallen ließ und ohne jeden gesellschaftlichen Benimm brüsk ein Schnäpschen forderte. Und gleich ein zweites.

»Du machst mir den frisch gefegten Zementboden schweißig«, sagte ich.

»Kein Tropfen Schweiß«, knurrte er übellaunig.

Na schön, ich sehe schon, ich muß die ganze verlogene Lateinlektion der Reihe nach erzählen. Folgendes hatte sich am vorherigen Abend ereignet. So lateinerte er. Aber ich wußte doch, welchen Märchenerzähler ich vor mir hatte, und glaubte ihm aus alter Erfahrung kein Wort.

Er hatte die Absicht gehabt, sich mittendrin im Wald anzusetzen, wo eine bequeme, ganzjährig taugliche Kanzel in der Nähe einer gut überschaubaren Lichtung stand, und auf dieser Lichtung hatte er schon so manchen Schwarzkittel abgefangen, bevor sich dieser auf die Äcker hinausschob, um dort säuisch über das sauer erarbeitete Hab und Gut der Bauern herzufallen. Er war aber recht früh dran, hatte noch genügend Zeit, denn es begann kaum zu dämmern, und so schlenderte er, die sündteure Doppelbüchse auf dem Buckel und die Hände dahinter verschränkt, gemütlich den Waldrand entlang und sah nach, ob die Salzlecken noch genügend bestückt waren. Und wie das Leben eben so spielt, trat keine hundert Schritt weit von ihm bei gutem Wind ein Reh aus und begann sofort und sorglos in der Wiese zu äsen.

Glas hoch: Es war der mickrige semmelgelbe Knopfbock, der seltsame Jährling mit der Schlauheit eines alten Griesgrams, der ihn schon den ganzen Sommer über zum Narren gehabt hatte. Wie oft hatte er schon versucht, ihn zu strecken – immer vergeblich. Entweder es kam der Bock nicht, oder es kam irgend etwas anderes, etwas Unerwünschtes: ein jäher Windstoß ins Genick, ein tuckernder Traktor am Waldrand, ein Pilzsucher schon am frühesten Morgen oder ein lauthals turtelndes Pärchen am spätesten Abend – irgendwas war immer los gewesen. Dem Jährling war es gut bekommen, dem Jäger aber hatte es nur Verdruß bereitet.

Nun aber sah plötzlich alles ganz anders aus. Meist ist es ja so, daß man das Waidmannsheil nicht herbeizwingen kann. Man muß nur den Nerv haben, möglichst unschuldig dreinzuschauen und dem Jagderfolg nicht im letzten Augenblick noch eine eigene Dummheit in den Weg zu legen, wenn Diana und Fortuna sich ausnahmsweise heute und jetzt darüber einig sind, dem armen Würstchen dort drunten bei den Irdischen einmal ein bißchen etwas zukommen zu lassen. Sehr oft sind sie sich ja nicht einig. Na ja, wie Frauen eben. Beispiele sind auch in jüngeren Prozeßakten zahlreich nachzulesen. Wenn aber einer aus seiner eigenen Bekanntschaft keine Beispiele anzuführen wüßte, dann wird er hiemit auf die Sagen des klassischen Altertums verwiesen. Dort wird er reiche Beute an Präzedenzfällen finden, wie uneinig – und boshaft! – Göttinnen manchmal sein können.

Also: Unser Freund frohlockte und vergaß fürs erste die Sauen tief drinnen im Wald. Seine Chancen waren gut und die des Bockes denkbar schlecht. Er befand sich im Schatten einer großen Überhältereiche am Rand des lückigen Bestandes, und der Bock stand draußen im letzten Licht der untergehenden Sonne auf der Wiese. Er brauchte nur leise zwei Schritte seitwärts zu treten, um am Stamm der Eiche anstreichen zu können, und der Bock stand ruhig und breit. Er war ein ausgezeichneter Schütze, und der Bock bot ein sicheres Ziel. Die Karten waren ungerecht verteilt, diesmal aber für den Bock. Den ganzen Sommer hatte der Grünrock kaum einen Trumpf in der Hand gehabt, und jetzt auf einmal war Diana hold und zeigte ihre rosenroten lächelnden Wangen wie ein schüchterner Backfisch. »Na, probier's doch!« flüsterte sie ihm mit sinnlicher Stimme ins Ohr. »Hab keine Furcht. Ich bin keine so verrufene launische Schlampe, wie man es mir nachsagt. Ich lenke deine Kugel sorgsam ins Ziel!«

So oder ähnlich muß es gewesen sein. Der Jäger glaubte dem verführerischen Sirenengesang, trat die zwei Schritte seitwärts, verschmolz geradezu mit dem Baum, suchte besten Kontakt, strich weich an, den dicken Daumen zwischen Stamm und Vorderschaft, und da war er auch schon im Glas, der Bock, und das Fadenkreuz wies ruhig und sicher aufs Blatt. Der Mann wußte aus alter Erfahrung, worauf man sich einläßt, wenn man mit Kanonen auf Spatzen schießt, und deshalb fuhr er noch um eine knappe Handbreit weiter nach hinten, aber nur ja nicht zu tief hinein ins Grüne, dachte er noch, und dann ließ er ganz locker den Schuß kommen.

Es lag nicht an der Doppelbüchse, nein. Die schoß wie Gift. (Eine dumme Redensart, übrigens. Hat einer schon je Gift schießen gesehen?) So einen Haufen Geld gekostet zu haben und nichts wert sein, nein, das geht doch nicht. Solche Lügen zu verbreiten, das brächte mir das gesamte Anwaltskonsortium der Büchsenmacherzunft an den Hals, die noch immer, trotz modernster maschineller Ausstattung, das Handwerkliche lobt, hervorhebt und oft genug auch tatsächlich noch übt und pflegt. Die Büchse war in Ordnung, und der Mann dahinter war es im Regelfall auch, ein alter Routinier. Doch ist es nun einmal so eingerichtet, daß auch die alten Routiniers nur Menschen sind und hin und wieder eine schwache Stunde haben. Das dürfen sie, das ist ihr gutes Recht als Mensch, sonst wären sie widerliche Über-Menschen. Aber was man von einem überdurchschnittlichen Schützen auch in seiner allerschwächsten Stunde erwarten darf, ist doch, daß er nicht muckt und zumindest genau weiß, wo er abgekommen ist, ja sogar, daß er ansagen kann, wo der Treffer zu finden sein wird, wenn das Werkzeug verläßlich war und das Klavier nicht verstimmt.

Der Bock warf auf, ohne anderweitig zu zeichnen, und unser Saujäger stieß einen häßlichen Fluch zwischen seinen gelben Raucherzähnen hervor, besser gesagt, es war kein gotteslästerlicher Fluch, sondern nur eine herkömmliche Redensart, ein bekanntes klassisches Zitat, eine unwirsche Aufforderung, doch es war niemand in der Nähe, der ihr sofort und auf der Stelle hätte nachkommen können. Sein Staunen war tatsächlich groß. Er hatte eben wirklich wieder einmal, seit langem, seine ihm zustehende schwache Stunde gehabt und war schlecht abgekommen. Das wußte er genau. Er hatte den Schuß ein wenig seitlich verzogen, die Höhe stimmte aufs Haar, aber noch zitterte das kaum spannenstarke Fichtchen am Waldrand, links von dem Knopfbock, der etwa zwei Meter weiter hinten in der Wiese stand.

Der Saujäger mit dem Donnerrohr besann sich auf seinen zweiten Schuß, versuchte seinen Ärger zu verdrängen und begann den Knopfbock wieder anzuvisieren, der sich auch durch den Lärm nicht hatte weiter stören lassen. Doch in diesem Augenblick fiel das Böckchen um und war »maustothin«, wie es einer meiner nüchtern und schonungslos formulierenden Waidkameraden aus dem Gamsgebirg oft zu bezeichnen pflegte, was, in die korrekte Waidmannssprache übersetzt, soviel wie »verendet« bedeutet.
Das Bäumchen war durchschossen, aber der Rehbock hatte nichts drauf, gar nichts. Und das ist die Krönung dieser verdammten Lügengeschichte: Er war am Schreck dahingeschieden.

Als dem schlimmen Baron Münchhausen das Blei ausgegangen war, verfeuerte er ganz einfach seinen Ladestock mitten hinein in ein Schof Enten, und siehe da, der in aller Eile zugespitzte Ladestock spießte ihrer sechs oder sieben auf und fiel mit reicher Beute wieder herunter.
Die letzte Lüge, die ich euch nun auftischen will, habe ich mit viel Mühe selbst erfunden. Hier geht es zwar nicht um so reiche Beute, wie der alte Münchhausen sie hatte, aber doch um höchst unerwartete, ja ungewollte!
Ähnlich wie unser eben geschildeter großkalibriger Richtkanonier ging auch ich die Salzlecken revidieren, aber es war nicht zur bei allen Jägern so beliebten Bockzeit, sondern im krähenintensiven Monat Februar, und daher hatte ich auch nur den Salzbeutel bei mir und für alle Fälle eine alte, schon ziemlich rostige Flinte. (Denn Salz macht Rost, merk's, Jäger!) Der Hund war natürlich auch mit dabei, aber Hunde dürfen in echten Münchhauseniaden nur Nebenrollen spielen. Hunde sind jagdliche Realität des Alltags. Ohne sie läuft nichts, gar nichts. Man sollte sie nicht zum Lügen benützen. (Aber hört euch nur einmal alle die Lügen an, wenn ein paar Hundeführer beisammensitzen und sich gegenseitig hochstylen in ihrer Begeisterung über die Fähigkeiten und Heldentaten ihrer Kumpel mit dem haarigen Gesicht. Doch das nur ganz nebenbei, ich hab's ja nur erwähnt, weil wir gerade vom Lügen reden.)
Wir beide gingen also die Salzlecken nachsehen. Der Hund kannte sie genauso gut wie ich, und wenn ich einmal zum Spaß weitermarschierte und so tat, als hätte ich eine übersehen, setzte er sich wie zum Protest auf seine Keulen, wartete, bis ich zurückblickte, und sah mich dann vorwurfsvoll an. Ach ja, waren das Zeiten mit meiner alten Kurzhaarhündin Arca.
Wir stiefelten den Waldrand entlang, Arca bei Fuß, und als ich um eine vorspringende Ecke bog – sprang ich blitzschnell, damals war ich noch jung und schnell, wieder zurück in Deckung hinter einen dicken Baum. Auf Handzeichen sank der Hund zusammen, und ich lugte wieder vorsichtig hinter dem Stamm hervor. Auf der moorigen Waldwiese, die wie eine große Bucht in den Bestand vordrang, sah ich im hohen, wintergelben Riedgras etwas auf- und niederflattern, immer an derselben Stelle. Im leichten Tagesfernglas ließ es sich erkennen: eine Nebelkrähe. Die Sache wurde interessant, doch war der Versuch, sich am Waldrand auf Schrotschußentfernung an die Krähe heran-

zupirschen, aussichtslos und keinen einzigen müden Schritt wert. Man mußte anders vorgehen. Hier drinnen im Bestand gab es ganz in der Nähe einen schmalen Weg, der an der Stirnseite der Waldwiese mündete, und wenn man einmal gut bis dorthin gelangt war, mochte es sich dann ausgehen für einen halbwegs verläßlichen Schrotschuß – vorausgesetzt, die Krähe hielt so lange aus in ihrer merkwürdigen Beschäftigung des Auf- und Niederflatterns.
Wir zogen uns vorsichtig vom Waldrand zurück, erreichten den Steig und kamen zügig und geräuschlos voran, denn auch hier drinnen war es ein wenig moorig und feucht, selbst bei sommerlicher Dürre knackte hier kaum ein Ästchen, das lag an der Gegend mit ihrem anerkannt ekelhaft-feuchtkalten Klima. (Aber Böcke! Und damals noch Hirsche! Verzeiht mir den elegischen Ausrutscher, das Herz geht mir über. Fast drei Jahrzehnte habe ich dort droben im rauhen Nordwald gejagt, und nichts ist geblieben als Erinnerung und ein bißchen Rheumatismus...)
Etwa dreißig Schritt vor der Wiese, als ich das winterfahle Gras schon durch den Bestand leuchten sah, legte ich den Hund ab und pirschte allein weiter. Bald sah ich, daß die Nebelkrähe noch da war. Sie war so beschäftigt mit ihrem unermüdlichen Auf und Nieder, daß sie keines ihrer beiden sonst so mißtrauischen, aufmerksamen Augen für ihre Umgebung übrig hatte. Die in ihrer Sippe so unübliche Sorglosigkeit wurde ihr zum Verhängnis. Der Schuß fiel, und das Geflatter hatte ein Ende. Ich ging hin zum Anschuß, wenn man das auch beim Schrotschuß so nennen will, und fand, was ich, wie weiland Münchhausen mit dem Ladestock, mit einem einzigen Schuß alles erlegt hatte: zunächst einmal die Krähe; dann ein Eichhörnchen, dem sie eben noch

auf- und niederflatternd mit dem mächtigen Schnabel den Garaus gemacht hatte, und schließlich ein paar Schritte dahinter, genau im Längenbereich der Schrotgarbe, einen zwar noch schwingenschlagenden, aber tödlich getroffenen Birkhahn-Schneider. (Damals gab's den Kleinen Hahn bei uns noch in gutem Besatz. Heute ist auch er, mit Ausnahme weniger Reviere in den höheren Lagen, nur mehr ein Stück Erinnerung. Eine von all den vielen.)

Nun habe ich alter Mann euch jungen Leuten die Hucke vollgelogen mit Geschichten aus lange vergangener Zeit, die ihr natürlich nicht glauben müßt. Ich habe mich bemüht, sie aus den Fingern zu saugen und sie dennoch möglichst glaubwürdig zu gestalten, denn bekanntlich ist einem Jäger ja nichts mehr zuwider, als für einen Aufschneider oder Lateiner gehalten zu werden. Trotz aller Mühe, das Unglaubliche hervorzukehren und ins rechte Licht zu rücken, haben die drei Geschichten einen großen Fehler, den sich der unvergeßliche Lügenbaron Münchhausen sicher nicht gestattet hätte: Sie sind nämlich, so unglaubwürdig sie auch scheinen mögen, fast aufs Wort genau wahr. Kann sein, daß hier oder dort erzählerische Freiheit ein schmückendes Beiwerk sich erlaubte, doch in der Kernsubstanz, im splitternackten Endergebnis, sind sie wahr. Und deshalb verdienen sie auch eine kurzgefaßte Erläuterung:

Der neugierige Hirsch, der alles aushielt: Die Suche nach einem brunftigen Tier und die Brunfthärte nach den drei Treffern erklären manches, aber natürlich bei weitem nicht alles. Die Natur läßt sich nicht immer und überall in die Karten schauen, wie manche verhaltensforschende Damen und Herren in weißen Kitteln und mit Goldrandbrille es zu können glauben. (Doch die meisten, die einsichtsvollsten von ihnen geben zu, daß sie – gemeinsam mit uns Jägern – erst ganz am Beginn ihrer noch sehr jungen Wissenschaft stehen.)

Der Knopfbock, der am Schreck verstarb: Wir haben ihn in meiner frisch gefegten Garage mit größter Aufmerksamkeit bis ins kleinste seziert: Die fehlgegangene gewaltige Kugel hatte den dünnen Baum durchschlagen, aber ein wenige Millimeter langer Mantelsplitter war abgelenkt worden und drang dem seitlich dahinter stehenden Böckchen durch den Stich in Lunge und Herz.

Der ungewollte Birkhahn: Daß er sich so sehr in der Nähe der Krähe befand, ist wohl nur darauf zurückzuführen, daß beide wußten, daß sie einander nicht gefährlich werden konnten. Es war ganz einfach ein Zufall gewesen. Und darüber hinaus: Gerade hier, bei dieser mit Absicht an letzter Stelle erzählten himmelschreienden Lüge, für diesen und die beiden anderen Fälle und für tausend andere Unerklärbarkeiten gilt der alte Jägerspruch: »Es gibt wohl nichts bei der Jagd, was es nicht gibt.« Den Begriff »Jägerlatein« haben in vergangenen Zeiten gewiß nur die Nichtjäger geprägt, weil sie ganz einfach nicht glauben wollten, was es alles gibt da draußen in unserer grünen Welt...

Auf dem Schinderkarren

Noch ein paar Tage, und die Jagdzeit auf den Rehbock neigte sich ihrem Ende zu. Es war kein gutes Jahr gewesen, nichts hatte gelingen wollen. Nicht einmal in der Brunft. Es gibt Jahre, da geht ganz einfach alles in die Hose.

Nichts hatte so richtig gepaßt. Das Wetter nicht, die Böcke nicht, es hatte nicht sein wollen. Im September dann, endlich, schien die Sternstunde ganz nah und greifbar zu sein. Das Wetter war gut, leichter Nieselregen, doch ein Kanzeldach über dem Kopf, und draußen stand, keine hundert Meter weit im übersichtlichen steilen Kahlschlag, braunrot noch, doch mit grauem Haupt, einer jener Böcke, die ich mir den ganzen Sommer über gewünscht hatte. Nicht kapital, aber gut. Und vor allem nicht zu jung. Da war ich mir sicher. Und weil ich so sicher war, schon zufrieden aufatmend nach all den vergeblichen Ansitzen, schoß ich prompt daneben. Fort war er, zeigte sich erst anderntags wieder, aber viel zu weit, dreihundert Meter weit, wie zur Bestätigung, daß ich ihm keine Granne gekrümmt hatte. Und dann sah ihn keiner mehr, keiner von uns, die in diesem Revier jagen gingen.

Man sollte sich selbst immer ein bißchen mißtrauen. Die Überheblichkeit, das unbedingte Gewißsein, führt zur Fehleinschätzung des eigenen Ich und damit auch zu manchen Fehlleistungen. Das Grübeln hinterher und die tagelangen Selbstvorwürfe bringen wenig.

Ende September dann hatte ich den Gams geschossen, und das war mehr als nur ein Trostpflaster, aber noch nie in all den Jahren war ich ohne Rehbock aus diesem Mittelgebirgsrevier nach Hause gefahren. Doch diesmal sah es ganz danach aus. Also die wenigen Tage noch nützen und hart dranbleiben.

Ich stand auf der Holzbrücke, die immer so dumpf mit den Bohlen rumpelte, wenn ein Wagen drüber fuhr, hin zu dem kleinen Hotel, und sah den Forellen zu, die stoisch im rasch fließenden Wasser standen, das Maul flußauf, mit Flossen und Schwanz allein dem Wasserdruck standhaltend, gegensteuernd, und ich fragte mich, wie sie das wohl machten. Ein Mensch könnte das nicht. Der würde unrettbar fort- und mitgerissen, und wäre er auch ein noch so guter Schwimmer. Meine Stimmung war mißlich, fast depressiv, und ich dachte daran, meinen Urlaub abzubrechen und nach Hause zu fahren. Doch in schlechter Stimmung gefaßte Entschlüsse taugen nichts, drum verwarf ich den Gedanken.

Aus dem Haus drangen Stimmen: Othmars Stimme, der einen Lehrling rügte, Marias Stimme, die in der Küche Anordnungen für das Abendessen traf. Im großen und ganzen ging es noch ruhig zu im Haus. Der Sommer war zu Ende, und der Schiwinter hatte noch nicht begonnen. Eine englische Reisegesellschaft war da, ältere Leute allesamt, sie hatten ihre Zimmer im ersten Stock. Dann gab es noch zwei pechschwarze junge Leute aus Nigeria. Keiner wußte, wie und warum in aller Welt es die beiden hierher in die Berge verschlagen hatte. Sie wohnten wie ich droben in einem billigen Mansardenzimmer, waren freundlich, lachten den ganzen Tag und liebten einander die ganze Nacht. Ich hörte es, wenn ich in aller Frühe zur Morgenpirsch aufstand und mich leise die an manchen Stellen knarrende Holztreppe hinabschlich.

Othmar kam aus dem Haus, schlenderte her zu mir, lehnte sich mit dem Rücken an das Brückengeländer und starrte hinauf in den Himmel. Er sah den aufziehenden Nebel und meinen wenig begeisterten Blick. »Droben«, meinte er, »ist es wahrscheinlich besser.« Er lachte. »Oder noch schlechter. Wer kann das wissen.«

»Und da heißt es immer«, sagte ich, »die Einheimischen können das Wetter gut vorhersagen. Nicht einmal die im Fernsehen können es, mit all ihren Computern, Satelliten und weltweiten Meßstationen können sie es nicht...«

»Nimm den Jeep«, riet er mir und gab mir den Schlüssel.

Ich mußte auf etwa 1.400 Meter hinauf. Ja, dort droben konnte der Nebel schwächer sein, aber auch dichter. Und das Angebot, den Jeep zu nehmen statt meiner Asphaltkutsche, war auch nicht so schlecht. Denn heute hatte ich kaum eine Wahl, der Wind schrieb mir den Revierteil vor, in den ich fahren mußte, und dort waren die Wege steil und miserabel. Ich holte das jagdliche Werkzeug aus meinem Kofferraum und lud es um. Dann, nach einigem Überlegen, auch noch den Schlafsack.

»Du willst doch nicht etwa droben bleiben?« fragte Othmar zweifelnd. »Morgen früh gibt's deftige Minusgrade.« Er sah mich an. »Auf den Steigersteig also?«

Denn wir vereinbaren immer genau, wo es hingeht, wenn einer von uns allein auf den Berg fährt. Das ist wichtig. Oft genug fahren wir freilich zu zweit. Da ist es geselliger.

Wie der Steigersteig zu seinem Namen gekommen war – keiner weiß es heute mehr. Die wuchtige Bergflanke hieß seit Menschengedenken so.

»Ja«, sagte ich. »Auf das Bodensitzchen am Steigersteig. Der Wind müßte heute von der Ritterburg herwärts mir genau ins Gesicht kommen...«

»Na dann!« Er zuckte die Achseln. »Letzthin war ein Schmaltier dort. Ganz allein. Aber das ist vierzehn Tage her. Wer weiß, wo es jetzt herumkriecht...«

»Zieht!« sagte ich tadelnd und zog die Stirne kraus. Er lachte wieder. »Hau ab!« sagte er. »Viel Vergnügen und Waidmannsheil!« Ich winkte ihm zu und fuhr los. »Licht aufdrehen!« schrie er mir nach. Ja richtig, der Nebel. Wo war nur der Lichtschalter in dem mir nicht sehr vertrauten Wagen? Aha, hier. Auf der Asphaltstraße kamen mir einige Fahrzeuge entgegen, alle mit Licht. Die Reifen summten ein eintöniges Lied. Doch nicht lange. Ich mußte wieder runter von der Hauptverkehrsstraße, wieder auf einer Bohlenbrücke über den erlenumsäumten Forellenbach, und dann ging es über leidliche Wirtschaftswege, die hin zu den Einschichthöfen führten und zu den sich weithin erstreckenden Viehweiden. Dahinter aber, je höher ich kam, verfielen die Wege zu Traktorgleisen, gerade noch zumutbar dem Jeep, völlig undenkbar für meinen Pkw.

Ohne den Jeep hätte ich hier anhalten und den Rest des Weges, Höhenunterschied knapp dreihundert Meter, zu Fuß ansteigen müssen. Dreihundert Meter nur, das schreibt und liest sich wie ein Nichts. In Wirklichkeit ist es eine arge Schinderei, wenn man sich auf dem dürftigen Pirschsteig fast in der Fallinie den steilen Berghang emporquälen muß. Sogar der Forstweg, der nun begann, brauchte zweiunddreißig Spitzkehren zur Bewältigung.

So, und nun gib ihm den Geländegang und ordentlich Pfeffer aufs Brot. Zweiunddreißigmal kurbeln wie verrückt, und drei oder vier der Kurven waren so eng, daß man mittendrin auch noch zurücksetzen und neu einschlagen mußte. Es wurde mir ordentlich warm dabei. Hinunterschauen verboten. Gerade in den engsten Kehren sah man, wie steil der Bergwald war. Sieh doch lieber geradeaus und konzentriere dich aufs Fahren. Stürmisch war es in der letzten Nacht, und vielleicht ist ein Baum quer über den Weg gefallen. Das war alles schon da, daß du um die Kurve rudertest und auf die Bremse springen mußtest, gerade dort, wo du gern am Gas geblieben wärest...

Die Sicht war nun gar nicht so schlecht, und ich schaltete das Licht wieder aus. Hob sich der Nebel wirklich, je höher man kam? Zum Fahren reichte es vollkommen, und Gegenverkehr war kaum zu befürchten. Die dreißigste, einunddreißigste, jetzt die zweiunddreißigste und letzte Spitzkehre. Dann schwang der Weg weit nach draußen und schmiegte sich geradeaus in die Flanke des mächtigen Bergklotzes. Und das bedeutete: Wenn ich mir im weiteren Umkreis der Ritterburg noch einige jagdliche Chancen bewahren wollte, mußten Motordröhnen und Benzingestank nun ein Ende haben. Nur zu Fuß ging es weiter.

Ich reversierte den Wagen mit der Schnauze bergab in eine Baumlücke und stieg aus. Wetterfleck, Büchse und Fernglas. Den Schlafsack? Zum Ansitzen war er gedacht gewesen, tief hinein mit den Bergschuhen und dann heraufgezogen bis zu den Hüften, das alte Ding, das hält warm. Aber hier droben war es bei weitem nicht so kalt, wie ich vermutet hatte, und die zwei Stunden bis zum allerletzten Büchsenlicht wollte ich doch wohl noch ohne Schlafsack aushalten. Gut also. Ich ließ ihn im Auto. Der Bergstock war auf dem Dach aus grobem Segelleinen festgeschnallt. Den konnte ich freilich nicht missen. Tür zu? Nein, lieber leise sein und offen lassen. Nichts ist im Wagen, was noch zu stehlen lohnte. Schlüssel abziehen? Wozu, der drückt nur in der Hosentasche. Hier droben klaut keiner den alten Jeep. Hier am Berg ist die Welt noch einigermaßen in Ordnung. Alles ist viel stiller und friedlicher als im Tal.

So, jetzt ging es dahin. Ein paar Schritte – verdammt, die Taschenlampe! Nochmals zurück. Ohne die war nichts zu machen. Der Weg zurück zum Wagen bei Nacht, undenkbar ohne Taschenlampe. Vielleicht beim vollsten Mondschein, ja, aber der Mond war nicht da, in einer Woche etwa würde er wieder gut zu sehen sein – wenn die Herbstnebel ihn nicht fraßen und die Wolken ihn nicht verdeckten. In einer Woche bin ich längst wieder zu Hause, dachte ich. Vielleicht werde ich in einer Woche bei stark zunehmendem Mond bei mir daheim auf Sauen ansitzen...

Der Pirschsteig zweigte hier von der Forststraße ab und querte mitten im Hochholz mäßig ansteigend den Hang. Schritt für Schritt packte ich es an, ganz langsam und gemächlich. Das Gehen am Berg hatte ich von meinen Freunden lernen müssen, aber so richtig beherrschte ich es noch immer nicht. Es fehlte der natürliche Gleichklang zwischen Atmen und Schritt. Es war alles noch immer ein wenig gekünstelt, mit Zwang zum nicht ganz wohltönenden Akkord gebracht.

Die Gedanken glitten zurück zum Sommer. Da tanzten hier die Sonnenkringel im dunklen Bestand, wenn der Wind leise über die Wipfel strich, und das Blau des Himmels war unbeschreiblich gewesen, allmächtig sich ausspannend über dem breiten Trogtal. Heute spuckte der Wald die Feuchtigkeit aus wie ein vollgetränkter Schwamm. Nebelfetzen geisterten hinter den Stämmen hervor, nun stärker, dann wieder ein wenig schwächer, alles war zugedeckt vom einsamen Schweigen, gedämpft durch die Nebelwattepolster. Kein Vogelgezwitscher, keine Leitkuhglocke von den Weiden tief drunten war zu hören. Die Bergschuhe quatschten im klatschnassen Moos, glatte Wurzeln lagen tückisch bloß. Das war kein gutes Gehen heute. Der Bergstock half. Aber drehte man die Stahlspitze nach unten, klang es unvermeidbar hin und wieder hell auf verborgenem Stein, und nahm man sie nach oben – ich weiß nicht, ob es anderen Jägern auch so geht wie mir: Ich habe die Stahlspitze nicht gern bei jedem Schritt so nah vor den Augen...

Langsam ging ich mich warm. Die Wärme kam aus den Beinen und stieg über Hüften und Brust bis hinauf ins Gesicht, das von der Nebelluft gekühlt wurde. Wie es drunten im Tal bei Othmar wohl sein mochte? Hier war die Sicht noch immer recht gut. Die alte Hütte, dreißig Schritt abseits des Pirschsteigs, war in ihren Umrissen noch einwandfrei auszumachen. Die Hütte war so alt wie das Hochholz, denn sie stammte aus der Zeit, in der man hier kahlgeschlagen hatte. Nach dem Aufforsten wurde sie vergessen. Man hat sie nie mehr weggeräumt. Aber damals hatten zwei oder drei Forstarbeiter die ganze Sechstagewoche hier droben gehaust, »Holzknechte«, wie man auch heute in manchen Gegenden noch sagt. Es muß kein vergnügliches Hausen gewesen sein, kein bißchen Pfadfinderromantik war dabei, nur schwerste Arbeit bei jedem Wetter und eintönige Kost. Aber es blieb ihnen wohl nichts anderes übrig, denn damals hatte noch kaum einer ein Auto, und Forstwege gab es auch noch nicht so viele, so bequeme (und so umstrittene!) wie heute. Die Hütte war halb verfallen, das Dach undicht, und die Schwartlinge, die Schalbretter, mit denen man die rohen Außenwände vernagelt hatte, waren längst abgeplatzt und standen seitwärts fort wie Igelstacheln. Kein schöner Anblick. Nichts Anheimelndes, was mit dem Begriff »Jagdhütte« meist in Verbindung gebracht wird. Nur wer vom Unwetter überrascht wurde, suchte hier noch Zuflucht.

Noch dreihundert Meter etwa ging es weiter auf dem Pirschsteig, über rutschigen, nebelnassen Nadelgrund. Dann weitete sich der Bergwald zu einer großen Lichtung. Sanfter Wind wehte mir ins Gesicht. Auch hier war es nicht sehr nebelig, man sah gut achtzig Meter weit, und das war gar nicht so schlecht, es gab Schlimmeres. Ich pirschte zwischen den letzten Bäumen hindurch, spähte voraus durch das Glas, doch draußen auf der Lichtung war, auch beim Rundblick mit freiem Auge, nichts zu sehen außer Busch und wildwüchsiger Strauch und dünnes Sommergras, von ersten Frösten bereits gegilbt und geknickt. Schließlich querte ich langsam und leise die Lichtung und kam zu dem durch eine zwergwüchsige Erle gedeckten Bodensitzchen am Rand eines Abhangs, der steil und unbestockt hinunterführte bis zur Ritterburg und sich hinter ihr in einer öden Runse verlor. Im Sommer, nach einem der manchmal heftigen Berggewitter, sprang dort oft ein Wildbächlein ins Tal.

Und da saß ich nun, in den Wetterfleck gehüllt und den Repetierer neben mir an das Bänkchen gelehnt, und guckte manchmal nach rechts auf die Lichtung hinaus und manchmal nach links den steilen Hang hinunter, ob sich nicht irgendwo ein rotbrauner oder gar schon ergrauender Fleck zwischen dem schon herbstlich verwaschenen Grün herumtrieb, nichts trieb sich herum, nichts regte sich, und immer wieder glitt mein Blick bergab und entzündete sich meine Phantasie an den dort drunten phantastisch übereinandergetürmten Felsblöcken, die bei Sonnenlicht aussahen wie die Zinnen einer mittelalterlichen Ritterburg. Ein bißchen Vorstellungskraft gehörte natürlich auch mit dazu. Aber wenn man die besaß – sah die kantige Rinne dort nicht ganz nach Wall und Graben aus? Das Burgfräulein freilich, mit dem Schleier vom hohen Söller winkend, das fehlte...

Im Sommer, bei Sonnenlicht. Jaja. Jetzt aber, in den Nebelschleiern, hatte die Ritterburg alle romantischen Formen verloren. Sie war nur mehr naß glänzender Stein.

Wenn der Nebel nicht schlimmer wird, dachte ich, soll mir alles recht sein. Und der Wind muß so bleiben.

Eine Viertelstunde verging, eine zweite, nichts rührte sich, das freundliche Tal und das gemütliche kleine Hotel schienen in einer anderen Welt zu sein. Die Engländer saßen sicher beim Tee und plagten Othmar mit ihren Sonderwünschen, und die beiden Schwarzen saßen abseits in der Nische des Jägerstübchens mit den Trophäen an der Wand und hielten Händchen und lachten, oder sie waren gar schnell wieder einmal ins Zimmer hinaufgegangen und liebten einander.

Irgendwo droben in oder über den Wolken rief ein Kolkrabe mit weittragender Stimme »Rrrock...rrock«, und ein zweiter unsichtbarer Ruderer in den Lüften antwortete: »Roarkk...rark...« Dann war es wieder drückend still, und es wurde immer finsterer. Die Dämmerung fiel ein, nicht die Nebeldunkelheit, sondern die echte, doch auch die Nebelschwaden schienen in Bewegung zu geraten, denn die Felsen am abfallenden Hang waren manchmal verschleiert, dann wieder frei.

Und plötzlich war dort unten, ganz links neben der äußersten Zinne der Ritterburg, ein dunkler Fleck, der vorher nicht da gewesen war. Ich griff zum Glas. Mein Rehbock, auf den ich nun schon einen Sommer lang gewartet hatte? Nein, ein Reh war das nicht. »Letzthin war ein Schmaltier dort«, hatte Othmar gesagt. Aber auch ein Schmaltier war das nicht. Zu schwach. Und das Häuptchen paßte nicht dazu. Das Glas an den Augen, bat ich in Gedanken: Komm, na dreh dich schon. Laß dein Spiegelchen sehen. Und was immer es auch war, es hörte meine Gedanken und drehte sich. Noch reichte das Licht. Ein Wildkalb. Ganz allein.

Wirklich allein? Und wenn schon. So oder so. Ich hätte sofort schießen sollen, ob allein oder nicht. Aber der Gedanke, was das Wildkalb da drunten bei den Zinnen so einsam seine Fährte ziehen ließ und ob es etwa verwaist war, ließ mir keine Ruhe. In diesem Revier wurde nicht leichtfertig auf ein Hirschtier geschossen, bevor es nicht einwandfrei als »nicht führend« klassifiziert wurde. Aber es sind auch schon in den bestgeführten Revieren Fehlansprachen vorgekommen, da soll mir keiner sagen, bei ihm könne so etwas nicht passieren. Ich spürte, wie sich mein Puls beschleunigte. Wildkalb, dachte ich, Mann, laß dir Zeit, warte noch ein bißchen. Und ich starrte mit dem Glas in die Gegend, in die zunehmende Finsternis, und mit mehr Glück als Verstand sah ich drüben am Gegenhang das Tier auf einer winzigen Lichtung, wartend, mit aufgeworfenem Haupt sichernd und – wie mir schien – schon herüberäugend zu mir.

Nun aber schnell, jedoch mit langsamen Bewegungen. Die Büchse zur Wange, entsichern, einstechen. Der linke Ellbogen stützte sich auf das Knie. So mochte es gehen. Das Kalb hatte sich unterdessen sogar ein wenig genähert, stand jedoch spitz zu mir herauf, und der Schuß steil bergab war bei dieser Stellung nicht zu verantworten. Das Fadenkreuz wies auf den Stich, doch der Finger blieb lang. Die Sache gefiel mir gar nicht. Nur auf das linke Knie gestützt, schießt es sich nicht so ruhig und sicher wie daheim auf dem Schießstand mit eingespannter Büchse. Das kleinste Zittern, und ein häßlicher Laufschuß war vorprogrammiert. Das Warten sägte an meinem Nerv, und jenseits auf dem Gegenhang mahnte leise das Alttier.

Doch dann wandte sich das Kalb seitwärts und bot ein Stückchen Blatt hinter einem Strauch hervor. So ganz ideal war es noch nicht, aber – der Schuß war draußen.

Das Kalb ruckte, nein, die Kugel warf es nicht, mit krummem Rücken zog es rasch fort und verschwand hinter den dichten Stauden, ein paar Steinchen kollerten den Hang hinab in die Finsternis, denn dort unten in der Runse war es schon Nacht, und drüben am Gegenhang prasselte das abspringende Tier laut durch das Unterholz.

Ich zwang meinen Herzschlag zur Ruhe, versuchte es zumindest, wartete noch zehn Minuten, lauschte hinunter in den Graben, aber dort blieb alles totenstill. Dann packte ich zusammen und ging über die Lichtung zum Steig zurück. Morgen früh, dachte ich, komme ich wieder auf den Berg und steige hinunter in den steilen Graben. Und zwar mit der Dachsbracke. Das Kalb zu

finden konnte kein Mirakel sein. Wahrscheinlich war es schon im ersten Wundbett verendet.
Nun wies die Spitze des Bergstocks nach unten, ich ließ sie unbekümmert auf Fels und Steinen klimpern, denn was nun kam, war ärger als arg. Meine Stimmung war getrübt genug, jeder Jäger weiß, was in mir vorging, doch nun, zu allem Übel, verdichtete sich auch noch der Nebel, schlagartig wallte er auf mich zu wie eine Wand. Der Nadelstreuboden schien glatter geworden zu sein, gefährlicher, die Wurzeln und Unebenheiten auf dem Pirschsteig noch tückischer. Die Taschenlampe, ja. Aber was half der matte Strahl inmitten der Milchsuppe, die immer dicker wurde. Er reichte nicht einmal bis hin zu der alten Holzfällerhütte, an der ich schließlich vorbeikam. Und zum Wagen war es noch ein gutes Stück. Das Stolpern und Rutschen machte die Wangen heiß, obwohl es nun merklich kälter geworden war. »Morgen früh gibt's deftige Minusgrade«, hatte Othmar gesagt. Zwar kannte ich hier auf dem Steigersteig jeden Schritt, aber es war mir dennoch nicht recht wohl um die Mitte. Sich hier das Bein zu brechen und dann eine Nacht lang hilflos im Wald zu liegen – der Gedanke war nicht sehr erfreulich.
Aber ich zwang mich zur Ruhe. Nur keine Panik. Du kennst hier jeden Meter. Langsam ausschreiten und auf Sicherheit setzen, nichts wird passieren, gar nichts...
Der Bergstock war im undurchdringlichen Nebel zum Blindenstock geworden. Tapp, tapp. Weit konnte er ja nicht mehr sein, der Wagen. Da rechts mußte er irgendwo stehen, zwischen den Stämmen, die sich wie schwache, graue Pinselstriche eines Aquarells aus dem Weiß heraushoben. Und dann prallte ich fast mit der Nase darauf und begriff im gleichen Atemzug: Ins Tal zu fahren, zweiunddreißig Spitzkehren, erforderte schon bei Tag die ganze Aufmerksamkeit, bei Dunkelheit im Scheinwerferlicht war es jedesmal ein kleines Abenteuer, doch jetzt, im dichten Nebel, wäre es die reinste Wahnsinnstat gewesen. Mein Schicksal war vorgezeichnet. Mir stand eine Nacht in der verfallenen Holzknechthütte bevor. Der Gedanke ließ mich schaudern. Aber was half's.
Ich tappte um den Wagen herum, mehr ein Greifen war es als ein Sehen, riß die Tür auf und suchte im Schein der immer schwächer blinzelnden Taschenfunzel den Schlafsack hervor. Als wärmender Fußsack beim Ansitz war er gedacht gewesen, doch dann hatte ich ihn nicht gebraucht. Nun sollte er seine Dienste leisten. Zwischen dem Reserverad und den Putzlumpen fand ich schließlich noch Othmars »letzte Reserve«, wie er es nannte. Das Fläschchen konnte mir guttun.
Und nun zurück zur Hütte. Es war wie ein Seiltanz durchs Ungewisse, für einen Ortsunkundigen, der den Steig verlor, sogar lebensgefährlich, denn drinnen im Holz gab es einige steile Abbrüche. Zweimal rutschte ich aus und fiel hin. Wärst du nicht besser im Wagen geblieben, die Nacht so schlecht und recht verdösend, denn Liegesitze hatte die alte Karre nicht? Wäre und wenn. Kann sein oder auch nicht. Hinterher ist alles leicht gesagt, weiß man alles besser. Aber da war ich nun einmal schon bei der Hütte, riß die Bretter-

tür auf, und sie fiel gleich aus ihren rostigen Angeln und zerbarst stürzend in Stücke. Es dröhnte dumpf durch den Nebel.

Eine lange Nacht stand mir bevor in Kälte und Nässe auf fauligem Stroh in einem baufälligen Bett, aus Brettern roh zusammengenagelt. Ob ich der erste war seit Holzknechtszeiten? Sicher nicht. So mancher mochte sich in den vergangenen Jahrzehnten hier schon verkrochen haben, aber auch dadurch war das Bett nicht besser geworden und das Stroh nicht frischer. Die Mäuse quietschten darin. Ich richtete mich ein, legte den Schlafsack zurecht, und nun gab die Taschenlampe endgültig den Geist auf. Nur die Bergschuhe ausziehen, und in den Kleidern hinein. Den Wetterfleck außen drübergebreitet. Verflucht, wo war die Flasche? Nochmals raus aus dem Sack, die Finger griffen sie endlich auf der uralten Kiste, die einst als Tisch gedient hatte. Nun durfte sie mit mir schlafen gehen, die Flasche. Ich öffnete den Schraubverschluß. Der Schlafsack war warm und der Schnaps war stark, sie beide würden mich schon über die Runden bringen.

Da kamen die Erinnerungen, und ich dachte an die vielen Nächte, die wir unter viel schlimmeren Umständen im Dreck verbrachten, aber damals war ich jung gewesen, jung und kräftig, jung und beinahe unbekümmert, und man hatte in den Tag hinein gelebt und, wenn's sein mußte, auch im Straßengraben gut geschlafen. Damals hatten wir nicht gejagt, sondern waren oft die Gejagten gewesen. Einmal wir, einmal die anderen.

Ich nuckelte an der Flasche, immer wieder, es wurde mir bald wohlig warm, und ich erinnerte mich an das verlassene, halb niedergebrannte Dorf, in das wir nachts eingezogen waren wie ich hier in diese noble »Jagdhütte«. Mit Mann und Roß und Wagen. Licht durfte nicht gemacht werden, nur Finsternis und Stille konnten das Leben retten. Die Pferde bekamen ihr Heu, das auch schon knapp war, und die Männer schnitten ihre Konserven auf und fraßen den Inhalt kalt mit dem Löffel heraus. Linsen mit ein paar Brocken Fleisch. Dann warf sich jeder todmüde hin, wo er gerade stand. Ich war zufällig in eine Art Halle geraten, es mochte auch ein offener Schuppen gewesen sein, viel Gerät stand da drin, und wenn man nicht aufpaßte, stieß man sich im Dunkeln die Schienbeine wund. Ich fiel auf irgend etwas hin, das ich für einen alten Tisch hielt, einen Tisch auf Rädern, seltsam, und er fühlte sich fettig an und stank. Aber ich schlief vor Erschöpfung herrlich im Vergleich zu denen, die in den Häusern ohne Dach im Regen sich wälzten, ohne Schlafsäcke, denn die hatten wir nicht. Am Morgen sah ich im ersten grauen Licht, daß der Tisch auf Rädern ein Schinderkarren gewesen war, Transportfahrzeug des Abdeckers, darauf getrocknetes Blut, Fett, Fellreste, Verwesung. Der schauerliche Geruch verließ mich wochenlang nicht, er hing fest in meiner Uniform und kam allnächtlich wieder, wenn der Körper sich erwärmte, denn wir legten zwar Hunderte von Kilometern zurück, kamen aber an keiner einzigen chemischen Reinigung vorbei, die noch in Betrieb gewesen wäre...

Was soll's also. Da war der Strohsack hier ja noch voll Wohlgeruch. Komm, Flasche.

Mein Zähneklappern weckte mich, und die Flasche drückte gegen meine Rippen. Es war noch ein Restchen drin. Ich schielte aus dem Schlafsack heraus und dann auf die Leuchtziffern der Uhr. In einer halben Stunde würde es dämmern. Kaum zu glauben: Ich hatte die Nacht durchgeschlafen. Mit beachtlicher Nachhilfe zwar, aber Kopfschmerzen waren nicht angesagt. Othmar trank nichts Schlechtes, nur unverfälschte Naturprodukte.

Vor der Hütte erwartete mich die große Überraschung: Der Nebel war fortgeblasen, und es war sehr kalt geworden. Die Bäume, der Unterwuchs, der Pirschsteig – alles dick bereift. Winterliches Weiß verzauberte den Wald.

Der Anblick war schön, die Erinnerung an den gestrigen Tag aber schlecht. Zweifel fielen mich an. Nun also sofort hinunter um den Hund. Wie beschlossen. Oder selbst Hund sein, mit miserabler Nase, ohne Zweifel, aber mit einigen Erfahrungen?

Ich rief mir die Schußzeichen wieder in Erinnerung: das Rucken, den krummen Rücken, das Steinchenrollen bis hinunter in den Graben. Vermutlich Leber, Ausschuß weich. Zeit war mehr als genug vergangen. Gut also. Wie schnell der Mensch doch seine Entschlüsse ändert: Zuerst werde ich es allein versuchen, aber nur bis zum Anschuß. Wer Leberschweiß findet, hat auch das Stück. Eine alte Weisheit. Aber trau einer heutzutage den alten Weisheiten. Und wenn ich keinen Leberschweiß finde, sofort hinunter um den Hund. Basta, keine Widerrede.

Auf dem Steig knirschte jeder Schritt. Der angefrorene Reif war laut. Undenkbar, daß gestern der Nebel so undurchdringlich gewesen war. Der Himmel zeigte sich klar, ein rotgoldener Saum über dem Kamm des Bergrückens kündigte die Sonne an. Jetzt war ich auf der Lichtung, dann beim Bodensitzchen. Ich setzte mich hin, ganz so wie gestern. Beim nun bald hellen Tageslicht sah natürlich alles wieder ganz anders aus. Aber ich wußte die Stelle genau, an der das Wildkalb gestanden war. Ganz links, neben der letzten Zinne unserer Ritterburg.

Der Weg hinunter war glatt und ohne Bergstock ausgeschlossen zu bewältigen. Reif auf steilem Stein. Dann war ich am Anschuß. Hier stand das Stück: zwischen Fels und Gesträuch. Es gab keinen Irrtum. Genau hier.

Kein Schweiß. Die schußbereite Büchse wurde immer schwerer in den Händen, während die Blicke rundum kreisten. Kein Schweiß. Der Puls klopfte im Hals. Kein Schweiß. Hier drunten im Graben war es windig und kalt, aber mir war heiß. Vom Klettern, von der sich anbahnenden groben Enttäuschung. Kein Schweiß. Das gibt's doch nicht. Alles gibt's, alles. Wenn die Hexen ihren Besen vor die Laufmündung halten, ist alles möglich.

Ich kniete hin, ließ nochmals die Blicke schweifen, in weiterem Umkreis nun. Und dann die jäh aufflammende Freude. Ja, hier, dunkle Flecken auf gilbendem Kurzgras! Genauen Hinsehens hatte es bedurft: fast fingerdick lagen silberweiße Reifsternchen auf rotem Grund. Ich wischte mit der Hand behutsam die kunstvollen Sterne hinweg. Darunter Schweiß: dick, dunkel, grießig. Leberschweiß. Und dort, und dort, abwärts ging's, und dort schon wieder, bis hinunter zum Bachbett in der Runse.

Es wurde eine üble Schinderei. Zweieinhalb Stunden dauerte es, bis ich das Kalb versorgt und hinauf über den glatten Steilhang und schließlich den Pirschsteig entlang zum Wagen gebracht hatte. Als ich mich endlich in den Fahrersitz fallen lassen konnte, war ich zu erschöpft, um sofort loszufahren. Ich ließ mich über das Lenkrad sinken und tankte dösend Kraft. Und so wurde es später Vormittag, bis ich drunten im Tal über die Bohlenbrücke polterte und auf den Parkplatz des kleinen Hotels fuhr. Othmar sei unterwegs, rief mir Maria aus dem Küchenfenster zu. Einen Schlüssel zur Wildbretkammer besaß ich nicht, und so hängte ich das Kalb fürs erste in die Garage. Durchgefroren, übernächtig – mir stand der Sinn nur nach einem heißen Grog und dann nach einem heißen Bad. Den Grog brachte mir Maria in die Küche, weil ich mich in meinem Zustand nicht in der Gaststube sehen lassen wollte. Maria machte dieser Zustand nichts aus. Sie wußte, wie Jäger manchmal aussehen, wenn sie vom Berg herunterkommen. Aber auf dem Weg zur Treppe mit dem handgeschnitzt verzierten Geländer mußte ich am Frühstückszimmer vorbei, und dort drinnen saßen hinter offener Flügeltür ein paar verspätete Engländer, Krawattengäste, feine, gutangezogene Leute, und eine alte, weißhaarige Dame ließ erschrocken den Kaffeelöffel fallen, machte runde Augen, als sie mich sah, mich, den Unhold, noch dazu ein Schießgewehr auf der Schulter. Sie murmelte »Shocking!« und wandte sich ab.

Ich beeilte mich, ihr aus den Augen zu kommen, denn ich wußte, wie ich aussah: Verdreckt von Kopf bis Fuß, Ringe unter den Augen wie ein Wüstling, schweißige Hände. Rübezahl in grünem Loden.

Auf der Treppe nach oben in den zweiten Stock mit den billigeren Mansardenzimmern kamen mir die beiden Schwarzen entgegen, lachend, kichernd, er hatte seinen Arm um ihren Hals gelegt und seine Hand in ihrem Ausschnitt, und beide grüßten sie von weitem unbefangen »Hey!« und strahlten mich an mit ihren weißen Zähnen, und wir drückten uns auf der engen Treppe aneinander vorbei. Ich stank sicher wie ein Iltis, sie müßten es gemerkt haben, aber sie rügten mich nicht mit ihren Blicken. Sie waren zu verliebt, um irgend etwas zu bemerken oder gar zu rügen.

Nun aber rasch ins Zimmer und in die Wanne. Ich faßte einen Beschluß: Nach dem Bad, wenn du wieder ein warmblütiger Mensch geworden bist, beginnst du sofort damit, dich über dein Waidmannsheil zu freuen.

Hühnerjagd für Anfänger

Rebhuhnjagd! Ist es heute überhaupt noch sinnvoll, darüber zu schreiben? Hat uns das Geschehen draußen in den einst guten Hühnerrevieren nicht schon eingeholt, gar überholt? Man muß ja nicht gleich die »goldenen« dreißiger Jahre zum Vergleich heranziehen, in denen zwar die allerletzten Überbleibsel der Dreifelderwirtschaft verschwanden, die damalige Landschaft und Landwirtschaft aber immer noch Kleinkerfe und Sämereien im Übermaß anbot für das Rebhuhn. Damals gingen wir als Treiberbuben, und jeder von uns hatte »seinen« Jäger, dessen Wünsche wir ihm von den Augen abzulesen versuchten und dessen Hühner wir trugen. Am Abend gab es als Dank und Entgelt mit Sicherheit einen Nickel in die schmutzige kleine Faust, dazu noch ein Paar Würstchen und eine giftgelb oder knallrot gefärbte Limonade, zu genießen in der Wirtsstube oder draußen in der offenen Scheune, wo ein Tisch für die lärmende Treiberschar bereitgestellt war, während die Herren Jäger im Honoratiorenzimmer der harten Pflicht des Schüsseltreibens nachkamen. Wir Kinder – eine Verwendung unmündiger Jagdhelfer ist heute vielenorts verboten – wurden um acht Uhr nach Hause geschickt. Bei den Gastjägern dauerte es manchmal länger, manchmal auch kürzer, je nachdem, welchen Zug einer erreichen wollte, um nach Hause zu kommen. Autos gab es noch so gut wie keine. Die einheimischen Grünröcke aber lebten ohne häßliche Zeitzwänge und sahen erst gar nicht nach der Uhr, rechneten wohl auch achselzuckend damit, von den erzürnten Gesponsinnen aus der Lasterhöhle »Zum silbernen Pfau« abgeholt und dorthin gebracht zu werden, wohin sie gehörten: ins eheliche Schlafgemach. Aber auch solche Schicksalsschläge mußten hingenommen werden, gehörten wohl auch mit dazu zu den sonnenbeglänzten beschaulichen Spätsommertagen von damals...

Nein, man muß nicht zurück in die dreißiger Jahre, die nur hinsichtlich des Niederwildbesatzes »goldene« waren. Man darf zu Vergleichszwecken ohne weiters zwei Jahrzehnte weiterspringen, in die fünfziger. Ich sehe noch einen meiner Jagdherrn vor mir, dessen nicht geringste und freilich auch sehr wichtige Sorge es war, zwischen Dorf und schußlärmiger Walstatt im Revier einen Ein-PS-Pendelverkehr einzurichten, mit dem die Hühner frisch vom Galgen waschkorbweise nach Hause gefahren wurden, wo eigens beauftragtes Personal peinlich darauf sah, daß auch kein einziges etwa nicht ausgehakelt war, bevor sie alle an langen Wäscheleinen im luftigen Geräteschuppen wieder aufgehängt wurden und auskühlen durften.

Das alles ist vorbei, ist Jagdgeschichte geworden. Daher auch die eingangs gestellte Frage, ob Erzählungen über Rebhuhnjagden heute nicht anachronistisch sind. Sie sind es nicht, meine ich. Ganz im Gegenteil. Alles, was erin-

nert und mahnt, soll festgehalten werden: als Beispiel dafür, daß nicht der Jäger mit seinen Hunderttausenden von erlegten Hühnern pro Jahr diese so genügsame und wetterharte Flugwildart an den Rand des Aussterbens gebracht hat. Wir konnten aus dem vollen schöpfen, ohne das Rebhuhn zu gefährden. Örtlich verfehlte Raumplanungen, Flurbereinigungen, Großfeldwirtschaft und deren Mechanisierung, das Wettrennen zwischen Mähdrescher und nachfolgendem Pflug aber haben ihm hart zugesetzt, und den Rest hat ihm die Chemie auf den Äckern gegeben. Ein schädlingsfreier Acker ist ein hühnerfreier Acker, und ein schon zwei Tage nach dem Mähdreschen gestürztes Feld hat keine Sämereien mehr zu bieten.
Festzustellen ist, daß es auch heute noch einige wenige Reviere mit relativ gutem Hühnerbesatz gibt, wo man sie maßvoll bejagen kann, sofern keine Vollschonung vorliegt. Auffälligerweise sind es nicht die einstigen Traumreviere, sondern sie liegen ganz in der Nähe der großen Ballungszentren, wo feldgärtnerisch die Gemüseversorgung der Großstädte erfolgt. Es gibt gute Antworten auf die Frage, warum das so ist, doch kann hier nicht näher darauf eingegangen werden. Dies soll ja eine Erzählung werden aus vergangener Zeit und keine wildbiologische Abhandlung.

Zu meiner allerersten Hühnerjagd kam ich wie die berühmte Jungfrau zum Kind. Es war genau um die Zeit, als wir die ärgsten Nachkriegssorgen vergessen hatten und wieder ganz groß die Jägerbrust hervorreckten.
»Komm am Sonntag Hühnerjagen«, sagte der Matthias zu meiner Verblüffung. Er war Bauer, ein alter Mann nach meinen Begriffen, denn seine Schläfen wurden schon ein bißchen grau, um sieben Ecken herum war ich verwandt mit ihm, und irgendwer mußte ihm gesteckt haben, daß ich nun schon meinen zweiten oder gar dritten Jagdschein mit mir herumschleppte und in den fernen Bergen einen Lehrprinzen und so etwas wie eine jagdliche Heimat gefunden hatte. Bei uns daheim durfte ich damals nur mit dem Fernglas spazierengehen, alles andere hat sich erst später langsam entwickelt und zusammengeredet. Die Wege des HERRN, der Jäger und der Jagdeinladungen sind eben manchmal ein wenig verzwickt.
Matthias hatte zu jener Zeit genau das Revier gepachtet, in dem ich auch heute noch jage, wenn ich gerade zu Hause bin und nicht woanders »zu Schaden gehe«, wie mich meine lieben Freunde hänseln. Wir haben auch heute noch zwei uns sehr anhängliche Ketten Hühner im Revier. Die eine liegt Jahr für Jahr beim Bahndamm, die andere gar nicht weit hinter den Hausgärten, nahe der Straße am Halterberg, der im Sommer gar kein Berg ist, nicht einmal zurückschalten muß man. Im Winter aber, wenn der Sturm pfeift und die Schneeverwehungen sich auftürmen, gehts dort, wenn überhaupt, mit dem Auto zum Füttern nur mehr gleich hinter dem Schneepflug, und eine halbe Stunde später schon wieder gar nicht mehr. Die Schneeverwehungen im Hochwinter sind das große Kreuz, das man als Jäger im Flach- oder Hügelland möglichst ohne Murren auf sich nehmen muß. Wir bejagen unsere beiden treuen Rebhuhnketten natürlich längst nicht mehr, aus freiem

Entschluß, dazu brauchen wir keine Vorschriften und Verordnungen, aber sie werden deshalb auch nicht mehr und nicht weniger.
Zu Matthias' Zeiten war ich jung und stolzer Besitzer einer damals in großen Stückzahlen importierten spanischen Flinte. Einer billigen. Ich hatte sie mir in großem Eifer zugelegt, mit dem blanken Vertrauen, daß ich vielleicht doch eines Tages zu einer Feldjagd eingeladen werden würde. Schließlich stammte ich aus dem Dorf, und die ansässigen Jäger, allesamt würdige alte Männer so um die vierzig, kannten mich alle. Doch es erging mir jahrelang so wie manch anderem jungen (wie auch älteren) Jäger, der sich voreilig finanziell übernimmt und hoffnungsfroh ein Schießeisen in den Schrank stellt.
Bis dann Matthias kam und sagte: »Komm am Sonntag Hühnerjagen.« Es war ein Ereignis.
Die Spanierin war brandneu und schoß wie Gift, was heißen will: verdammt eng, rechts knapp achtzig und links gar zweiundneunzig Trefferprozente auf der ans Scheunentor genagelten Schrot-Anschußscheibe mit dem flüchtenden armen Hasenteufel. Das mochte bei Feldjagden von Vorteil sein, wenn man nicht schlampig hinhielt. Bei der Hühnerjagd aber?
Es war zu Anfang September. Die Rüben waren noch draußen, die heute kaum einer mehr anbaut, weil der Silomais doch so viel praktischer ist, die Kartoffeln, und weithin dehnten sich die leeren Stoppeläcker, vom Pflug noch keine Spur. Sonntag war's, und um zehn Uhr vormittags war ich zur Stelle, wie befohlen. Die Sonne meinte es gut, brannte vom Himmel wie im Juli, und im Hausflur bei Matthias war es dunkel und kühl, kalt fast wie der Nasenschwamm seiner Deutschkurzhaarhündin Sita, die mich schwanzstummelwedelnd begrüßte und bewindete, ganz wie es sich gehörte, denn ich hatte doch eine Flinte auf der Schulter. Vielleicht vermutete sie deshalb, ich sei schon ein richtiger Jäger.
Matthias' Mitpächter im Dorf erzählten, es sei ein außergewöhnlich guter Vorstehhund. Ich selbst verstand noch nicht sehr viel von Hunden, gerade so viel eben, wie man den Lehrbüchern entnehmen konnte.
In der Küche mußte ich der Hausfrau meine Aufwartung machen und ein bißchen »niedersitzen«, wurde mit einem Trunk gelabt, halb Wasser, halb Wein, ein Speckbrot gab's dazu. Und dann langte sich Matthias meine Neue herunter, die ich gebrochen an den Kleiderhaken gehängt hatte. Die Falten auf seiner Stirn wanderten hinauf und wieder herunter. Er schüttelte den Kopf. »Triffst nicht ein einziges«, sagte er schwarzseherisch. »Ich leih dir die von meinem Vater. Wirst sehen«, nickte er, »wie schön das geht, am besten zu zweit mit einem Hund.«
Ich war bei weitem nicht so sicher wie er, wie schön das gehen würde...
Mein Herz klopfte. Meine erste Hühnerjagd. Wer's nicht von selbst begreift, dem kann man es auch nicht beschreiben. Welch eine Enttäuschung, als er mir meine Spanierin wegnahm. Dann holte er die verstaubte Flinte seines verewigten Vaters aus dem Schrank und vier Schachteln dazu passende Patronen mit dem damals noch durchwegs gängigen 65er-Lager. Nun, es war

nicht gerade eine Damastläufige von anno Schnee, und auch die Patronen waren schon nahezu rauchlos, »rauchschwach« nannte man sie, glaube ich. Aber immerhin, so neu wie meine Spanierin waren weder Flinte noch Patronen, und damals war ich noch in dem gefährlichen Alter, in dem man nur zu oft verleitet wird, »neu« gleichzusetzen mit »gut« oder gar »besser«. Später erst bin ich durch bittere Erfahrungen draufgekommen, daß nicht unbedingt gut ist, was wortreich empfohlen wird, und daß das Mißtrauen um so mehr steigen sollte, je mehr Worte an die Lobpreisung verschwendet werden. Und das gilt auf sehr vielen Gebieten.

»Also komm«, sagte Matthias, »wir gehen es an!« Auch er behängte sich mit seinem Werkzeug, ich verabschiedete mich von der Hausfrau und dankte für Speise und Trank, die Vorstehhündin sprang wie verrückt im Kreis um uns herum, als wir durch den Hof vors Tor gingen, und dann hörten wir gerade noch das Telefon im Hausflur klingeln und taten ganz so, als ginge uns das nichts an. Es ging Matthias aber eine ganze Menge an, denn seine Frau lief in den Hof heraus und beorderte ihn streng an den Apparat. Ich stand in der Hitze und wartete, auch der Hund wartete, stieß hin und wieder ein kurzes, ungeduldiges Winseln aus, und dann kam Matthias zurück: mit einem langen Gesicht.

»Ein Jammer«, sagte er. »Ich muß in die Stadt. Die Tochter hat sich den Fuß gebrochen und liegt im Krankenhaus. Geh du allein jagen!«

»Allein?« entsetzte ich mich. »Ich hab keinen Tau vom Hühnerjagen. Ich weiß mit Müh' und Not, wie sie aussehen...«

»Macht nichts!« sagte er. »Der Hund weiß alles. Mußt nur tun, was der Hund sagt.«

»Aber der wird doch nicht mit mir jagen wollen, ich kenn ihn doch kaum!« wehrte ich mich.

Matthias lächelte wie einer, der seiner Sache gewiß ist. »Sita«, sagte er und streichelte der Hündin den Kopf, »du gehst jetzt mit dem Erwin Rebhühner jagen. Da schau her, was der für eine schöne Flinte hat!« Und zu mir: »Leine brauchst du keine. Du hast den leichten Westwind, also marschierst du auf der Straße zwei Kilometer nach Osten hinters Dorf, gehst dann mit Sita schön langsam über die Äcker gegen den Wind und schießt ein paar Hühner. Nicht grad mitten hineinhalten in die Ketten, such dir die Randhühner aus – und das ist schon alles. Schau immer schön, was der Hund macht.«

Er schnitt mir die Widerrede ab. »Und am Nachmittag, so um zwei herum, gehst du hinunter zum Bach, damit der Hund nicht austrocknet, und dann kommst du im Bogen wieder zurück nach Hause, und die Fini« – seine Frau – »hebt dir was vom Mittagessen auf, und bis dorthin sind wir auch wieder zurück aus der Stadt, und dann trinken wir ein Bier oder zwei und du erzählst mir der Reihe nach alles...«

Damit ließ er mich stehen, brachte seine Flinte zurück ins Haus, und der Hund begriff sofort, was los war, weil ich die meine noch auf der Schulter hatte. Nicht etwa, daß ich nun das Sagen gehabt hätte, denn ich hatte nichts zu sagen, sondern er wußte, daß ich jetzt der Mittelpunkt war. Hoffentlich

hat der Hund nie herausbekommen, wie wenig ich damals vom Hühnerjagen verstand. Ich würde mich heute noch genieren vor ihm, wenn er noch lebte, doch ist dies leider weder der Fall noch nötig. Wenige Wochen nach unserer denkwürdigen Hühnerjagd, die mir unvergeßlich in die Seele geschrieben ist, erlag Sita unter abscheulichen Qualen einer nachbarlich-freundschaftlich vergifteten Knackwurst. Sie war einer der besten Hühnerhunde, die ich in meinem ganzen Jägerleben kennenlernen durfte.
Anfängerglück – das ist eine arge Wortsünde. In der Waidmannssprache gibt es weder Anfänger noch Glück, sondern nur Jungjäger und Waidmannsheil, das man eben hat oder nicht. Aber was ich damals an jenem Septembertag mit Sita erlebte – es ist kaum anders zu beschreiben als mit dem verpönten Wort »Glück«, das bekanntlich oft auch der Dumme hat. So weiß es das Sprichwort, und an jedem Sprichwort ist ein Fünkchen Wahrheit. Auch an dem dümmsten.
Was soll ich euch sagen! Der Hund und ich marschierten anderthalb oder zwei Kilometer hinters Dorf, die staubige Straße entlang, Sita hielt sich ohne Leine dicht an meiner linken Seite, und seit diesem Tag begreife ich, warum manche Hundeführer Flinte oder Büchse auf der rechten Schulter tragen. Sie sah hin und wieder zu mir auf, duftete mild nach Hund, und ich war auf irgendeine Weise seltsam glücklich, obwohl ich die nächsten Stunden beinahe fürchtete. Als ich meiner Meinung nach genug marschiert war, sprangen wir über den Straßengraben, hinein in die kleinflächig gegliederten Äcker und Raine, und begannen langsam gegen den Wind zu jagen, so wie ich es mir eben vorstellte, daß es gehen müßte. Ganz wohl war mir nicht in meiner Haut. »Schau immer schön, was der Hund macht«, hatte Matthias gesagt. Ich schaute, und der Hund machte. Aber Sita hatte offenbar andere Vorstellungen als ich, wie es gehen müßte. Den Fang hatte sie hoch, aber nicht so hoch wie ich den meinen, und da drunten bei ihr schien der Wind ganz anders zu gehen. Weiß Gott, ich hatte meinen eigenen Willen bald ganz aufgegeben. Ich sage es ganz offen: Der Hund war es, der jagen ging, und ich schoß nur.
Laßt es mich kurz machen: Es war ein unmenschlich heißer Tag, die Hühner hielten und hatten noch keine goldenen Federn, und das Gelände war ideal. Sita stand gelassen eine Kette nach der anderen vor, schielte zu mir zurück, als seien wir ein langjährig aufeinander eingespieltes Team, ich trat die Kette auf, so wie ich es im Lehrbuch gelesen hatte, beschoß nach Möglichkeit nur die Randhühner, hatte nach anderthalb Stunden einen Fünfundzwanziger-Gurt leer und beide Galgen voll – Experten und Optimisten nahmen damals immer zwei oder drei Galgen mit.
Ob es wirklich an der alten, fast offen gebohrten Flinte vom seligen Herrn Vater lag? Wahrscheinlich. Ich aber begriff es nicht und dachte nur: So einfach ist das Hühnerjagen? Wer hätte das gedacht!
Es hat an diesem einmaligen Tag ganz einfach so sein wollen. Den Seinen gibt's der Herr im Schlaf. Und damit macht er sie stolz und überheblich, um sie dann bei nächster Gelegenheit um so tiefer in Verzweiflung zu stürzen,

denn die liebe Hoffart ist was Grausiges. Erst gar bei der Jägerei. Aber hinter dem Busch sitzt die launische Diana und reibt sich die Hände. Was da alles noch auf dem Fuße folgen kann, das weiß nur sie, und nicht nur Hochmut kommt vor dem Fall, sondern auch die Selbstgewißheit, die Überzeugung von eigener Unfehlbarkeit.

Ich habe späterhin nie wieder so erfolgreich auf Hühner gejagt wie an diesem meinem allerersten Jagdtag in einem durchschnittlichen Hühnerrevier mit einer durchschnittlichen alten Flinte – als mich ein überdurchschnittlicher kluger Vorstehhund das Hühnerjagen lehrte. Sita wird mir unvergeßlich bleiben.

Wir gingen dann zum Bach hinunter, ganz wie von Matthias befohlen. Sita trank in langen, durstigen Zügen und machte ihre Nase wieder geschmeidig, während ich mich auf das hölzerne Brückchen setzte und die Beine baumeln ließ. Langsam kroch der Stolz in mir hoch. Was Matthias wohl sagen würde? Bald stand ich auf. Ich konnte es nicht mehr erwarten.

»Komm, Sita«, sagte ich, »wir haben noch ein paar Patronen, damit schießen wir noch ein paar Hühnchen, und dann gehen wir nach Hause, zum Matthias, zum Chef.«

Ich schlug querfeldein die Richtung ein, die mir am vernünftigsten erschien, wohl auch schon ein bißchen müde, doch Sita hatte anderes im Sinn, äugte mich wiederholt fragend an und folgte mir schließlich merklich unlustig, und wir gingen keine einzige Kette mehr auf an diesem Nachmittag, ganz unbegreiflich schien mir das damals, wie verhext, sie mußten alle drüben auf der Sonnenseite liegen, die wir nun verließen, um hintenherum ins Dorf zurückzukommen. Sita suchte flott und raumgreifend in hübschen Achterschlingen, aber es war ihr anzusehen, daß sie nur ihre Pflicht tat. Es war genauso, wie wenn ein alterfahrener Betriebsleiter zum eben von der Schule gekommenen Juniorchef sagt: »Na schön, ich tu's, aber bringen wird das nichts.«

Es brachte dann doch noch etwas: Kurz vor den ersten Scheunen hinter den Häusern – ich überlegte schon, ob die Fallschrote vielleicht auf das Kirchendach prasseln würden –, in einem noch nicht zu sehr wuchernden Rübenfeld, stand Sita wieder vor. »Braver Hund«, sagte ich, ein Hase ergriff sein Panier und flüchtete panisch, und Sita stand immer noch vor, schenkte dem Hasen keinen Blick. Da war also noch etwas, sieh einer an, und ich trat das Vögelchen heraus, ein einzelnes Rebhühnchen war es diesmal, und natürlich traf ich es, was denn sonst, und Sita brachte es mir, denn Federn sind schließlich Federn, und zum Suchen und Bringen war sie ja da.

Diana war nicht allzu lange hinter dem Busch gesessen und hatte sich hämisch die Hände gerieben. Denn diesmal gab's etwas zu beichten beim Jagdherrn: den noch geschonten Jungfasan.

Schade war's drum. Aber er war unwiderruflich tot. Weil ich an diesem einen, einzigen unvergeßlichen Tag unter Sitas Anleitung ein so großartiger und so dummer Schütze war wie niemals mehr danach...

Die Schlanke und die Dicke

Da kenne ich einen, der hat doch tatsächlich 32 Jagdwaffen in seinen fünf oder sechs Waffenschränken. Die sind über das ganze Haus verteilt, denn in seinem urgemütlichen Jägerstübchen ist eben nur Platz für einen einzigen Waffenschrank. Ein Sammler ist er, er sammelt und tauscht aus Leidenschaft, obwohl er sich selbst und vor allen Dingen seiner Frau einzureden versucht, er täte es nur zur Geldanlage.

Dann wieder kenne ich einen, der hat nur zwei Donnerstöcke, eine Büchse und eine Flinte, aber die sind im Dauereinsatz. Im Sommer wie im Winter liegen sie auf der rückwärtigen Sitzbank des uralten VW-Käfers, verstaubt, aber bissig, nicht besonders gepflegt, aber erstklassige Rohre, ein wenig zerkratzt, doch stets zur Hand und ihren Zweck erfüllend.

»Du mußt sie doch wenigstens zudecken«, sagte ich schon mehrmals zu ihm. »Verstecken. Man darf sie nicht sehen. Das ist Einladung zu Einbruch und Diebstahl! Leichtfertige Verwahrung. Weiß nicht, ob das der richtige Ausdruck dafür ist, bin kein Rechtsanwalt, aber irgendwo steht es sogar im Gesetz, oder? Du kannst eines Tages in Teufels Küche kommen.«

Dort möcht' ich nicht hin. Und ich persönlich gehöre, was die Jagdwaffen betrifft, weder zu den Sammlern noch zu den Anwärtern auf ein heißes Suppenabonnement in Teufels Küche bei Teufels Großmutter. Ich bin zeitlebens bei allem, was kracht, ein Dutzendmensch geblieben. Das hat sich schon im Krieg bewährt. Nur nicht auffallen, nur nicht zuviel Wirbel machen mit den Krachsachen.

Was nicht heißen soll, daß ich nicht auch Freude an schönen Jagdwaffen hätte, wenn ich sie mir leisten könnte. Aber ich habe immer vorrangig auf Zweckmäßigkeit und Qualität Wert gelegt, weniger auf Gravuren und Schaftverschneidungen und dergleichen, weil die machen wohl vielleicht das Kraut fett, wie man so sagt, lassen es aber nicht wachsen. Was heißen will: Gravuren und sonstige schöne, aber teure Spielchen machen die Kugel nicht gerade. Eine gerade Kugel schießen nur die Großen Fünf. Und zwar in Teamarbeit. Nummer eins ist der Schütze, der nicht muckt. Nummer zwei die Zieloptik, bei der nicht gespart werden sollte. Nummer drei die hoffentlich ebenso qualitätvolle Montage. Nummer vier und fünf schließlich sind der Lauf und der Schaft. Alle fünf gemeinsam bringen die Kugel ins Ziel. Fällt einer von ihnen aus, macht nur ein einziger Unsinn, ist auf die Dauer böser Ärger vorprogrammiert.

Das sind so meine aus Vernunft und langer Erfahrung geborenen Grundsätze. Aber Grundsätze wird man doch auch hin und wieder einmal brechen dürfen, wenn einem das alte Herz im Leibe schmilzt angesichts eines Markenrepetierers samt Markenglas und Markenmontage im Schaufenster des Büchsenmachers, noch dazu im Kaliber .30-06, das so harmonisch zu meinem Lieblingswild paßt, der schwarzen, ehrenwerten Nachtgesellschaft. Der vollgeschäftete Stutzen war aus gutem österreichischem Haus, das auch gleich bewährte Montagen mitliefert – nie wird der Name über meine Lippen kommen, wir machen hier ja keine Werbung! –, und auch das schon vormontierte Zielfernrohr stammte aus bester deutscher Firma. Das Wunderding sehen, und schon war ich krank im Herzen. Alle Vernunft, alle Erfahrungen waren tief in den Orkus gerutscht, in die Unterwelt des Vergessens. Zur heißen Suppe von Teufels Großmutter. Ich überwand mich, trat ein, ließ mir Vorzüge schildern – die ich samt gewissen kleinen Nachteilen natürlich schon alle kannte –, entschloß mich, der wilden Schweine wegen, auch noch für ein ziemlich schweres Geschoß einer berühmten Firma droben im hohen Norden, auch dieser Name wird mannhaft verschwiegen, und schon waren für die international zusammengestellte Jagdwaffe nur noch Unterschrift und Anzahlung zu leisten.

So schnell kann das gehen.

Ich konnte den nächsten Vollmond kaum erwarten. Meine bisherige Büchse war nicht ganz so internationaler Herkunft, aber trotz des ein wenig schwächeren Kalibers auch schon auf Schweine bestens bewährt. Sie blieb vergessen im Waffenschrank. So undankbar ist der Mensch. Das Neue ist des Altbewährten Feind. Das ist der Fluch, der auf den Waffensammlern und Waffentauschnarren ruht. Doch sie wollen es nicht anders. Auch ich besaß nun immerhin vier Gewehre. Wer hätte das gedacht. Mit meinem ersten Repetierer, einer kaum geführten, eher ungeliebten Kombinierten und der methusalemischen Schrotflinte aus Großvaters Zeiten, als man eben die »Hammerless« und damit das »non plus ultra« erfunden hatte, war ich gewiß gewesen, bis an mein hoffentlich fernes Lebensende auszukommen. Fehlschluß. Die Eitelkeit und Gier, nun auch noch ein echtes Schweinegewehr zu besitzen, hatte meine Überzeugung von spartanischer Genügsamkeit (im Waffenschrank) langsam, aber sicher unterhöhlt und zu Fall gebracht.

Die Strafe folgte auf dem Fuße, denn nicht ungestraft gibt man so alten Waidgefährten wie meiner 6,5 x 57 einen Tritt in den Hintern. Ich bin heute überzeugt, daß da Hexenwerk im Spiel ist und die beiden, die schlanke Allrounder-Büchse und die dicke, vollgeschäftete Schweinekanone, nächtens im kleinen Waffenschrank miteinander Übles raunen. Vielleicht erklären sie sich solidarisch, vielleicht bedauert die Dicke ihre schlanke, verstoßene Schrankkameradin, die doch auch schon Schweine in ansehnlicher Zahl streckte und der man daher gerechterweise nichts nachsagen konnte. Vielleicht rät sie ihr, beim nächsten Mal ordentlich danebenzulangen, dorthin, wo bekanntermaßen viel Luft und Platz drumherum ist – wer weiß. Ob die wenig geführte Kombinierte bei diesen nächtlichen Gesprächen mitzureden hatte, ob sie ihren Senf dazugeben durfte, weiß ich nicht. Aber irgend etwas muß es gegeben haben, worin sie mich nicht einweihten, denn – nun ja, immer schön der Reihe nach.

Der Vollmond nahte, ungeduldig herbeigesehnt, mit von Nacht zu Nacht silbrigeren Wölkchen. Untertags zeigte sich der Oktober in allen seinen prächtigen Farben, wärmte die Sonne zum letzten Mal vor dem Winterschlaf, den sie nun bald antreten würde, allem Getier Balg, Decke oder Schwarte und schenkte mir beinah jugendlichen Optimismus. Ich rüstete zur Revierfahrt, und natürlich lag die Dicke im Kofferraum. Schmählich verschmäht, blieb die Schlanke bei der ohnedies fehl am Platz gewesenen Kombinierten zurück. Kann schon sein, daß sie mir Verwünschungen nachsandte, zwischen den wie ergrimmte Zähne zusammengebissenen Verschlußwarzen hervor. An diese Möglichkeit dachte ich erst, als wir uns zu fünft im wirtlichen Haus trafen und der Jagdherr verkündete, er hätte schon seit acht Tagen keine Sauen mehr gefährtet, wahrscheinlich seien sie dreißig Kilometer weit fort und kämen erst irgendwann wieder einmal nachsehen, ob bei uns die Luft rein und der Mais noch nicht restlos fortgehäckselt sei.
»Irgendwann«, warf ich ein, »das kann ja auch heute nacht sein. Die Rückkehr der Sauen erfolgt immer 'irgendwann'. Heute, morgen, vielleicht übermorgen. Aber möglicherweise doch auch heute nacht. Und darum sollte man nie sagen: Die Sauen sind nicht da.«
Denn ich war begierig darauf, mit der Dicken zum ersten Mal anzusitzen. Noch dazu in so herrlicher Fast-Vollmondnacht, die sich langsam anbahnte. Im Westen begann nämlich die Sonne unterzugehen, und ziemlich genau gegenüber, als liefen sie einander nach, hob sich schon der noch ein bißchen gequetschte zitronenfarbige Mond über die Wipfel.
»Ganz recht«, nickte der Jagdherr mir zu, »und deshalb wirst du ja wohl gerne bis drei Uhr morgens sitzen, während wir anderen so zwischen elf und zwölf abbaumen und in die Heia gehen. Vorher aber werden wir trachten, zum Geiß- und Kitzabschuß beizutragen, mit dem wir noch arg zurückliegen. Nach dem Schuß – das Stück liegen lassen. Allfällige Nachsuchen erst morgen früh. Um halb zwölf abbaumen. Nur mit Licht. Alles klar? Erwin bleibt bis drei sitzen, oder? Weil die Sauen ja ausgerechnet heute nacht zurückkommen können und nicht versäumen werden, ihm ihre Aufwartung zu machen.« Er sah auf die Uhr. »Auf geht's, meine Herren. Jeder kennt seinen Platz.«
Erika, die Jägerin in unserer Männerrunde, maulte zu Recht, sie sei kein Herr, sondern allenfalls eine Dame, wenn schon keine Waidkameradin, und dann zerstreuten wir uns mit Waidmannsheil! hin und Waidmannsheil! her, alle fuhren zu ihren Hochständen, die in dem großen Revier recht weit voneinander entfernt waren, und ich dachte an meine Dicke, die ich für die dicken Sauen bei mir hatte und mit der ich jetzt ein Rehkitz schießen sollte. An eine solche Wendung hatte ich natürlich nicht gedacht.
Während der Fahrt grübelte ich noch, dann aber, hoch droben auf der Kanzel, angesichts eines Stoppelackers und weiter drüben eines Maisfelds, das im Glühen des brandroten Sonnenuntergangs zu flammen schien, begann ich vor mich hin zu rechnen:
Ein schwächeres Kitz hat, na ja, sagen wir: sieben bis acht Kilogramm, das

sind maximal an die 8 000 Gramm. Zu dividieren durch das Gewicht meines Schweinegeschoßes von 13 Gramm. Im Kopfrechnen immer schon schwach, kam ich endlich drauf, daß man da mit einem Gramm Geschoßgewicht durchschnittlich 600 Gramm Wildbret zur Strecke bringt. Ein mittelschwerer Rehbock von etwa 19 kg aber, zweieinhalbmal so stark wie das Kitz, fällt schon mit rund einem Drittel dieses wirklich groben Geschoßgewichts »mausetot« um. Das heißt: Ein vergleichsweise winziges Geschoß von nur vier, viereinhalb Gramm, ausschließlich in der Hand eines ruhigen, sicheren Schützen denkbar und erlaubt, bringt pro Gramm rund 4,2 Kilogramm, also die siebenfache Menge Wildbret auf die Waage. Richtig getroffen, ist Rehwild sehr weich.
Das Mißverhältnis muß zu denken geben. Haben die Mahner recht, wenn sie sagen, man soll nicht mit Kanonen auf Spatzen schießen, weil die Wildbretzerstörung zu groß wird? Oder haben die anderen recht, die um der Sicherheit und Schmerzlosigkeit der Erlegung willen auf der Ausschußseite einen allfälligen größeren Wildbretverlust in Kauf nehmen und dem schweren Geschoß allemal den Vorzug geben, und sei es auf ein Rehkitz? Obwohl ihnen natürlich bekannt ist, daß bei unglücklichen Knochentreffern das Ausmaß der Zerstörung häßliche Ausmaße annehmen kann? Doch gibt es diese unglückseligen Ausschüsse denn nicht auch bei weit schwächeren Kalibern und viel leichteren Geschossen?
Nicht alles läßt sich über einen Leisten schlagen, schon gar nicht Theorien, die, so oder so besehen, letztlich jedem recht geben.
Und da saß ich also im Abenddämmern mit meiner Dicken da und sollte vorerst nach Möglichkeit ein Kitz schießen oder ein passendes weibliches Stück, und alle Schauermärchen fielen mir ein und alles Tatsächliche, was ich schon an fortgefetzten Ausschüssen selbst gesehen hatte. Aber auch anderes fiel mir ein: Daß man vielenorts – in Unkenntnis, obwohl sie schon Jahrzehnte auf dem europäischen Markt ist? – die .30-06 (= 7,62 mm) auf Rehe als zu grob ablehnt, selbst aber seelenruhig die 7 x 64 schießt und nichts dabei findet, wenn andere die althergebrachte würdige 8 x 57 ins Revier tragen. Zu deren besten Zeiten hat es ja auch keine aufwendigen Debatten über Ausschüsse gegeben, weil die damals zur Verfügung stehende Kaliber- und Laborierungspalette ganz einfach noch lange nicht die wahrscheinlich schon übertriebenen Auswahlmöglichkeiten von heute geboten hatte.
Und kurz bevor die Geiß mit ihren beiden Kitzen aus dem Maisfeld trat, fiel mir noch ein, was in tausend Gesprächen am Stammtisch und in Hunderten von Fachartikeln, die sich mit Geschoßwirkung und Zielballistik befaßten, im Laufe der Jahrzehnte immer wieder zur Sprache kam und kommt: daß schwere Geschosse in einem leichten Wildkörper erst gar nicht die Zeit haben, sich zu entwickeln und alle ihre Energie abzugeben, denn sie sind auf Tiefenwirkung konstruiert. Sie sind schon durch, bevor sie richtig »aufmachen können«.
Die Geiß stand etwa 120 Meter entfernt auf hellem Stoppelackergrund gegen die nun schon fast tiefschwarze Maiskulisse. Die beiden Kitze waren nicht

besonders stark, das Geschlecht ließ sich kaum mehr erkennen. Oder doch? Zeigte das rechte nicht ein bißchen Schürze? Das rechte also. Ich klemmte mich in der Kanzelecke fest, hatte eine gute Auflage, bemühte mich um ein Abkommen kurz hinter dem Blatt und ließ fliegen. Die auf dem trockenen, sonnenwarmen Acker vom schwergewichtigen Geschoßrest verursachte Staubwolke war so beachtlich, wie ich nie vorher eine gesehen hatte, sie stieg hoch und verdeckte beinahe die mit dem anderen Kitz abspringende Geiß. Verblüfft dachte ich zunächst schon an einen Fehlschuß.

Du hast die Dicke genommen und die Schlanke beleidigt, ging es mir durch den Kopf. Das wird sie dir nie verzeihen.

Nur weil es mich interessierte, habe ich im selben Jahr noch vier weitere Kitze mit der .30-06 und dem 13-Gramm-Geschoß erlegt, und der Ausschuß war jedesmal kaum größer oder kleiner als der bei den Kitzen, die mein Jagdkamerad mit der .243 Winchester und viel leichteren Kügelchen schoß. Zufall oder Glück?

Mein unerklärliches, ja unheimliches Pech aber war, daß mir bis zu dem Tag, an dem ich dies niederschrieb, keine Sau mehr über den Weg lief, seit ich die Dicke, das Saugewehr extra für Sauen, angeschafft hatte.

Vielleicht hat die Schlanke, die Eifersüchtige daheim im finsteren Waffenschrank ein wenig die stählernen Fingerchen gekreuzt und mir treulosem Kerl einen zünftigen Zauberspruch gesprochen. Und so bin ich nahe daran, sie zu versöhnen und sie hervorzuholen, wenn wieder einmal der Mond am Himmel steht und die Silberwolken durch die Nacht segeln.

Schließlich habe ich die Dicke ja nun schon über ein Jahr. Und man kennt doch die Männer. Überhaupt die Jäger. Nach einem Jahr beginnen sie sich schön langsam umzusehen, wo es eine neue Dicke gibt oder eine neue Schlanke, weil sie sich von der schon wieder mehr erwarten. Es sind immer wieder die alten Phantasien: Was Neues muß her. Was Besseres. Mit Heiligenschein und noch mehr Leistung.

Oma und Opa

Von dem Haus dort droben am Hügel überblickte man einen guten Teil des Reviers, aber heute wagte sich keiner hinaus auf die Terrasse. Uns reichte es, durch die breiten Fenster zu sehen, wie draußen der Herbststurm die Fichten schüttelte und drunten beim Bach die alten Weiden packte und zauste, so daß sie die weiße Unterseite der Blätter gespenstisch nach oben kehrten. Nein, heute jagte der Wind, da war es wohl besser, wenn die Jäger zu Hause blieben.

Mein Schwiegersohn Otto, dieser unverbesserliche Phlegmatiker, saß am lauwarmen Kamin und drehte verdrossen die Daumen. Meine Tochter Herta – aber immer »Mäuschen« gerufen, schon von Windeltagen an – saß ebenso verdrossen in der Küche und wartete auf das Pfauchen der Kaffeemaschine. Und draußen in der Diele begann plötzlich der dreijährige Egon jämmerlich zu brüllen: Benna, meine unendlich geduldige alte Vorstehhündin, hatte es schließlich doch satt gehabt, sich von den kleinen Fingerchen in die Augen stupsen oder in die Behänge zwicken zu lassen. Da hatte sie endlich einmal vorsichtig abwehrend zugefaßt. Nur ganz zart. Aber der Kleine schrie gellend wie am Spieß, die Mutter kam schimpfend herbei und nannte Benna ein häßliches Untier, ich äußerte die Meinung, daß der kleine Wechselbalg selbst schuld an allem sei, Mäuschen fauchte mich an, die Kaffeemaschine fauchte über, der Kaffee lief auf die Heizplatte und stank entsetzlich. Otto hob schläfrig das linke Augenlid und fragte, ob irgendwas los sei. Nein, los war nichts, aber man hätte es vorsichtig ungefähr so formulieren können: Die Stimmung, schon beim Mittagessen wegen des angebrannten Kartoffelpürees ein wenig gedämpft, war nun auf dem Nullpunkt.

Mäuschen brachte mit wilden Zornesfalten auf der Stirn den Kaffee, und zu meiner Verwunderung bekam ich auch ich eine Tasse. Dann verdrückte sie sich wieder, immer noch zürnend, um den Kleinen in den Schlaf zu singen. Im Singen hatte sie immer nur eine Drei gehabt, weil sie nicht übertrieben musikalisch war, aber um so spitzer war ihre Zunge. Aus dem Kinderzimmer klang es in genau dosierter Lautstärke, damit ich es nur ja hören sollte: »Schlafe, mein Prinzchen, schlaf ein. Schlaf ein, du armes Kind, der böse Hund wird demnächst geschlachtet. Eine wunderschöne Knackwurst bekommt er von mir, mit viel, viel Rattengift.« Und tatsächlich, trotz dieser schauerlichen Redensarten ganz im empfindsamen Stil der Grimmschen Märchen, schlief der Bengel ein. Mäuschen setzte sich zu uns.

»Na, Opa«, sagte sie kriegerisch zu mir, »is' was?«

»Nix is'«, antwortete ich brav. »Aber wenn ich die Benna wäre, ich würde deinen verzärtelten Egon genau nach Rezept beißen. Dreimal täglich.«

»Willst du auch eine wunderschöne Knackwurst, Opa?« fragte sie honigsüß. Mein Mäuschen. Ich sah sie noch vor mir, mit den kleinen Wackelzöpfchen. Es geht doch nichts über ein harmonisches Familienleben. Vater und Tochter stritten, und der Herr Schwiegersohn, der große Nimrod, war überwiegend müde.
»Was machen wir heute abend?« fragte er schließlich matt. Das sah ihm wieder ähnlich. Gestern hatte er noch ganz genau gewußt, was er heute machen wollte. Da stand noch immer die zaundürre alte Geißenoma im Revierteil »Grabenholz«, die ihm im vergangenen Herbst entwischt war. Nun führte sie schon das zweite Jahr kein Kitz mehr, ihre Lauscher waren überlang, wachsam war sie wie der Höllenhund und empfindlich wie eine Jungfrau. Und wenn Otto nicht aufpaßte und was unternahm, kamen bald die Kartoffelroder in die Grabenholzäcker, späte Sorten gab es dort, und dann stellte sich die Alte wieder hinüber zum Nachbarn – das Heulen der Kartoffelroder konnte sie nicht ausstehen. Der gräfliche Jagdnachbar aber hatte drüben so an die zwölfhundert Hektar Wald, kaum Felder mehr, und in diesen fast geschlossenen Einständen konnte die Geiß noch ein weiteres Jahr ihre Fährte ziehen, ohne daß sie einer belästigte und ihr ans Leben ging, und sie hatte sich wieder einmal durchgeschwindelt. Bis zum nächsten Frühjahr, wo sie uns dann erneut mit ihrer Anwesenheit beehrte und uns ihre Verdauungsschwierigkeiten zeigte.
Nein, die Alte mußte weg, bald, und gestern hatte Otto das alles noch groß gepredigt, und heute fragte er scheinheilig, was er machen sollte. So ist er nun einmal.
»Gestern«, sagte ich, »hast du noch große Sprüche gemacht und ganz genau gewußt, was du mit der alten Oma im Grabenholz machen wirst...«
»Hast du wirklich!« stimmte Mäuschen ausnahmsweise einmal mir zu. »Kurz bevor du auf ein Bier gegangen und erst um ein Uhr nachts nach Hause gekommen bist.«
»Soso«, äffte er sie nach, »hab ich wirklich? Na schön, Opa. Dann sieh dich doch nach der alten Oma um, und schneid' dich beim Aufbrechen nicht wieder in den Finger.«
Das hätte ich mir denken können, daß der Kerl nicht der alten Geiß nachlief, solange er kurz vor dem Ende der Jagdzeit auf den Bock noch zwei Böcke zu erlegen hatte, oder gar drei, ich wußte es nicht genau, gar zu tief in die Karten gucken ließ er sich nicht einmal von seinem Schwiegervater, von dem schon gar nicht. Aber wenn er wieder einmal schlampig gewesen war und einen Hund brauchte, da wußte er, wo ich und meine Benna zu finden waren.
Ich trank meinen Kaffee aus und stand auf. »So ungefähr«, sagte ich, »habe ich mir das gedacht. Immer nur groß das Maul aufreißen, aber nichts dahinter. Bei dem Wind heute habe ich wenig Chancen auf den Grabenholzäckern, und trotzdem gehe ich hin. Und was wird der Herr Schwiegersohn machen? Der wird sich drunten im Wald ein windstilles, ruhiges Plätzchen suchen und den guten Dreijährigen totschießen, den er in der Brunft noch schnell hat heiraten lassen...«

Na schön, dachte ich noch, soll er vierjährig sein, so ganz genau kann's keiner sagen, nicht einmal, wenn man ihn in der Hand hat. Und dann machte ich mich davon. Mäuschen stopfte mir noch rasch zwei Stück Torte in die Tasche, als ob ich am Verhungern wäre, ich winkte Benna an meine Seite, und wir verließen das Haus, um dessen vier Ecken der Wind pfiff, und stiegen in meinen Klapperkasten, der auf dem kleinen Parkplatz wie ein armer Sünder neben Ottos dickem Wagen wartete.
Genau drei Kilometer waren es von einem Haus zum andern – und leider auch von einer Generation zur andern. Hier war ich daheim, und während ich das Tor zur Einfahrt des alten Bauernhofs öffnete, meinte ich, hier müßte noch das kleine Mäuschen mit den lustigen dicken Zöpfchen herumtollen so wie einst. Aber da tollte nichts mehr. Der Hof war still geworden, viel zu still.
Es war früher Nachmittag. Die gemütliche Küche empfing mich, und in der getäfelten Stube erwartete mich das Sofa. Weiß Gott, wie schnell die Jahreszeiten dahinflogen, man konnte schon eine Decke gebrauchen. Ich zog sie bis über die Nase, fühlte mich sauwohl und verwünschte sämtliche alte Geißen meines Herrn Schwiegersohnes. Sollte er sie sich selber schießen. Bei dem Wind war ohnedies nichts zu hoffen.
Doch als ich nach unverschämt langem Schlaf gerade noch rechtzeitig erwachte, hatte sich der Bodenwind fast ganz gelegt, nur droben am Himmel fegten die Wolkenknäuel noch wie graue Reiterschwadronen in voller Attacke dahin.
Ja, wenn das so war, dann konnte man es ja versuchen!
Früher, in ihren jüngeren Jahren, war Benna nicht zu halten gewesen, wenn sie sah, daß ich Büchse oder Flinte aus dem Schrank holte. Heute gab sie es schon billiger, äugte mich nur erwartungsvoll mit ihren Bernsteinaugen an und machte einen kleinen Sprung hin zur Tür. Daran merkte man wohl, wie alt wir miteinander geworden waren. Und daher waren meine Gedanken auch nicht gerade himmelhoch jauchzend, als wir nun wieder durchs Dorf fuhren. Ich warf einen Blick hinauf zum Haus auf dem Hügel. Der dicke Wagen Ottos stand nicht mehr auf dem kleinen Parkplatz. Da wußte ich nicht mehr, ob ich lachen oder weinen sollte. Wahrscheinlich hatte er es schon recht eilig gehabt zu seinen Böcken. Morgen früh wollte ich ihm die alte Geiß in die Wildbretkammer hängen, neben seinen Dreijährigen, und ich würde sie beide mit einem strafenden Blick mustern: den Bock und Otto. Da ärgerte er sich dann ganz bestimmt, der junge Herr.
Eine Viertelstunde später saß ich schon mit hochgeklapptem Mantelkragen auf der Kanzel im Grabenholz. Von dort aus sah man die Felder und rechts die Reviergrenze, knapp einen Büchsenschuß entfernt: dunkler, beinahe hiebreifer Fichtenbestand, fast mono, nur hie und da ein Laubbaum dazwischen oder zwei. Und dort hinein stellte sich die Alte, wenn hier draußen bald die Kartoffelroder zu brummen und zu stinken begannen.
Ich hatte ein köstliches Nachmittagsschläfchen gehabt, war aber noch immer ein bißchen müde und beneidete Benna, die sich behaglich im Kombi ringeln

durfte, den ich in gutem Abstand hinter einer Hecke zurückgelassen hatte. Vor mir das weite Ackerland. Wie Theaterkulissen schoben sich manchmal dunkle Waldzungen dazwischen. Eine bescheidene Jagd, gewiß. Rehwild, ein paar Hasen, kaum Fasane. Aber ein paarmal im Jahr geisterten Sauen durch die Gegend, mit denen man kaum zurechtkam, da sie sich nicht an den Kalender hielten. Sie kamen von weither, weil die Einstände ihnen hier nicht gefielen. Zu trocken die Fichtenwälder. Zuwenig Wasser. Kaum Möglichkeit zum Suhlen. Und wenn sie einmal kamen – ja, das war Zufall, ob grade einer von uns draußen saß, zur richtigen Zeit, zur richtigen Minute, beim richtigen Licht. Man weiß ja, wie das so ist mit den Sauen.
Ich schreckte aus meinen schläfrigen Gedanken hoch. Kann sein, daß ich gar ein wenig eingenickt war. Da stand sie doch plötzlich tatsächlich draußen, die alte Oma, an der Grenzseite stelzte sie heran im Kartoffelacker, und zwar, nach meinem Geschmack, viel zu nahe. Sie war schon ziemlich weit heraus, und ich mußte sie in meinen Träumereien wohl übersehen haben. Keine fünfundzwanzig Schritt war sie mehr entfernt. Auf diese Entfernung brauchte man kein Glas mehr, um sie anzusprechen. Ich sah die dürre Dünnung, den durchgebogenen Ziemer, das lange, schmale Haupt auf schwächlichem Träger.
Na dann. Das Licht reichte noch, aber vorsichtig mußte man sein beim Herausfahren aus dem Fenster, denn taub war sie nicht, die Alte...So, und nun stand das Fadenkreuz sauber hochblatt, womöglich noch zwei Fingerbreit höher. So sicher war ich meiner Sache, daß ich – bei dieser unangenehm kurzen Entfernung – auch noch die Montagehöhe des Zielfernrohrs mit einberechnete. Das soll man ansonst, auch wenn das Wild ganz nah steht, hübsch bleiben lassen, weil das professorale Herumrechnen eher schadet als nützt. Man hat so seine Erfahrungen.
Und schon war's passiert. Genau in dem Augenblick, als es hätte krachen sollen, krachte es auch. Aber der Schuß, der da deutlich von fern zu hören war, war nicht der meine. Blitzartig dachte ich an Otto und den Dreijährigen, und diese kleine Ablenkung, eine Zehntelsekunde vielleicht, reichte völlig aus. Ich konnte den Schuß nicht mehr halten. Es war mir genauso ergangen wie einem blutigen Anfänger auf dem Schießstand, den das Krachen links oder rechts abgelenkt und »mitgenommen« hat.
Die alte Geiß war aber leider nicht gefehlt, sondern schlecht geschossen. Zunächst warf es sie einmal in die Kartoffeln, aber während ich noch die nächste Kugelpatrone in die Kombinierte zu stopfen begann, wurde sie schon hoch und ging überraschend schnell dahin und auf den Waldrand, auf die Grenze zu.
Es gibt Leute, die behaupten, eine kombinierte Waffe genauso schnell nachladen zu können wie einen Repetierer. Zu denen gehöre ich nicht. Wunderkinder gibt's auf der ganzen Welt, und ich will niemandem in seine Behauptungen dreinreden. Möglicherweise ist es im Freien möglich, mit allerlei Tricks: Austauschpatrone schon zwischen den Fingern und so. In einer engen Kanzel aber, mit Ein- und Ausfädeln aus dem Fenster, Brechen, Stopfen und

wieder Schließen – nein, da möchte ich fast mein bißchen Hab und Gut verwetten, daß ich mit dem Repetierer gleich im Gesicht bleibe und der Schnellere bin. Aber den hatte ich eben nicht mit dabei, und gerade, als ich wieder drauf war, überfiel die steinalte Oma den Grenzweg und verschwand im Wald, um sich, dessen war ich sicher, unter dem nächstbesten Strauch ins erste und letzte Wundbett niederzutun. Ich fluchte leise vor mich hin. »Das hast du wieder einmal nötig gehabt, Opa!«

Am Anschuß war es gerade noch hell genug, ich fand reichlich Lungenschweiß und stiefelte sofort zu Benna zurück, die sich im Kombi rekelte und mich ausführlich bewindete. »Dem Otto«, sagte ich zu ihr, »werden wir morgen einen Marsch blasen! Aber heute, Hund, haben wir noch einen bitteren Weg vor uns und hoffentlich keine allzu lange Nacht!«

Der Weg ins übernächste Dorf war für mich als Jäger unter solchen peinlichen Umständen zweifellos bitter, und die Gefahr einer langen Nacht bestand immer, weil kein anderer weit und breit einen so guten Hausgebrannten hatte wie mein junger Freund, Förster Willy, Herr über zwölfhundert Hektar Nachbarwald und Jagdaufseher in der angrenzenden Eigenjagd. Ich beneidete ihn nicht um seinen Job, nein. Schweren Herzens klopfte ich ihn heraus.

»Ach«, sagte er dennoch freundlich, obwohl er die grünen Ärmel schon hochgerollt und die Hosenträger schon herabgelassen hatte, ganz auf den häuslichen Teil des Abends eingestimmt, »sieh einer an, wer da kommt. Ein seltener Gast!«

Gar so selten war ich auch wieder nicht, wie er tat. Vorige Woche erst hatte ich ihn besucht, und es war eine lange Sitzung geworden, die mir nicht besonders gutgetan hatte.

»Ich komme Reu' und Leid erwecken, Willy«, sagte ich ein wenig zaghaft. Und dann völlig zerknirscht und der Wichtigkeit entsprechend ganz auf hochdeutsch: »Ich habe dir soeben eine alte Geiß zu Holze geschossen, lieber Freund!«

»Soso«, sagte der liebe Freund ernsthaft, »das hör' ich gern. Kommst herein auf einen Schnaps?«

Auf einen einzigen mußte ich ja wohl, da konnte ich mich nicht weigern, weil er so freundlich war. Und so ließ ich mich bei ihm in der Küche von der Hausfrau mit einer heißen Bratwurst verwöhnen, Sauerkraut gab's dazu und ein blondes Bier – das sind die Vorteile des Herbstes. Rasch wird es dunkel, und man kann noch seine Freunde besuchen. Im Mittsommer, wenn man erst um zehn Uhr abbaumt, leidet die Geselligkeit beträchtlich. Da kann man niemanden mehr heraustrommeln, schon gar nicht jung verheiratete Leute wie Willy und seine Ursula.

Nach dem Essen holte Willy die Doppelliterflasche mit dem klaren Wasser und schenkte ein. Aber heute drängte ich darauf, brav sein zu dürfen, trank nur ein klitzekleines Gläschen, und insgesamt wurden es nur drei. Dann schilderte ich Willy haargenau, wo die schwerkranke Geiß den Grenzweg überfallen hatte, und wir verabredeten Uhrzeit und Treffpunkt für die

gemeinsame Nachsuche am nächsten Morgen. Schließlich widerstand ich mannhaft allen Überredungsversuchen und brach auf. Ich schlief sogar recht gut in dieser Nacht, ohne quälende Zweifel, die den Jäger oft peinigen nach schlechtem Schuß. Reichlich Lungenschweiß, ein Fest für Benna.
Ein paar geographische Feinheiten mußte man schon kennen, um mit dem Wagen bis genau zur vereinbarten Stelle am Grenzweg zu kommen, denn die Feldwege waren nicht überall befahrbar, auch für den alten Kombi nicht. Man mußte, so sah es zumindest aus für den Uneingeweihten, zuerst in die verkehrte Richtung fahren, um schließlich auf Umwegen in die richtige zu kommen, und wer sich dort draußen nicht auskannte, war aufgeschmissen. Dann aber erreichte ich den Grenzweg, rechts lag nun der Wald, links die Ackerflur, und von weitem blickte die Kanzel herüber, von der aus ich gestern abend geschossen hatte. Jetzt noch um eine kleine Biegung herum, und da saß er auch schon, Willy, der Freund und Fruchtsafthersteller, auf einem Grenzstein und ließ seine Pfeife in der matten Morgensonne dampfen. Da er an der von mir genau beschriebenen Stelle sofort Schweiß gefunden hatte, hatte er gleich selber nachgesucht und die alte Tante, wie nicht anders zu erwarten, unter dem drittnächsten Busch gefunden. Längst verendet. Und weil er mein zwar viel jüngerer, aber alter Freund war, hatte er sie auch noch aus dem Bestand herausgeschleppt und hinter dem Grenzstein in Gras gelegt. Ein Nasenfest für Benna. Ganz ohne vorherige Bemühung.
»Da hast du sie«, sagte Willy und paffte gegen den immer blauer werdenden Himmel. »Aufgebrochen ist sie noch nicht. Oder hätte ich das auch noch tun müssen, he?« Und damit lüpfte er seinen nicht mehr ganz neuen Filz und empfahl sich querwaldein. »In der Gruppe zwölf«, sagte er, »warten ein paar Forstarbeiter auf mich. Ich hab eine Menge zu tun. Nicht nur Schlumpschützen zu helfen. Ob du es glaubst oder nicht.« Fort war er.
Ich versorgte rasch die Geiß – au, viel zu rasch, verdammt noch mal! –, und dann rumpelten wir den abenteuerlichen Weg zurück ins Dorf. Gestern Sturm und Kälte, und heute konnte es die Sonne schon wieder beinahe sommerlich. Standhaft am Wirt vorbei ging's durch die langgestreckte Siedlung, den sanften Hügel hinauf zu Otto.
Sein Auto war da, auch er war da, irgendwo im Haus greinte der kleine Egon, und Mäuschens scheltende Stimme war zu hören. Eine Idylle am Morgen.
Mein Herr Schwiegersohn, der große Jäger vor dem Herrn, lag im Klappsessel auf der Terrasse in der Sonne. Er schützte sein kostbares Zielauge mit einer riesigen dunklen Brille, rührte sich nicht und brummelte nur einen faulen Gruß. Meinetwegen. Benna sah sich um, wo denn der kleine Egon sei, und ich holte die Geiß aus dem Kofferraum und trug sie hinunter in die Wildbretkammer, brachte sie vorerst einmal auf die Waage. Mit Ach und Weh vierzehn Kilo, ein Jammer. Dann suchte ich einen passenden Wandhaken, und jetzt erst, mich traf fast der Schlag, sah ich das Bock-Ungetüm dort hängen. Unbesehen über zwanzig Kilo, weit drüber. Ja, das war der Starke, der dreijährige Sechser, und ich zog verächtlich die Nase hoch und überlegte,

wie weit ich gehen durfte, wenn ich nachher Otto kräftig ärgern wollte. Er war manchmal rasch beleidigt. Erst dann fuhr ich dem Bock mit dem Finger über die Zahnreihe, ganz automatisch und weil es zum guten Ton gehört. Und da traf mich zum zweiten Mal fast der Schlag: Da war alles glatt und abgeschliffen. Nichts war's mit dem Ärgern. Wenn sich heute einer ärgern mußte, dann war ich es. Der »Dreijährige« hatte gut und gern seine sechs Jahre auf dem kräftigen Buckel.

Als ich blinzelnd wieder ans Tageslicht kam, hatte sich die Szenerie auf der Terrasse merklich belebt. Otto lag noch immer faul im Klappsessel, aber Mäuschen war nun da und auch der kleine Egon. Düster stellte ich fest, daß er Benna schon wieder in der Nase bohrte, was diese sich vor Abscheu zitternd und mit aufgestellten Rückenhaaren gefallen ließ. Bald würde sie wieder zufassen.

»O Gott!« sagte ich.

»Is' was, Opa?« fragte Otto scheinheilig. Er entdeckte den Schnellverband aus der Autoapotheke an meiner Hand. »Du Ärmster!« heuchelte er. »Hast dich ja schon wieder einmal beim Aufbrechen in den Finger geschnitten!«

Und Mäuschen streichelte ihren Sohn und sagte schnippisch: »Wenn er groß ist, unser kleiner Egon, dann darf er Jäger werden. Aber Ansprechen und Aufbrechen muß er vom Vati lernen, nicht vom Opa!«

Eine Ente für den Freund

Am Morgen waren wir zu zweit auf einer Kanzel gesessen und hatten »nicht einmal einen Rehschwanz« gesehen, wie Othmar es gutmütig-grimmig, aber mit Absicht wenig waidmännisch ausdrückte. Zu Mittag hatten wir, da meine Frau wieder einmal auf Dienstreise war, im Gasthof bei Greta fein gespeist, geröstete Blutwurst und Kartoffelschmarrn, ein großes Helles dazu, das war eine herzerfrischende Freude. Nach dem Essen legten wir uns bei mir zu Hause ein Stündchen aufs Ohr, ich in meinem Bett, wo sonst, und für meinen Gast Othmar hatte ich das alte, schon ein wenig durchgelegene Sofa wieder einmal in Betrieb genommen. Die Sprungfedern jammerten ein bißchen, wenn er rotierte, aber wen störte das schon. Nicht einmal meinen alten, schon ziemlich tauben Mux, den Vorstehrüden, der sich fast vierundzwanzig Stunden am Tag in seinem knarrenden Korb ringelte, nur mehr zu den Mahlzeiten erschien und – weit, weit über die Lebensmitte hinaus – die wenigen Vorteile des Altwerdens genoß. Die aber beanspruchte er gründlich, und ich, selbst nicht mehr ganz neu, gönnte sie ihm von ganzem Herzen.

So gegen drei Uhr aber wurden Othmar und ich unruhig, das ist den Jägern so eigen, denn der Nachmittag ist kurz im November, und wer noch hinaus ins Revier will, darf nicht lange herumtrödeln. Wir standen auf, führten ein träges Gespräch und traten dann vors Haus, um nach dem Wetter zu sehen. Das Wetter interessiert den Bauern, den Seemann und den Jäger mehr als alle anderen Leute. Das Wetter kann den Bauern in den unverschuldeten Ruin treiben, wenn es gar zu arg wird, den Seemann kann es das Leben kosten und dem Jäger den ganzen Anblick vergraulen. Da hat's der Jäger wirklich noch am besten von allen dreien, wenn man genauer drüber nachdenkt.

Wir lehnten uns an die Haustür und schnupperten in den Wind. Der feine Dunst, der über den Wäldern aufzog, überraschte mich nicht. Gegen Abend würde wohl Nebel daraus werden, und das war nicht gar so schlecht für meine jagdlichen Absichten. Er würde niedersinken wie ein weißes Tuch, sich über das Land fallen lassen, und der Heimweg, drei Dörfer weit, das Starren in den wallenden Schaum hinein, der sich im Licht der abgeblendeten Scheinwerfer ballte, konnte mühsam und beschwerlich werden. Manchmal auch gefährlich. Aber vielleicht machte sich doch noch ein Windchen auf die Beine, eine kleine Brise, meist aus Nordost, die den Nebel vertrieb und ihm keine Zeit ließ, sich gemütlich niederzutun. Wer weiß. Wie dem auch immer sei. Wir hier im rauhen Land auf immerhin schon fünfhundert Meter Seehöhe sind den Nebel gewöhnt. Wir sind vertraut mit ihm.

Was sind schon fünfhundert Meter gegen zwölfhundert. Mathematisch ge-

sehen, sind es nur siebenhundert lumpige Meter Höhendifferenz, ein startender Jet packt das in weniger als einer Minute, aber die Klimaunterschiede sind gewaltig. Vor allem: Es ist alles irgendwie anders. Die ganze Natur verhält sich anders, funktioniert nach anderen Spielregeln. Das hat mit Kälte allein nichts oder wenig zu tun. In manchen Jahren ist es in unseren Kälteseen viel kälter als im Gebirge.
Auf zwölfhundert Meter Seehöhe steht Othmars Haus.
»Kälte, Rauhreif und Nebel, das ist alles, was ihr hier zu bieten habt in eurer rauhen Gegend«, sagte er, der Freund aus den Bergen. »Bei uns daheim gibt es zwar mehr Schnee, viel mehr Schnee, aber der Wind packt ihn nicht so richtig an, Verwehungen sind selten. Hier bei euch, da fängt es ganz zaghaft an zu schneien, ein leises Lüftchen kommt, schon kräuseln sich die weißen Fahnen auf den Straßen, und eine Stunde später ist ein ganzes Dorf von der Welt abgeschnitten. Bis der Schneepflug kommt. Im Wirtshaus neben dem Ofen mag das ja auszuhalten sein, aber wenn es einen draußen erwischt, im Revier, wenn der Wagen rettungslos in einer Wächte steckt und man ihn einfach stehenlassen muß, um einen Traktor zu holen...brrr!«
Genau das hatten wir vor einem Jahr erlebt, als Othmar mich das letzte Mal besucht hatte, und es war keine vergnügliche Erinnerung. Da war es schon schöner, an die Hirschbrunft bei ihm im Revier zu denken, an die strahlende Sonne weit droben am Berg, hoch über der Nebelgrenze, an den Farbenrausch gilbender Blätter inmitten der Monotonie der Nadelhölzer in den steilen Lagen, an die Stimmen der Hirsche, wattig gedämpft, wenn sie aus der Tiefe kamen, gewaltig und fordernd, das Blut anheizend, wenn sie in der Nähe erklangen. Noch heute läuft es mir kalt über den Rücken, wenn ich daran denke:
»Dreh dich ganz langsam um«, hatte Othmar geflüstert. »Dort drüben am Rand des Schlages steht er.« Und es war mir gelungen, geräuschlos das Bein über das Sitzbrett zu schwingen, dann sah ich ihn selbst. Hundertfünfzig Meter, nicht mehr. Er drehte und wendete das Haupt, als wollte er seine kurzendigen Stangen zeigen, die einst so geprahlt hatten und jetzt nur mehr ein schwacher Abglanz vergangener Abwürfe waren. Die Sonne beglänzte seinen ruppigen Ziemer, er mußte kurz vorher in der Suhle gewesen sein, und im Glas meinte ich die Atemhauchwolke zu sehen, die vor seinem Äser stand. Dann warf er das Haupt zurück und orgelte noch einmal los, ein letztes Mal. Die Todesflucht warf ihn den steilen Schlag hinab bis zur vielgelästerten Forststraße, wir mußten uns nicht einmal plagen, wir holten ihn mit dem Jeep. Das war ja nun auch schon wieder ein paar Jahre her, aber ich sah alles noch so deutlich vor mir, als sei es gestern gewesen. Solche Augenblicke vergißt man nicht.
Mein waidmännischer Dank war gering. Was konnte ich Othmar schon bieten als Gegeneinladung? Gams gab es nicht bei uns im waldreichen Hügelland, Rotwild hatte man nur alle Sternstunden einmal in Anblick, viel zu selten, um einem Gast 600 Kilometer Fahrt hin und zurück zuzumuten, keine echte Chance war das, und Rehe hatte er selbst genug in seinem Revier. Ja,

wenn er noch im Sommer Zeit gehabt hätte, auf einen guten Bock, aber im Sommer hielt ihn der Moloch Fremdenverkehr in Atem. Mehr als ein paar Stunden, morgens oder abends, konnte er sich nie fortstehlen von seinem Betrieb, und so fielen seine gar nicht so häufigen Gegenbesuche bei mir fast immer in die Monate Oktober, November, bevor die Saison wieder begann und statt der Sommerurlauber die Schifahrer kamen, und er half mir beim Abschuß von Geiß und Kitz. Es war ein ungleicher Tausch, und ich fühlte mich nicht recht wohl dabei.

»Ich kann dir nichts bieten zum Dank für deine Großzügigkeit als Jagdherr«, hatte ich gesagt, »nichts, was du nicht daheim im Überfluß hättest.« Und mehr so im Spaß hinzugefügt: »Eine Entenjagd vielleicht?« Doch zu meiner Verwunderung hatte er interessiert aufgehorcht und gesagt: »Warum nicht?« Denn Enten hatten sie keine, so hoch droben in den Bergen bei ihm. »Wirklich?« fragte ich verblüfft.

Und ich hatte nachzudenken begonnen. Auch unser Revier war kein Wasserwildrevier. Im Spätherbst zogen die Wildgänse zu Hunderten darüber hinweg auf ihrem Weg nach Süden, aber selten sah man sie, hoch, viel zu hoch pfeilten sie in oder über den Wolken dahin und schrien sich die nach fernen Ländern dürstende Seele aus dem Leib. Auch die Stockente war schwierig zu bejagen bei uns. Hin und wieder schossen wir eine im Schilf des Mühlbachs vor dem Hund – nein, nicht vor dem alten Mux, da war meist Jakob dabei mit seinem ganz vorzüglichen Huno –, aber ein richtiges Entenjagen war das nicht, kein solches wenigstens, wie ich es Othmar vergönnte. Er sollte es einmal, ein einziges Mal in seinem Leben bestaunen, wie da immer wieder ein starkes Schof nach dem anderen am abenddunklen Himmel kreiste und sich dann blitzschnell klingelnd niedersenkte, das »Fahrgestell ausgefahren« – das ist der richtige Moment zum Schuß –, zur Landung ansetzte, entweder auf der Wiese am Bachrand oder auf der Wasseroberfläche...platsch, platsch, platsch, und schon wieder Stille und vergnügtes, leises Geschnatter!

Das gab es nicht bei uns. Wir hatten zuwenig Wasser im Revier, was sich auch im Fasanenbesatz bemerkbar machte. Doch an klaren Tagen konnte man die Stockenten dahersegeln sehen, hundert, zweihundert Stück, aber eben auch hundert oder zweihundert Meter hoch. Im Landeanflug. Die tatsächlich angepeilten Zielflughäfen, die großen Teiche und der wenige Meter breite Bach, kaum Fluß zu nennen, der sich im Tälchen verschwiegen durch dichtes Unterholz schlängelte, lagen noch weit. Um es genau zu sagen: drei Reviere weiter.

Doch was ist das schon, ein paar Kilometer, wenn man auch dort gute Freunde hat? Also hatte ich etwas eingefädelt. Und Othmar hatte diesmal auch seine Flinte mitgebracht, die bei ihm zu Hause fast das ganze Jahr gut geölt im Kleiderschrank stand und nur zu ganz seltenen Gelegenheiten auf dem Wurftaubenstand ein paar Wörtchen sprechen durfte. Zwar laute Worte, aber mit meist wenig Wirkung. Nein, mit der Flinte war er nicht verheiratet, mein guter Othmar, das war nicht das Instrument, auf dem er so gottvoll spielte wie auf dem Repetierer, der eher ein wenig vernachlässigt aussah, aber nur aussah, und meist am Kleiderrechen in der Diele hing. Nun ja, am Schaftöl hätte er nicht so sehr sparen müssen, ein knochentrockener Schaft läßt eine Büchse so traurig und verhärmt aussehen wie ein verstoßenes Waisenkind, aber blitzblank war alles Metall, außen wie innen.

»Komm, Othmar«, sagte ich und stieß ihn mit dem Ellenbogen an, »es wird langsam Zeit.«

Wir gingen ins Haus zurück und zogen uns warm an, holten unsere Flinten. Der alte Mux sah auf aus seinem Korb, ticktackte mit der Stummelrute, beruhigte sich und schloß die Augen wieder. Mein Gott, wo sind die Jahre, da er angesichts von Flinte oder Büchse sich nicht mehr zu fassen wußte und man meinte, er würde das ganze Haus in Stücke reißen? Vorbei, vorbei. Aber noch litt er nicht unter dem Alter, noch war ihm also das Gnadenbrot vergönnt. Aber lange würde es nicht mehr dauern, dann hieß es wieder einmal Abschied nehmen. »Vielleicht hast du Glück«, hatte der Tierarzt zu mir gesagt. »Vielleicht schläft er dir unter den Händen ein. Andernfalls – nun ja. Du weißt ja, wo du mich findest.«

Wir versperrten das Haus, und ich holte den uralten VW-Käfer aus der Scheune, die längst nur mehr als Garage diente. Zu einer Oldtimer-Schönheitskonkurrenz konnte ich schon lange nicht mehr fahren mit dem guten alten Stück, verbeult und schäbig, wie er war, aber für schlechte Wege taugte er mehr als gut genug, solange der Motor noch lief und das Getriebe nicht auseinanderfiel. Die Bodenplatte war von wuchtigen Feldsteinen zerschrammt, aber noch nicht durchgerostet. Das war wichtig, mehr konnte man nicht verlangen von einem Zweitwagen, der ausschließlich jagdlichen Zwecken diente.

»Der November«, erzählte ich Othmar während der Fahrt, »ist unser Nebelmonat. Mögen auch hin und wieder die Flocken tanzen, ein weißer Saum sich niederlassen an den Straßenrändern oder den Feldrainen, der richtige Schnee läßt sich noch Zeit. Der kommt erst im Dezember, wenn es ein kaltes Jahr ist, auf alle Fälle aber dann im Januar, meist um Dreikönig, wenn in den Kartoffelkellern oder Werkzeugschuppen die Zwetschgenmaische aus den großen Fässern in den Brennkessel gefüllt wird, unter dem das rauchige Holzfeuer gemütlich knackt. Im Januar braucht man nur vor die Tür zu gehen, um Eis oder Schnee eimerweise als Kühlung für den Destillierapparat hereinzuholen. Ah, sind das beschauliche Stunden...«

Der jeepgewohnte Othmar hatte mein altes Vehikel zuerst mit scheelen Blicken betrachtet, sich es dann aber auf dem Beifahrersitz bequem gemacht.

»Erzähl mir was von den Enten«, sagte er. »Ich weiß nichts von ihnen.«

Ganz, ganz leise begann es schon zu dämmern. Das Licht, das über der Herbstlandschaft lag, nahm einen pastellfarbenen Glanz an, die dunklen Wälder, die erdbraunen Felder, die graue Straße sahen aus wie mit der Weichzeichnerlinse fotografiert. Hatten wir uns verspätet? Ich schaltete das Abblendlicht ein und gab ein wenig mehr Gas. Der alte Käfer gehorchte murrend.

»Die Enten«, sagte ich. »Sie sind ein dankbares Wasserwild. Du brauchst nur einen Fluß oder einen Bach mit verwachsenem Ufergestrüpp oder einen geräumigen Teich mit viel Buschwerk an den Rändern. Gib ihnen Brutkörbe im Frühjahr, füttere sie ganzjährig und bejage sie schonend, sehr schonend, mit viel Fingerspitzengefühl, und schon hast du sie ständig im Revier. Vergiß den gesetzlichen Beginn der Jagdzeit, fang zwei Monate später an, du hast Zeit genug. Und erwarte sie beim Abendeinfall nie mehrmals hintereinander an derselben Uferstelle, du vergrämst sie, es sind überaus kluge Vögel. Selbst wenn du sie in Massen im Revier haben solltest, sei nie auf Massenstrecken aus, sondern nur auf ein paar schöne Stunden für dich und deine Freunde. Jetzt weißt du schon alles, mehr kann ich dir nicht von den Enten erzählen. Das war das ganze Rezept.«

»Klingt einfach«, nickte er. »Wenn das mit unserem Rotwild nur auch so einfach wäre...« Nach einer Pause: »Wir erwarten sie beim Abendeinfall, sagst du? Woher kommen sie, und wie viele?«

»Am abendlichen Einfall bei den Futterplätzen, ja, aber selbstverständlich nicht unmittelbar bei den Fütterungen. Das ganze Flüßchen ist Futterplatz für sie, du wirst sehen. Woher sie kommen und wie viele? Sie kommen von überall her, die meisten, vermute ich, von den Stauseen und großen Teichen jenseits der Grenze. Aber auch bei uns gibt es ja große Stauseen und Teiche, wie du weißt. Und wie viele kommen werden, möchtest du wissen? Wie schön, daß es darauf keine Antwort gibt. Wir können einen guten Tag haben, aber auch einen ganz schlechten. Es ist nicht immer gleich. Und wäre es nicht häßlich, wenn ich dir auf Abruf sagen könnte: Heute ist Samstag, da kommen sechsundsechzig?«

»Sechsundsechzig!« Das Lachen kam ihn an, er gluckste vergnügt vor sich hin. »Sechsundsechzig! Für die sechsundsechzig brauche ich mindestens hundertsechsundsechzig Patronen, so viele hab ich gar nicht mit dabei!«

»Sechshundertsechsundsechzig würdest du brauchen, Freundchen«, dämpfte ich seinen Optimismus. »Sie sind wahre Flugkünstler, schnell, sehr schnell und wegen der späten Dämmerung immer weiter weg, als du denkst. Aber die Anzahl macht es nicht aus. Wenn wir einen schlechten Tag erwischen, kommen vielleicht zehn, fünfzehn, und du wirst eine, vielleicht zwei Doubletten loswerden. Wird es ein guter Tag, sind es hundertfünfzig, zweihundert. Da ist dann für ein paar Minuten alles schwarz über dir, und dein Patronenverbrauch wird ganz gering sein, weil du nicht weißt, wohin zuerst schießen. Und ein paar Minuten später ist der ganze Spuk für heute vorbei. Schon zu dunkel, um noch einen ordentlichen Schrotschuß anzubringen.«

Die paar Kilometer waren rasch heruntergespult, und schon waren wir am Saum des kleinen Städtchens angekommen, wo oben am Hügelrand das Haus des Jagdpächters stand, den ich um eine Einladung für Othmar gebeten hatte. Ihn herauszuklingeln war nicht nötig, er hatte uns schon erwartet, und das asthmatische Keuchen und Dröhnen meines alten Untersatzes war ja auch unüberhörbar. Schon stand er vor der Tür, in Gummistiefeln, die gebrochene Flinte auf der Schulter, die junge, aber bereits wassererfahrene Hündin an der Seite: einen jener bei uns selten geführten Pudelpointer, die oft genug auf den ersten und auch noch zweiten Blick mit dem Deutsch-Drahthaar verwechselt werden. Pudelpointer sind gelehrige, intelligente Vorsteher, denen man einen lockeren Hals nachsagt, sofern die Anlage auch richtig erkannt, geweckt und gefördert wird.

Ein paar Worte der Begrüßung, ich stellte mein Mitbringsel aus den Bergen vor und freute mich zu sehen, daß die beiden Freunde Gefallen aneinander fanden. Und wenn es auch nur für diesen einen Tag, diesen einen Abend sein sollte: Es war wichtig.

Auch Kurt, der hagere Jagdpächter mit der Lehrerbrille, warf nun einen prüfenden Blick zum Himmel und dann über die Senke hinweg, in der das kleine Städtchen mit dem mittelalterlichen Ortskern lag. Die Stadtmauern boten sich breit und behäbig dar, und man konnte sich kaum vorstellen, daß hier vor Jahrhunderten Krieg und Elend geherrscht hatten, so ruhig, so bürgerlich sah heute alles aus.

»Nebel«, sagte Kurt. »Vielleicht wird's noch schlimmer? Jetzt ist es noch nicht arg, aber abends dann, wenn ihr beiden nach Hause fahren müßt?«

»Wir schaffen das schon«, beruhigte ich ihn. »Aber nun steigt ein in meinen alten Kübel, sonst kommen wir zu spät. Heute wird es rasch dunkel.«

Das Einsteigen wurde nun ein wenig schwierig, weil meine hintere Sitzbank mit allerlei Reviergerät vollgeräumt war: Schaufel und Spitzhacke, ein paar Bretter, die Nagelkiste, Angelruten und unsere zwei Schrotspritzen. Ich hätte vor der Abfahrt daran denken müssen, daß es zu eng werden würde für uns dreieinhalb. Nun schob ich das Zeug notdürftig so zurecht, daß unser Freund aus den Bergen sich hineinquetschen konnte, und kaum sagte er: »Au! Meine armen Knochen!«, sprang ihm auch noch die zutrauliche Hündin auf den Schoß und bewindete ihn ausgiebig, weil er so schön nach seiner heimatlichen Dachsbracke duftete.

Jagdpächter Kurt nahm vorne neben mir Platz, und das hatte einen ganz bestimmten, ohne Übertreibung: lebenswichtigen Grund. Ihn brauchte ich als Lotsen an meiner Seite. Nicht wegen des Nebels, nein, so dick war der noch nicht, und den holperigen Weg zum Flüßchen hinunter hätte ich im Schlaf gefunden, den kannte ich auswendig, jeden Meter, jeden Strauch rechts und links, jeden derben Granitblock, der an der Bodenplatte kratzen wollte. Was ich aber nicht auswendig kannte, das war der Fahrplan der kleinen Schmalspurbahn, und der war bei jeder Revierfahrt überaus wichtig. Der ortsansässige Kurt hatte ihn selbstverständlich im kleinen Finger.

Mit dieser Schmalspurbahn – »Tüüüet...tüt!« – hatte es jedesmal seine eigene – haarsträubende! – Bewandtnis, und um das richtig verständlich zu machen muß man nun schon ein wenig örtliche Geographie mit einbringen in eine schlichte Jagderzählung: Gleich nach den letzten Häusern des kleinen Städtchens hört das ein wenig ruppige Pflaster auf, na klar und Gott sein Dank wer wird denn die Natur verpflastern – oder tut das etwa einer? –, und man gelangt in einen zunächst noch breiteren Hohlweg, der aber dann bald eng und steil wird und direkt hinauf zum unbeschrankten Gleisübergang führt Was nützt da schon die selbstverständlich vorhandene warnende Beschilde rung: Geht man vom Gas weg, bleibt man natürlich hängen, und das ist in einem Hohlweg keine ungetrübte Freude, nein, besonders nicht im Winter bei Glätte oder im Sommer bei einem Wolkenbruch. Steigt man hingegen ordentlich drauf, wie sich's gehört, steht man wie aus dem finsteren Kanonenrohr geschossen plötzlich mitten auf dem Gleis, ohne jede Chance, noch nach rechts oder links schauen zu können, ob ein Zug kommt. Denn genau dort macht das Gleis nach beiden Seiten hin eine Innenkurve. Auch der Lokführer hat keine Chance, den Zug noch rechtzeitig anzuhalten, nur tut's ihm im Ernstfall bestimmt weniger weh.

Wenn's das allein noch wäre. Nein, es kommt noch eine besondere Feinheit: Mitten auf dem Bahnkörper, die Autonase stolz emporgereckt von steiler, aber gelungener Anfahrt, muß man im Blindflug das Steuer herumreißen, denn der Hohlweg führt auf der anderen Seite nicht etwa geradeaus weiter, sondern macht einen scharfen Linksknick. Wer das nicht weiß, landet im Acker.

»Wie spät?« fragte ich Kurt.

»Keine Sorge«, sagte er. »Kommt kein Zug.«

Unser Bergjäger saß ganz gelassen hinten, tätschelte den Hund und hatte keine Ahnung, wie sehr da vorne mit seinem Leben gespielt wurde. Ich biß wie immer die Zähne zusammen, verließ mich auf Kurt, gab Vollgas, holperte über das Gleis, lenkte sofort blindlings nach links und stürzte mich jenseits in die Tiefe. Wieder einmal gutgegangen. Die Kopfhaut beruhigte sich und hörte zu kribbeln auf. Und wenn einmal ein außerfahrplanmäßiger Zug kam? Oder nur eine ganz, ganz winzige Draisine? Oder sonst etwas?

Die Rückfahrt in der Finsternis machte meist weniger Sorgen. Da sahen beide Partner die sich nähernden Scheinwerfer. Wenn nicht gerade dichter Nebel war.

Nun ging es steil hinab ins Tälchen, der Hohlweg hätte nicht schlechter sein können: tiefe Traktorspuren, ausgewaschene Felsklötze dazwischen. Der Käfer sprang von einer Seite zur anderen, unser Gast sagte »Hoppla!« und rieb sich das Knie, Weidengebüsch trommelte auf's Dach und Erlenstauden schrammten die Flanken, einen Weg konnte man das kaum mehr nennen: mittenhindurch! Othmar staunte. Seine Forstwege waren breit und oft rücksichtslos in die Bergflanken gerissen, solche Dschungelpfade wie hier kannte er nicht. Aber schließlich waren wir im Talgrund angekommen. Nun hieß es nur noch rasch reversieren, um dieses unangenehme Geschäft nicht später in der Finsternis vornehmen zu müssen, denn wenn man mit den Antriebsrädern in den Bach rutschte, war ohne Gnade Endstation.

Das Aussteigen aus der Schüttelkiste wurde zur Wohltat. Wir streckten und reckten uns. Kurt nahm seinen Hund an die Leine, und Othmar schnallte sich mit grimmigem Gesicht einen Patronengurt um den Leib, holte dann seine Flinte aus dem Transportsack und betrachtete sie so mißtrauisch, als könnte sie sich im nächsten Augenblick schon zusammenringeln wie eine Giftschlange. Ich mußte lachen. »Nur keinen Kummer!« sagte ich. »Du wirst sehen, wie prächtig auch wir fehlen können.« Da lachte auch er.

Der Nebel hing jetzt wie ein dichter Schleier etwa doppelt baumhoch über dem Talgrund. Er war nicht strahlendweiß wie ein Brautschleier, sondern grau und greulich, sah verwaschen aus, und eine liebliche Jungfrau vor dem Altar hätte wenig Freude damit gehabt, mit dieser Art Schleier. Aber uns Jägern war er recht. Ja, das konnte noch gehen, das paßte gerade noch. Wir würden sie knapp rechtzeitig sehen, wenn schon nicht hören, sobald sie die Anflugkurve nahmen und sich zur Landung einschwangen. Plötzlich spürte ich, wie stark und innig in mir der Wunsch war, daß Othmar heute eine Ente schoß. Die erste und – wenn's nicht anders ging! – vielleicht letzte seines Lebens. Was gönnte er mir nicht alles droben auf seinem Berg, und ich hatte ihm hier nur eine Entenjagd vermitteln können, nicht mehr, denn hier war ich ja selbst nur Gast.
Wir schritten flott das mäandernde Bachbett entlang. Nun über die schmale Holzbrücke auf die andere Seite. Erlen und Weiden säumten das Ufer, gaben hin und wieder den Blick frei auf den jenseits zur Schmalspurbahn steil ansteigenden Hang: Äcker und Wälder in der Dämmerung. »Kommt kein Zug!« klang es noch immer in meinem Ohr. (Auch heute tut es das noch, da ich diese Zeilen schreibe. Doch Kurt lebt längst nur mehr in meiner Erinnerung.) Jetzt ging es am Wildacker vorbei, aber der stand noch fast unberührt da, denn in jenem Jahr gab es Eicheln jede Menge in den Mischwäldern, die an den Talflanken emporstrebten. Und die vom Rehwild so sehr geliebten Brombeersträucher!
Obwohl es nun schon stark dunkelte, hielten wir noch kurz beim Dachsbau an und zeigten Othmar die gebüschumstandenen dunklen Röhren am jenseitigen Ufer und den auf Schrotschußweite davor hingebauten Hochsitz. Die Dachse vermehrten sich wieder einmal stark in diesen Jahren. Hier hatte es immer Dachse gegeben, aber nun spürte man sie auch in den umliegenden Feldrevieren, in denen sie schon als ausgestorben oder abgewandert gegolten hatten. Man mußte sie kurzhalten.
»So!« sagte Kurt zu mir, »nun wird's aber höchste Zeit. Ich gehe noch hundert Schritt weiter bis ans Ende der Wiese, und du kannst mit Othmar gleich hier stehen bleiben. Sucht euch einen guten Platz. Wo ihr wollt. Na, du weißt schon. Waidmannsheil!«
Er stapfte in die späte Dämmerung hinein, den Hund eng bei Fuß an seiner Seite, und ich zog Othmar mit mir unter eine alte Kopfweide. Der Bach war hier keine sechs Meter breit, das jenseitige Ufer stieg jäh an, und wer darüber nachdenken wollte, hatte Grund genug, sich zu wundern, wie dieses schmale Gerinne im Verlauf von Jahrmillionen imstande gewesen sein mochte, eine vergleichsweise so tiefe Schlucht in den gewachsenen Felsen zu wühlen.
»Unter der Weide bleiben wir in Deckung, bis es richtig losgeht«, erklärte ich Othmar. »Manchmal hört man sie schon von weitem, aber darauf können wir uns heute nicht verlassen. Der Nebel verschluckt oder verzerrt alle Geräusche. An einem klaren Tag würdest du sie schon lange vor dem Einfall hoch droben ihre Schleifen ziehen sehen, aber heute werden sie sehr plötzlich

la sein, wie wenn sie aus dem Nebel herunterfielen. Die ersten drei oder vier, las sind die Vorreiter, die Pfadfinder. Wie bei den Indianern. Die lassen wir n Ruhe. Sie werden irgendwo da in der Nähe ins Wasser einfallen. Vielleicht uch draußen auf der Wiese, kann gut sein. Augen auf und aufpassen, aber icht bewegen. Wir bleiben ganz still stehen und stören sie nicht. Was dann ber nachkommt, kannst du schießen, ob es nur eine einzelne sein sollte, das st sehr selten der Fall, oder ein gutes Dutzend und mehr. Sauber drauffahren ınd weit vorschwingen. Sie sind schnell, das habe ich dir schon gesagt. Und etzt stopf etwas hinein in deine Flinte, sonst kracht es nicht, wenn es dann rachen soll!«

r lud, und auch ich tat es, obwohl ich nicht die Absicht hatte zu schießen. Heute war Othmar an der Reihe, hoffte ich. Hinter uns murmelte und plauderte der Bach. Wenn das Wasser in seiner Eile und Geschäftigkeit über die teine springt, hört es sich tatsächlich manchmal so an, als flüstere ein Mensch. Die Redensart vom murmelnden Bächlein ist nicht bloß eine poeti-

sche Wendung, sie ist der Natur im wahrsten Sinn des Wortes abgelauscht wie so viel anderes auch.
Und plötzlich, während der Nebel langsam immer tiefer sank und nun schon die Baumwipfel einhüllte, waren sie da: kein Klingeln, kein Ruf, lautlos fielen ihrer drei, vier, vom Steilhang jenseits des Baches kommend, ein. Es platschte und klatschte, ein paar Schwingenschläge noch, dann Totenstille. Ich nahm Othmar beim Ärmel und zog ihn leise unter der Kopfweide hervor, ein paar Schritt nur hinaus auf die Wiese. »Jetzt paß auf!« flüsterte ich ihm zu. »Wir haben nur noch wenige Minuten Schußlicht!«
Mein Blick schweifte zufällig hinüber in die Richtung, wo Kurt stand, unsichtbar war er für uns, das Ufergestrüpp war nur in Konturen sichtbar, und gerade jetzt zuckte es dort drüben zweimal gelbrot auf, und der Hall der beiden Schüsse rollte donnernd hinterher. Doch bevor ich noch ausatmen konnte, schwang sich auch bei uns ein Schof durch den Nebelvorhang herunter, wie der Blitz waren sie da, sechs oder sieben. Othmar riß die Flinte hoch, einen Schuß brachte er noch an, viel zu weit hintendran war er, glaubte ich gesehen zu haben, und die Enten änderten blitzschnell den Kurs und strichen hinüber zu Kurt. Wieder krachte es dort drüben zweimal...
Ich hob die Flinte gegen den Nachthimmel und prüfte das allerletzte Licht. Nun, dachte ich, das war es wohl gewesen für heute. Einen ungünstigen Tag hatten wir erwischt für meinen Othmar, schade, schade. Wenn man knapp einen Schrotschuß weit sieht im Nebel, ist es ein schlechtes Entenjagen.
»Aus!« sagte ich. »Leider. Ich hätte dir etwas Besseres gewünscht. Der Nebel, der verflixte!«
»Macht nichts!« meinte er. »War trotzdem schön. Etwas Neues ist immer schön. Das gilt auf vielen Gebieten, nicht nur bei der Jagd.«
»Du Schlimmer!« sagte ich und sah ihm zu, wie er seine Flinte entlud, schickte mich gerade an, es ebenfalls zu tun, da kam doch wahrhaftig noch eine einzelne Ente daher in der nun fast völligen Finsternis, ich sah sie kaum noch über der Schiene, riß trotzdem durch, es war ein Schuß ins Ungefähr und das Ergebnis ganz danach. Immerhin: Sie muß den Schub der Garbe ganz dicht vor sich gespürt haben, denn sie bremste – welch ein Kunstflieger! – mitten im sausenden Flug jählings ab, so daß ich sie in meiner Eitelkeit schon getroffen glaubte, stand fast senkrecht aufgerichtet wie eine Schießscheibe schwingenschlagend beinahe still, was mich vor Staunen den zweiten Schuß vergessen ließ, und strich dann, mühelos von null auf hundert, pfeilschnell weiter in die weiße Dunkelheit!
Zwei Schatten näherten sich am Uferrand, begleitet vom heute nur matten Geistern einer starken Stablampe. Es waren Kurt und sein Hund.
»Wo ist die Beute?« fragte ich.
»Zwei Dubletten in die Baumwipfel«, meinte er lakonisch.
»Na bitte«, sagte ich zu Othmar. »Was habe ich dir gesagt?«
Er grinste sich eins, und wir gingen zurück zum Wagen. Der Nebel hatte sich nun bis zum Grund des Tälchens herabgesenkt, aber so schlimm, wie ich ihn im Gebirge erlebt habe, zum Beispiel damals in der Nacht »Auf dem Schin-

derkarren«, so extrem, so tödlich bedrohend war er diesmal nicht geworden. Man sah wenigstens die Hand vor den Augen und den Weg vor den Füßen. Das kleine Brückchen beim Wildacker zu überqueren war kein Problem. Aber die Spätherbstluft atmete sich wie Wasser, und der Käfer war pitschnaß, als sei er im Platzregen gestanden. Wir drei und die Hündin fühlten uns übrigens auch nicht viel besser an.
Ich stopfte meine Mannschaft ins Auto und wußte so ungefähr, was jetzt wieder einmal kommen mußte. Die alte Kiste mochte keine Feuchtigkeit. Weiß Gott, wo die Kriechströme überall herumkrochen, nur nicht zu den Zündkerzen. Doch wer gewarnt ist, sorgt vor, und tut er es nicht, ist er dumm: Im Handschuhfach wartete das unentbehrliche Requisit des Nebeljägers, und die Spraydose spuckte auf Kabel und Verteilerkopf und wirkte Wunder. (Ach ja, wenn man nur immer alle Probleme lösen könnte, indem man auf störrische Köpfe spuckt!) Nun klapperte die alte Mühle wieder, und im Licht des Abblendscheinwerfers ging es im Schritt bergauf, mehr nach Gefühl als auf Sicht. Der Hohlweg half lenken. Kratzten die Zweige links am Blech, mußte man nach rechts einschlagen, so lange bis sie rechts kratzten. Und umgekehrt.
»Wie spät?« fragte ich Kurt.
»Keine Sorge«, sagte er. »Kommt kein Zug...«
Es war sinnlos, mit ihm zu diskutieren. Fahrplanfachleute und Optimisten behalten stets die Oberhand. Also biß ich die Zähne zusammen, gab Gas und beneidete glühend Othmar, der mit dem Hund auf dem Schoß auf der hinteren Sitzbank saß und nicht ahnte, was mir den Angstschweiß auf die Stirne trieb.
Doch auch diesmal wurde es gut überstanden, und fünfhundert Meter weiter, kurz vor den ersten Häusern des Städtchens, erlebten wir die große Überraschung: die Straßenbeleuchtung strahlte uns schon von weitem entgegen, die weiße Watte war wie fortgeblasen.
Der ganze Nebel war in den Bach gefallen. Auf die armen Enten drauf...
»Nicht einmal auf euren Nebel kann man sich verlassen!« spöttelte Othmar.
Als uns dann im nahen Gasthof auch noch wohlige Wärme empfing und wir nach Atzung riefen, waren wir schon wieder im körperlichen wie auch seelischen Gleichgewicht. Unter dem Tisch streckte sich wohlig seufzend die junge Hündin.
»Schade«, sagte nun auch Kurt, »daß Sie einen so ungünstigen Tag erwischt haben. Können Sie nicht morgen wiederkommen?«
Nein, das konnte Othmar nicht. Schon morgen früh mußte er sich auf die Räder machen, und sein Weg war lang.
Unsere Heimfahrt, drei Dörfer weit, verlief ohne Schwierigkeiten. Hier und dort gerieten wir noch in einen kleinen Nebelsee, doch über uns schwamm hoch droben der zitronengelb strahlende Mond zwischen den Sternen und leuchtete uns heim. Der Käfer kam in seinen Stall. Dort mochte er warten bis zu seinem nächsten Abenteuer.
Drinnen in der Küche war es ungemütlich kalt geworden. »He, Mux!« rief ich meinen Hund an, »willst du nicht noch einmal vor die Haustür?« Doch

Mucius vom Fuchsenschlag, genannt Mux, alter Kumpel, Weggefährte vieler Jahre, hob nur müde den Kopf aus seinem Korb, sah mich an, bewegte die Stummelrute ein wenig, und das hieß: »Ich muß nicht unbedingt, Herr. Heiz' lieber ein. Hier drinnen ist es kalt. Sogar im Korb.«

Mucius. Was der Züchter sich wohl dabei gedacht haben mochte. Mucius Scaevola, Held der römischen Sage, der das Feuer nicht fürchtete. Nomen est omen. Und so war er in seinem Leben auch für mich durch manches Feuer gegangen, obwohl wir ihn natürlich Mux riefen. Zeigt mir den Jäger, der seinem hasenhetzenden Hund zornerfüllt »Mucius!« hinterherschreit.

Wir taten ihm und uns den Gefallen und heizten ordentlich ein. Wir fütterten den Ofen, bis er zu pfauchen und das Ofenrohr zu glühen begann, und dann tranken wir noch zwei oder vier kleine klare Wässerchen, Eigenprodukt, versteht sich, auf Othmars erste Ente – die er irgendwann einmal schießen würde in jenem wunderschönen Tälchen bei Kurt oder sonstwo auf der weiten Welt, wie es im Jägerleben eben kam. Dann aber hieß es »Licht aus!« und marsch ins Bett.

Die Tür zur Küche blieb offen, damit ein wenig Wärme hereinkam in den Schlafraum. Die Fichtenscheiter knisterten im Verglühen, es duftete angenehm nach Harz, und ein bißchen roter Feuerschein drang zu uns herüber.

»Schade...« wollte ich nochmals beginnen, in die Dunkelheit hinein, doch Othmar unterbrach mich: »Still sein!« sagte er. »Wunderbar war's, ganz wunderbar!«

Wir schliefen durch bis morgens um sieben. Dann war mir ein wenig kalt, und ich stand auf, um in der Küche nachzusehen, ob noch Glut genug in der Asche war, ob es genügen würde, ein bißchen Reisig aufzulegen, um die Flammen wieder zu entfachen. Jedoch im Ofen war es finster, das Feuer war tot.

»Nein, Mux«, sagte ich, »frieren sollst du nicht in deinen alten Tagen, du nicht und ich nicht, aber warten mußt du noch ein bißchen, ich muß zuerst raus, einen Armvoll Holz holen...«

Er wartete geduldig, er wartete mit unendlicher, zeitloser Geduld, bis ich mit dem Holz zurückkam und es in die Holzkiste poltern ließ. »Hallo, Mux!« sagte ich, denn er hatte mir noch immer nicht sein behagliches »Guten Morgen!« zugebrummelt, wie es sonst tagtäglich seine Art war.

Und da lag er nun in seinem Korb, die Augen geschlossen, kein bißchen verkrampft, doch die Stummelrute zuckte nicht mehr zur morgendlichen Begrüßung. Er sah aus, wie er immer ausgesehen hatte, und dennoch war er nicht mehr er selbst. Die große Veränderung hatte nach ihm gegriffen, so wie sie eines Tages nach uns allen greifen wird. Mein müder, alter Mux hatte es ganz allein geschafft, ganz friedlich, während wir schliefen, und ganz ohne die Spritzen des Tierarztes.

Ich kniete mich hin zu ihm und streichelte seine Behänge. Weiß Gott, es war ein grauer, trauriger Novembertag, mit Nebelschleiern draußen vor den Fenstern und Schleiern vor meinen Augen. In seinem Körper war noch ein wenig Wärme. Die Behänge aber erkalten immer zuerst.

Jagd zum Anfassen

Man muß sich auch zu Geständnissen aufraffen können, nicht nur immer den großen jagdlichen Zampano hervorkehren, der ich weder bin noch sein möchte, und so dient der Sache wohl am besten gleich zum Beginn die Wahrheit: Mit unserem heimischen Schalenwild komme ich einigermaßen zurecht. Ich habe eine schwache Ahnung vom Rehwild – soviel gerade, wie man sich in rund vierzig Jahren Praxis eben aneignen kann. Auch unsere gelehrten Wissenschaftler geben zu, daß sie noch viel zuwenig vom Rehwild wissen. Deshalb widersprechen sie einander ständig, wenn von »neuesten Erkenntnissen« die Rede ist. Bei Rotwild und Gams verhält es sich ähnlich. Auch da kann ich noch ein bißchen mitreden. Das Schwarzwild versuche ich zu verstehen, obwohl das wegen seiner komplizierten sozialen Strukturen und seiner enormen Klugheit vielleicht am schwierigsten ist. Aber wovon ich keinen Dunst hatte – nicht zu der Zeit, in der diese Erzählung spielt –, das war das Muffelwild. Von ihm wußte ich nichts, um keinen Schimmer mehr, als man in jedem Lehrbuch zur Ablegung der Jungjägerprüfung nachlesen konnte. Und das ist fürs Revier draußen entschieden nicht ausreichend. Was ja kein Wunder war: Unsere Bekanntschaft war zu jung, de facto gleich Null. Eine Wildart kennenlernen kann man aber nur im persönlichen Kontakt draußen in der freien Wildbahn. Nicht einmal im Gehege, denn dort sind die Verhaltensmuster schon wieder ganz anders.

Und dann passierte es, daß ich plötzlich erstmals Zugang hatte zu einem echten Muffelwildrevier – wobei ich unter »echt« verstehe: mit Mufflons als Standwild und echten, also guten Chancen, das Wild in Anblick zu bekommen. Und nicht nur Zugang wurde mir gestattet, sondern auch Ausgang und freie Büchse. Das bedeutete viel Vertrauen. Was blieb mir anderes übrig, als meine schlechten Karten offen auf den Tisch zu legen und mein Nichtwissen zu beichten. So wie hier am Beginn. Siehe oben.

Ich ließ mir von den Revierpächtern, die mir bald vertraute Jagdfreunde wurden, Muffel-Unterricht geben. Den mit ansteigenden Sitzreihen, zahlreichen Schautafeln und Stopfpräparaten ausgestatteten Lehrsaal für Naturgeschichte gab es hier natürlich nicht. Auch das in solchen Lehrsälen unweigerlich anzutreffende menschliche Klappergerippe gab es nicht, dem wir als Schüler den Kosenamen Pepi gegeben und eine Zigarette in das grinsende Gebiß gesteckt hatten. Wer besonders frech und mutig gewesen war, hatte statt Pepi Pipi zu ihm gesagt und die Zigarette auch angezündet. Schade darum, denn Pepi wollte nicht rauchen. Vielleicht wußte er, daß Rauchen manchmal recht schnell hinführen kann zu dem eigenen Zustand, in dem er sich jetzt befand. Denn unser Pepi war echt, irgendwann einmal Mensch

gewesen. Die heutigen Gerippe in den heutigen Naturgeschichte-Lehrsälen sind gewiß aus umweltfreundlichem Kunststoff, matt knochengelb gefärbt. Mag sein, daß Kunststoff ein wenig anders klappert als echte Ware.
Mein Muffel-Lehrsaal war das Hinterzimmerchen von Georgs Gasthof – wir haben deren zwei in unserem fortschrittlichen Dorf –, aber ansonst gab es wenig Unterschied zur einstigen Stätte der Gelehrsamkeit: Auch hier waren Trophäen und Stopfpräparate genug an den Wänden, es gab Anschauungsmaterial und wohlgemeinte Unterweisungen. Es gab sogar, zur Belebung des Unterrichts, gutes Bier zur trockenen Theorie, das hatte es damals nicht gegeben in der Schülerzeit. Was es nicht gab, war der Pepi oder Pipi von einst, und auch die Zensuren sollte ich mir selber schreiben, draußen im Revier, sobald ich für reif befunden war, nicht nur auf Reh- und Schwarzwild, sondern auch auf Mufflons den Finger krumm zu machen.
Die Erlaubnis war nach vierzehntägigem Intensivkursus bald erteilt, aber ich war mir darüber klar, daß mein Wissen noch bei weitem nicht ausreichte. Ich fühlte mich wie der Jüngling, der sich nach Ablegung der Führerscheinprüfung ungestraft in einen glühheißen Sportwagen setzen darf, sich ahnungslos den Schutzengeln überläßt und allen Ernstes glaubt, fahren zu können. Nur: Ich war kein Jüngling mehr, mißtraute den gestreßten Schutzengeln und wußte genau, daß ich nichts wußte.
Doch nun fort von der Theorie und zu meinen fünf Lehrjahren in einem »echten« Muffelwildrevier, das für alle anderen Waidkameraden echt zu sein schien, nur für mich nicht. Zu den plausiblen Gründen kommen wir gleich.
Im ersten Jahr von diesen fünfen ergab es sich – teuflischer Zufall oder von mir selbst verursachtes Unheil? –, daß ich bei allem Fleiß draußen in der Natur kein einziges Schaf in Anblick bekam. Seitdem sträuben sich meine Nackenhaare, wenn ich irgendwo die blöde Redensart vom »dummen Schaf« höre. Die Schafe, auch die Wildschafe, mögen auf gewisse Weise stur sein, aber dumm sind sie nicht. In diesem ersten Jahr gab es keine Gelegenheit zu nützlichen Ansprechübungen, der Lernerfolg war also im Minus, in den roten Zahlen.
Im zweiten Lehrjahr war es nur wenig besser, weil ich mich in einer beruflichen Umstellung befand, nur wenig Zeit zum Jagen hatte und überdies am Morgen nicht mehr so gern aufstand wie in seliger Jugendzeit. Die Praktiker aber, meine gutmeinenden Lehrherrn, behaupteten steif und fest, daß beim Muffelwild die Morgenstunden die allergrößten Aussichten auf jagdlichen Erfolg brächten, ja sogar der hellichte Vormittag noch weit besser sei als der Ansitz am Abend. Und sie wiesen auf ihre Trophäenwände: »Der da, guck nur, um zehn nach zehn, als beim Hieferbauern drinnen im Dorf der Schweinestall niederbrannte und ich gerade beim Aufbrechen war, den Widder einfach halbfertig liegenlassen mußte und mit schweißigen Händen zum Löschen rannte. Und der da genau zum Mittagläuten, als ich längst bei der Suppe sitzen hätte sollen. Da hab ich mir Unfrieden eingehandelt. Denn das Regiment in der Küche führt meine Schwiegermutter, und die versteht keinen Spaß, wenn's um die Essenszeit geht...«

Ich mußte ihnen glauben: Morgenstund hat goldene Schnecken im Mund. Goldene mußten es sein, selbstverständlich, und kaum eine unter neunzig Zentimeter Länge.
Größenwahnsinn ist ein schlimmes Leiden.
Im dritten Lehrjahr waren zufällig nur Schafe und Lämmer frei in unserem Revier, und da rannten mich die Widder fast über den Haufen, auch in den von meinen Lehrmeistern so verächtlich abgetanen Abendstunden. Immerhin, ich genoß einigen Anschauungsunterricht, erlegte kurz vor Weihnachten ein Lämmchen aus einem Schafrudel heraus, was mich zwar deutlich aufbaute, insgesamt aber noch bei weitem nicht als eine solide Grundausbildung im Ansprechen des Muffelwilds gelten konnte. Irgendwie hatte ich noch immer das Gefühl der eigenen Unzulänglichkeit und eine geheime Furcht vor dem Tag, an welchem ich mich würde beweisen müssen.
Im vierten Lehrjahr war dann alles wieder wie herumgedreht: Da hätte ich in allen Widderklassen rauf und runter »wüten« dürfen – als blutrünstiger Wüterich, der der Jäger in manchen blinden Augen nun einmal ist –, aber da hatte ich wieder nur Schafe und Lämmer in Anblick. So geht das in dieser Welt. Ein einziges Mal, als ich mich widerwillig ächzend am frühen Morgen ins Revier schlich, zeigten sich mir drei jagdliche Todsünden zugleich: Sie stellten sich breit vor mich hin und muffelten neugierig zu meiner Kanzel herauf. Drei überaus gut veranlagte vorjährige Jünglinge. Um das zu erkennen, hätte ich kaum einen Intensivkurs gebraucht. Die Büchse blieb in der Ecke. Ich drohte ihnen mit der geballten Faust durchs Kanzelfenster, und sie setzten sich wie widerwillig in Bewegung, zogen fort, verschwanden einer nach dem anderen hinter einer Bodenwelle.
Als ich in mein fünftes Lehrjahr schritt, hatte ich nun zwar schon einige Muffel im Revier erlebt, aber noch nie – mit Ausnahme jenes einen Lämmchens – bei einem ernstzunehmenden Stück Muffelwild die wahrhaftige Kunst des Ansprechens vorweisen oder gar den Finger krümmen müssen. Fünf Jahre sind eine lange Zeit, und nun begann ich mich ja doch zu ärgern, zu giften, wie man bei uns daheim umgangssprachlich sagt, mit Recht, weil unverdauter Ärger wie Gift den Leib und die Seele zerstören kann. Ent- oder weder, und manchmal auch beides zugleich.
Und je mehr von meinen lieben Waidkameraden erlegte Muffelwidder ich besichtigte – sei es an Ort und Stelle, wenn ich mit dabei oder in der Nähe gewesen war, sei es nach dem Hornruf »Muffel tot!« mitten auf dem Dorfplatz, wenn der glückliche Erleger die staunenden Kumpel aus dem Wirtshaus herausrief und sie in den Kofferraum des Wagens zu schauen hieß –, je mehr Trophäen ich also zu Gesicht bekam, ohne vorher in Eigenverantwortung darüber entschieden haben zu müssen, ob der Kofferraum überhaupt geöffnet werden durfte oder besser nicht, desto unsicherer wurde ich. Die gelehrten Gespräche der zahllosen Fachleute beim Tottrinken über Schübe und »Schmuckringe« verwirrten meinen geplagten Verstand so wie einst vor vielen Jahren die Gamskruken, als ich lernen mußte, sie zu bewerten. Was schlußendlich bei mir zu Minderwertigkeitskomplexen und zu der nicht

immer zutreffenden Abschußphilosophie führte: Lange Schnecken – reifer Widder, kurze Schnecken – Finger lang! Und das war in vielen Fällen falsch. Aber Begriffe wie Basisumfang, der in der Ansprechpraxis durchs Fernglas noch nützlich sein kann, oder Rillung, die man ohnedies erst am erlegten Stück sieht, gingen mir damals noch nicht ein.

Und doch war dieses verflixte fünfte Jahr für mich jagdlich gar kein schlechtes, wenn auch auf einem anderen Gebiet. Im Sommer hatte ich zwei sogenannte »brave« Rehböcke gestreckt – großer Hubertus, das hab ich nie verstanden, warum unsere Waidmannssprache ausgerechnet beim Rehbock einen solchen Bocksprung macht und als brav bezeichnet, was zum Erlegen auserkoren wurde: Ein braver Schüler fällt durch, bekommt ein schlechtes Zeugnis, weil er brav ist, wird an die Wand gestellt, totgeschossen und hinterher gestreichelt und mit viel Liebe vorgezeigt. Irgendwas erscheint mir da unlogisch. Aber ich will damit gewiß keine Kommission anregen, die sich mit der Reparatur und Durchforstung unserer guten, alten Waidmannssprache befassen sollte. Neuerungen bringen nur selten etwas Gutes. Man sieht es an so manchen neuen Jagdgesetzen.

Den einen der beiden Rehböcke hatte zwar nicht das Alter niedergezwungen, aber er war so eng gestellt gewesen, daß ihm auch der enggestellteste Trophäenrichter die Achtung nicht hatte verweigern können. Das gab mir Kraft und neue Zuversicht. Aber als mir dann auch noch im November eine passende Sau in die Kugel lief, war es mit mir nicht mehr auszuhalten. Jetzt wurde ich frech, und nun meinte ich auch noch einem Muffelwidder gewachsen zu sein, wenn mir nur einer daherkäme.

Wirklich kamen sie »in rauhen Mengen«, allerdings nicht zu schicklicher, sondern zu verbotener Zeit, nachts nämlich, beim nächsten Sauansitz im Mondlicht. Ich sah in dieser Nacht mit meinem guten Glas die ganze Naturgeschichte, alles, was so kreucht und fleucht im Revier: Has', Fuchs, Reh, Hund und Katz', doch alles, was bei Nacht erlaubt gewesen wäre, war meilenweit weg. Schließlich kam auch noch ein gemischtes Rudel Mufflons, so zwölf, vierzehn Stück, starke Widder dabei und schwache, Schafe mit Lämmern, Schafe ohne Lämmer. Wieder stellten sie sich hin in die Nähe meiner Kanzel und äugten zu mir herauf. Aber die Büchse durfte ihr gewichtiges Wort nicht sprechen und mußte wieder in ihrer Ecke bleiben. Auch wenn der Mond noch so hell schien, daß man beinahe hätte die Zeitung lesen können.

Sauen kamen übrigens keine in dieser Nacht, die doch den Sauen geopfert worden war. Ich hatte es ganz leise, tief drinnen in mir, gehofft. Aber vielleicht war es gut, daß keine kam. Noch eine zweite Sau in diesem Jahr – das hätte mich sicher überheblich gemacht. Diana blickte mild auf mich nieder. Sie hatte die Sauen fortgescheucht und verhindert, daß ich unausstehlich stolz wurde.

Nichts war's also mit meiner zweiten Sau in diesem Jahr, und nichts war's auch einstweilen mit dem Muffel. Aber weil ich – auch nur ein Mensch! – dachte, es müßte nun so glück- und waidselig weitergehen, ließ ich mich nicht entmutigen und mir allerlei Dinge einreden. Zum Beispiel das Auf-

stehen in aller Morgenfrühe. Wir schrieben unterdessen schon wieder einmal Dezember, und die Familienväter unter den Jägern holten die mottengeplagte rote Uniform des Weihnachtsmanns und den langen weißen Bart hervor aus der Truhe und überlegten angestrengt, was sie dieses Jahr in den Sack stecken sollten. Am besten die unausstehlich quengelnden kleinen Biester selbst, und dann fort mit ihnen. Aber so dachten natürlich nur die Zyniker.
Im Winter ist das Frühaufstehen ja wirklich keine Tragödie, die Nächte sind lang, und wer die Kunst beherrscht, am Vorabend rechtzeitig ins Bett zu kommen, kann kaum in Schwierigkeiten geraten. Kein Vergleich mit der Mittsommerzeit, wenn du auf den roten Bock waidwerkst und sich nach dem Ansitz oft schon am Abend im Kreise der tottrinkenden Waidkameraden die Frage stellt, ob es überhaupt viel Sinn hat, noch schlafen zu gehen.
Als Treffpunkt war, wie so oft, die Nachrichten- und Kontaktzentrale der dörflichen Jägerschaft vereinbart, und zwar um Viertel nach fünf. (Um diese späte Zeit kommst du an einem Hochsommermorgen schon nach Hause. Mit einem Bock. Oder, viel öfter, mit einem langen Gesicht.) Georg öffnete sein Lokal und ließ mich hereinhuschen. Dann schlug er sofort wieder die Läden zu, obwohl um diese Zeit kaum weitere Gäste zu erwarten waren. Aber das ist so eine Eigenart der Gastwirte. Sie wollen und wollen nicht, daß sich der Umsatz hebt. Der Kaffee war brennheiß, die Zimtschnecken vom Vortag fühlten sich klebrig an, und das vorbereitende Gespräch – »Wie packen wir's denn an?« – klang trotz der langen Winternacht noch ein wenig verschlafen und unausgereift.
Wie packen wir's denn an. Das ewige Thema. Die immer wiederkehrenden Beratungen und Absprachen, bevor zwei oder mehr Jäger aufbrechen ins Revier. Oft kommt alles ganz anders, als man denkt. Aber ganz ohne Überlegungen aufzubrechen hieße leichtfertig jagdliches Chaos heraufzubeschwören. Und Chaos gibt's ohnedies schon genug bei der Jagd. Ungewolltes.
Um halb sechs zogen wir los. Es war ein eiskalter Dezembermorgen und vor halb sieben nicht das geringste helle Streifchen am Horizont zu erwarten. Eingepackt in alles, was warmhielt, zwängte ich mich auf den Beifahrersitz. Es ging durch das winterschlafende Dorf und dann zwei kurze Kilometerchen die gute Straße entlang. Als Georg in den Feldweg hinein abzweigte, knipste er vorsichtshalber die Scheinwerfer aus und verließ sich ganz auf seine Revier- und Wegekenntnis. Ich sah das ein, daß man nicht mit voll aufgedrehten Scheinwerfern ins Muffelrevier – in gar kein Revier! – hineinfahren konnte, aber bei solchen Anlässen wurde es mir immer ein bißchen übel, denn der Weg in die hinterste Ecke führte an drei Stellen recht knapp an steilen Abbrüchen vorbei. Dort ging es tief hinunter in alte, aufgelassene Steinbrüche. Aber bisher waren wir noch nie abgestürzt, nein. Am Vortag hatte es noch geregnet, aber nun knirschten schon die berstenden Eisplatten unter den Rädern. Eine Weile ging es nun so durch die Finsternis dahin, im Schritt und im langsamen Trab, und dann hielt der Wagen in der Nähe der »Alten Kanzel«, die so hieß, weil es eine alte Kanzel war, in ziemlich lausigem

Zustand. Sie stand auf dem Terminkalender: zur möglichst baldigen Restaurierung. Im Frühjahr wollten wir auch das »anpacken«.
Auf der »Alten« sollte ich es mir bequem machen. Bequem, ha! Georg wollte noch ein kurzes Stückchen weiterfahren, dann den Wagen in einem Hohlweg abstellen und zu Fuß zum gegenüberliegenden Waldrand marschieren, zur sogenannten »Blitzkanzel«. Über Kanzelnamen könnte man mit Leichtigkeit ein dickes Buch schreiben. Ihre Entstehung hat meist einen handgreiflichen Grund, auch wenn dieser Jägergenerationen zurückliegen sollte und den Heutigen nicht ohne weiteres einsichtig wird. So gibt es bei uns im Revier zum Beispiel eine »Birkenkanzel«. Weit und breit keine Birke. Aber die Alten wissen, daß dort einmal ein Birkengehölzchen stand, das – leider, leider! – gieriger Flurbereinigung zum Opfer fiel. Unwiederbringlich ist es dahin. Und so heißt auch unsere »Blitzkanzel« ganz einfach deshalb so, weil sie wie ein Vogelnest in einer hohen Randfichte steckt und schon dreimal vom Blitz erschlagen wurde. Gottlob war jedesmal keiner von uns drin.
Ich wäre an diesem kalten, finsteren Morgen – rein gefühlsmäßig, manchmal ahnt man das – auch lieber auf »die Blitz« gegangen. Denn erstens war sie bequemer, man hatte mehr Ellenbogenfreiheit, und Blitze sind im Dezember selten. Und zweitens bot sie mit bloßem Augenrollen einen besseren Überblick über mehr Gelände, nach vorn und seitwärts ins Feld, nach hinten ins raume Holz, von wo gerne die Mufflons kamen, wenn sie kamen. Auf der »Alten« hingegen mußte man sich jedesmal schwerfällig herumdrehen, um durch die kleinen Fensterchen alles ordentlich im Auge zu behalten und nicht hinterher den Vorwurf zu bekommen, man habe den besten Widder verschlafen.
»Um acht Uhr treffen wir uns bei der Fütterung«, hatte Georg mir aufgetragen, und ich nahm das ernst, denn ich war und bin ein gehorsamer Jagdgast. Ich hatte mich schon immer, mein jagdliches Leben lang, möglichst korrekt an das gehalten, was mir einst mein Lehrprinz, Gott hab ihn so selig, wie es nur geht, eingetrichtert hatte: »Erstens: Tu immer das, was sie dir sagen. Zweitens: Schieß lieber einmal zuwenig als einmal zuviel. Drittens: Merk dir nicht unbedingt alles, was du so reden hörst im Wirtshaus, denn es kann, muß aber nicht unbedingt die lautere Wahrheit sein. Und schließlich viertens: Frag um Gottes willen nicht zuviel. Dann wirst du immer ein willkommener Jagdgast sein.« Wie man sieht, hatte mein Lehrprinz keine zehn, sondern nur vier Gebote verkündet, ich hatte mich daran gehalten und war immer recht gut damit gefahren.
Nun ja, bis acht Uhr waren es immerhin noch zwei Stunden, die in bissiger Kälte durchzuhalten waren. Ich lauschte dem lichterlos leise davonrollenden Jagdwagen nach, tappte dann in der Stockfinsternis hin zur Leiter und bestieg die »Alte«. Wie immer klemmte die Tür, denn der wachsende Baum hatte die Kanzel mit sich in die Höhe genommen, aber schief natürlich, einseitig, und es bedurfte einigen Aufwands an Fluch und Lärm, bis ich in den engen Kobel hineinschliefen konnte. So war das immer auf der »Alten«, und darum mochte ich sie nicht.

Kaum saß ich drin und hatte die Tür hinter mir geschlossen – mit viel »Knooorz« und »Braafz« –, liefen auch schon die gesprungenen Fensterscheiben vom Atemhauch an. Nicht mehr zu leugnen: Der Winter hatte begonnen.
Ich lud den Repetierer möglichst leise durch und sicherte, stellte ihn hin. Zu tun gab es absolut nichts, die Fenster jetzt schon zu öffnen war Unfug, denn von anbrechendem Schußlicht war noch keine Rede. Rauchen verboten, denn wenn du die Zigarette noch so sehr in der hohlen Hand verbirgst, der Widerschein dringt ja doch nach außen. Ganz abgesehen vom Wind, der nicht der allerbeste war. Da saß ich also in der Düsternis wie ein fetter Hering in der viel zu kleinen Sardinendose, überdachte meine fünf Muffel-Lehrjahre und war bange vor der abzulegenden Gesellenprüfung. Vor dem praktischen Teil, dem guten Schuß, hatte ich weniger Sorge, aber die Buchhaltung – das Ansprechen, das Zählen der Jahre – war noch immer nicht mein liebster Gegenstand.
Der Himmel war klar, aber die letzten Sterne erloschen, und so um halb sieben herum ließ sich bei gutem Willen die allererste Dämmerung erahnen. Ich öffnete ganz leise die Fenster, die Kälte sprang mir ins Gesicht, und trat, das gute Glas an den Augen, meine erste optische Rundreise an. Sorgfältig, wirklich genau musterte ich jeden der kahlen Äcker, jeden Rain, jede Geländefalte, jedes Waldrändchen, um nur ja nichts zu übersehen. Gegen sieben war es schußgrau, und ich verdoppelte meine Aufmerksamkeit, ließ den Wind mir ins Gesicht beißen. Wind im Gesicht hat mir noch nie etwas ausgemacht, läßt höchstens ein Nasentröpfchen fließen. Dies waren die magischen Minuten, in denen die letzten Rehe einzogen, und hier in der Gegend waren zwei alte Geißen bekannt, die eine allein, die andere mit einem dürftigen Kitz. Die wären auch noch an der Reihe gewesen, viel Zeit war ja nicht mehr zum Abschuß des Weiblichen, und das Kitz oder die Geiß in der Hand war sicher besser als ein Mufflonschaf auf dem Dach, wie man so sagt. Aber nicht einmal ein Stück Rehwild zeigte sich. Vielleicht bahnte sich ein Wetterumschwung an? Das ist eine der Ausreden, die der Jäger immer sucht, wenn er – hol's der Geier! – überhaupt keinen Anblick hat.
Drei Minuten nach sieben war es taghell, wenn auch noch wintertrüb, und man brauchte kein Fernglas mehr, um zu sehen, daß sich in weitem Umkreis um die »Alte« wirklich nichts regte. Ein Stündchen also noch sitzen und hoffen und frieren, dann abbaumen und die fünfhundert Schritt hinein in den Wald zur Fütterung, wo wir einander treffen wollten, um Nützliches mit dem Unangenehmen zu verbinden. Ich freute mich schon auf den Spaziergang zur Futterhütte, denn mit mir war nicht mehr viel los, ich zitterte schon vor Kälte, und wenn ich einmal vor Kälte zitterte, war es auch mit der ruhigen Hand beim Schießen vorbei – eine alte Erfahrung, in Jahrzehnten erhärtet.
Kurz vor acht also runter von der schiefgewachsenen »Alten« und hinein in den warmen Wald zur Fütterung, wo der Wind nicht gar so sehr pfiff. So dachte ich. Und es war wieder einmal ein wunderschöner Morgen gewesen...
Aber dann, wenige Minuten nach sieben, warf irgendwer irgendwo da drü-

ben am weit entfernten, gegenüberliegenden Waldrand eine leere Konservendose weg. Ja, genauso klang es, wie Blech auf Holz. Nicht laut rollend, auch nicht hell schmetternd, aber es war natürlich ein Schuß gewesen. Blech auf Holz. Blecherner Schuß, hölzerner Kugelschlag.
Es gleicht kaum ein Schuß dem andern für das Ohr des weiter entfernten Jägers. Genauso schwer ist es, die Richtung zu beschreiben, aus der ein Schuß kommt, wenn sich der Schall im Echo verfängt oder ein Wald wie ein Schwamm den Knall aufsaugt oder verfälscht. An dieser einfachen physikalischen Tatsache ist schon so manche Jägerfreundschaft in harte Turbulenzen geraten, wenn einer dem anderen nicht glauben wollte...
Ich aber wußte, daß nur wir beide im Revier waren. Also war Georg zu Schuß gekommen, von der »Blitzkanzel« herunter, die so hoch ist, daß man oft steil bergab schießen muß, wenn ein Stück allzu nahe steht, und »steil bergab ist oft Treffers Grab«. Nun, in einer Stunde würde ich es wissen. Wahrscheinlich kam er mit dem schwachen Kitz daher oder mit der einschichtigen alten Geiß. Die Erwartung ließ mich noch mehr frösteln, auch plagte mich nun schon die Unruhe, aber ich linste immer noch unermüdlich die Gegend ab, um nicht womöglich ein verspätetes Reh zu übersehen. Und so konnte ich auch unmöglich den Jagdwagen übersehen, der nun, lange vor der verabredeten Zeit, aus dem Hohlweg hervorrumpelte.
Verabredungen sind dem Jäger heilig, nicht eingehaltene immer verdächtig. Da hat's was! So mein logischer Gedanke. Georg fuhr bis nahe an die »Alte« heran und winkte. Blieb sitzen und winkte, stieg nicht aus. Ich kann nichts mehr hassen als unnötiges Gebrüll im Revier, aber nun, beim bulligen Motorbrummen, konnte ja wirklich nichts mehr kaputtgemacht werden, und außerdem schien es sich ja um einen Sonderfall zu handeln. »Geiß oder Kitz?« schrie ich hinunter.
»Muffel!« muffelte er wortkarg zurück, wie es manchmal so seine Art ist. Das machte mir aber Beine! Ich schmiß die Fenster zu, kroch aus dem schiefen Kasten heraus auf die nicht minder schiefe Plattform, warf mir die entladene Büchse über den Rücken und wieselte die schiefe, schmale Leiter hinunter. »Wo?« wollte ich wissen und starrte in den Wagen hinein auf die Ladefläche. Aber kein Muffel war zu sehen.
»Gar nichts arbeiten willst du?« meinte er. »Wir müssen ihn erst suchen. Steig ein.« Drückte den Gang hinein, kaum daß ich bei ihm saß, und zog dahin über die Sturzäcker und buckligen Raine bis hinüber zur »Blitz«. Und nicht weit davon, in einem schütteren, gut einzusehenden Jungholz, fanden wir nach kurzer Suche den längst verendeten Widder.
Er trug weiß Gott keine atemberaubende Trophäe, aber er paßte haargenau. Ich überlegte, ob ich nicht rasch ein wenig schußneidig werden sollte. Nein, ich wurde es nicht. Ich bin es nie gewesen. Es ist mir nicht gegeben, dieses angeblich so aufpeitschende Gefühl in der Mitte der Skala zwischen Mordgedanken und widerlichem Selbstmitleid. Ich darf mich nicht damit brüsten, daß mich die Natur mit jagdlichem Gleichmut ausgerüstet hat. Ich darf allenfalls dankbar dafür sein, daß ich mich darüber freuen kann, wenn sich

ein Freund ein ordentliches Stück vom ungleich verteilten Kuchen des Waidmannsheils abschneidet...
Nein, keine Kapitaltrophäe, aber links drehte sich die Schnecke hin zum Kiefergelenk, ein Jahr später wäre sie eingewachsen. Am Träger war das Haar schon handbreit abgescheuert. Fünf oder sechs Widder seien da gewesen, erzählte Georg, und während ich Bruch und Letzten Bissen brach, ging es mir durch den Kopf, ob ich wohl auch aus fünf oder sechs Widdern so rasch und sicher genau den richtigen herausgefunden hätte. Eher nein. Vielleicht war es doch ganz gut gewesen, daß nicht ich selbst hoch droben auf der blitzgefurchten »Blitz« gesessen war. Vielleicht mußte ich ja doch noch einiges lernen, noch ein Jahr auf der Muffel-Schulbank sitzen.
Immerhin, fünf Jahre Theorie hatte ich hinter mir, und nach dem Aufbrechen lernte ich in der Praxis sofort etwas ganz Wesentliches dazu: So ein starker Muffelwidder ist ein praktisches Stück Wild. Rechts und links am Haupt ein derber Handgriff zum ordentlichen Zupacken beim Schleppen...
Das ist Jagd zum Anfassen.
Wir hatten ihn kaum zu Hause, kam der Schneesturm. Es war der schlimmste des Jahres 1986. Er wütete fast drei Tage lang.

Kwäh! Kwäääh . . .

Von Geburt an – mit einiger Berechtigung – Pessimist, habe ich zeit meines Lebens nicht sehr viel von »Ersatz« gehalten und immer das Echte bevorzugt, habe es in vielerlei Hinsicht zu erreichen versucht und selten erreicht. So auch bei der Jagd und den Werkzeugen, die dazu gehören. Heute, da fast unser ganzes Wild unter dem übermächtigen Druck der Zivilisation und bis an die Grenzen der Kriminalität ausufernder Freizeitbeschäftigungen zum Nachtwild geworden ist, geht mit Pfusch und Improvisation so gut wie nichts mehr. Die Büchse muß in Ordnung sein und das Zielfernrohr samt Montage auch. Wie viele Schüsse gibt man denn schon ab im Jahr heutzutage? Und dann bei den wenigen sich auch noch ärgern müssen und dem Wild unnötigen Schmerz zugefügt? Nein, daß das Werkzeug taugt, daß man zumindest daran nicht sparen sollte, scheint mir selbstverständlich.

Aber auch am kleinen Zubehör liegt es oft genug, wenn sich der jagdliche Erfolg nicht so recht einstellen will. Wer, zum Beispiel, beherrscht heute wirklich noch die Kunst des Blattens mit dem Buchenblatt oder dem zurechtgestutzten Roggenhalm? Man hat es mir einst mit Geduld und Mühe beigebracht, aber ich habe es fast wieder verlernt. Wo zum Teufel ist das frische Buchenblatt, wenn man es gerade braucht? Und der Halm, schlampig in die Tasche oder hinter das verschwitzte Hutband gesteckt, ist natürlich wieder geknickt...

Fallenjagd und Lockjagd sind in diesen Jahren wieder einmal ordentlich ins Gerede gekommen. Die Fallenjagd sei grausam und tierquälerisch, sagt man, und die Jagd zur Paarungszeit – ganz allgemein, ob da nun das Anlocken in der Brunft beim Schalenwild gemeint wird oder die Schnepfenjagd im Frühjahr – sei nicht fair. Und gerade die Fairness ist es doch, die wir Jäger so gern im Munde führen, dieses »dem Wild eine Chance geben«, denn im Zeitalter der Hochleistungsbüchsen und der kaum noch zu übertreffenden Optiken hat das Wild ohnedies nur mehr zwei sehr geringe Chancen. Die eine, die bessere ist, sich bei Büchsenlicht nicht mehr blicken zu lassen. Und das tut es ja auch schon vielfach, wie gesagt. Man wird sehen, ob eine immer mehr auf Profit ausgerichtete Gesetzgebung nicht bald auch die Nachtjagd mit restlichtverstärkenden Zielhilfen zulassen wird. Und ob diese von einer Jägerschaft, die sich noch ein letztes bißchen Gedanken macht, auch angenommen werden.

Die zweite Chance des Wildes aber wird zum Hasardspiel: Es ist nichts anderes als die Hoffnung, daß nämlich dort droben in der Kanzel oder dort drüben hinter dem Busch am steilen Gebirgshang ein denkender Mensch sitzen möge, der mit dem Verstand jagt und nicht mit dem Zeigefinger.

Doch über Themen der Jagdethik oder gar Jagdpolitik soll jetzt nicht verhandelt werden, schon allein deshalb nicht, weil hier nicht der Ort dafür ist, für oder wider Fallenjagd und Lockjagd zu polemisieren. Begnügen wir uns mit der Feststellung, daß die Fallenjagd, unsachgemäß ausgeführt, in Grausamkeit ausarten kann und die Lockjagd ohne Zweifel Anwendung von List in sich birgt, die als Unfairness auszulegen allerdings erst den sehr vordergründig motivierten jagdfeindlichen Tendenzen dieser letzten Jahrzehnte vorbehalten blieb. Früher, als Jagd, Tier- und Naturschutz sich noch als Brüder verstanden, als Äpfel vom selben Stamm, dachte sich keiner etwas dabei, schon gar nichts Böses, wenn er den Rehbock in der Brunft mit dem Blatter betörte.
Heute schreiben Unduldsamkeit und rote Zahlen in den Konzernbilanzen die Gesetze. Und so bescheidet man sich wohl am besten mit der Erkenntnis, daß alle Wahrheiten, die einen wie die anderen, die wirklichen Wahrheiten und die veröffentlichten, meist in der Mitte liegen und auch wir Jäger wohl so manchen Fehler gemacht haben.
Die Industrie bietet Blatter und Lockinstrumente an, die ganz ordentlich musizieren, aber im Wettbewerb der Qualitäten liegt – wie immer! – das Natürliche weit voran. Außerdem haben sich heute in den allermeisten kleineren Revieren die Grundvoraussetzungen für eine erfolgreiche Blattjagd auf den Rehbock schon entscheidend verändert. Wenn man früher, als es noch quietschende Wagenräder gab, den so berühmten, daher abgedroschenen, aber an sich richtigen Leitsatz aufstellte: Wenn's sein will, zur richtigen Stunde, im richtigen Moment, dann springt der Bock »auch aufs Wagenrad«, ganz ohne Blatten, so gilt das bei den heutigen reduzierten Wildständen und einigermaßen bereinigten Geschlechterverhältnissen nur mehr sehr bedingt. »Aufs Wagenrad« springt der Bock heute wohl nur mehr in den wenigsten Revieren. Da müßte er schon nicht mehr aus noch ein wissen vor lauter Fährten brunftiger Geißen und dennoch selbst keine bei sich haben, wenn er das täte. Und überdies: Man müßte voraussetzen, daß je nach Wind und Wetter in einem Umfeld von 10 bis 15 Hektar überhaupt noch irgendwo ein Bock steht, der das zärtliche Locken vernehmen könnte, denn allzu weit hörbar ist es ja nicht.
Aber da bin ich, zum Teil wehmütig vergangener Jahrzehnte gedenkend, in denen natürlich auch nicht immer nur das allein seligmachende jagdliche Evangelium gepredigt wurde, die reinste Wahrheit und nichts als die Wahrheit, plötzlich ins Grübeln geraten. Vorbei sind die Tage, da man an einem nicht zu kühlen Nachmittag, am Feldrain neben der wogenden Gerste sitzend, zwei, drei Böcke oder mehr heranblatten und einigermaßen in Ruhe einen davon ansprechen und sich aussuchen konnte. Vorbei die Zeit, da man aus dem vollen schöpfte. Früher einmal war jedem Häslein sein Gräslein gegönnt. Auch jedem Stück Schalenwild. Heute bin ich sicher, daß dem nicht mehr so ist, daß die Maßstäbe von damals nicht mehr gelten. Unser angeblich so reich gewordenes Mitteleuropa, überrannt von einer neuen Völkerwanderung, ist in Wirklichkeit bejammernswert geistig verarmt. Den Fort-

schritt gibt es nur in oft genug fragwürdiger Technik, ganz besonders auf dem Gebiet der »Unterhaltungs«-Elektronik, was allein schon ein Zeichen an der Wand sein könnte. Das Bildungs- und literarische Niveau sinkt und sinkt bis herunter zum »Comics«-Heftchen amerikanischer Prägung, und unsere trotz aller ihrer Ungereimtheiten einst so geheiligte Rechtschreibbibel, der Duden, liest sich ab seiner 20. Auflage schon wie ein Fremdwörterbuch. Eine solche Zeit gewinnoptimierenden Ellbogendenkens hat nichts mehr übrig für das Wild, und alle halbherzigen »Rückbau«-Maßnahmen werden das nicht ersetzen, was im fanatischen Eifer der Flurbereinigungen an Lebensraum blindlings vernichtet wurde.
Drum laßt uns auch nicht mehr vom Blatten und vom Rehwild reden, sondern von unserem Freund Meister Lampe, vom Hasen, dessen Rückgang ebenso sehr beklagt wie der des Schalenwilds von manchen Seiten beklatscht und gelobt wird. Und wer vom Hasen spricht und eben noch die »kleinen Werkzeuge« des Jägers erwähnt hat, kommt unweigerlich nun auch auf den Fuchs zu sprechen und auf die Hasenquäke.
»Oweeh...Oweeeh...«, klingt es schaurig-traurig über die kahle Flur unter dem weißen Leichentuch, das gar kein Leichen-, sondern ein Lebenstuch ist, dem Bauern ein liebgewordenes weiches und warmes Kissen für die darunter keimende Saat, ein Kissen, das im Frühjahr zum Schwamm wird, der Stunde um Stunde seine Feuchtigkeit der erwachenden Erde schenkt.
»Oweh...Oweeeh!« Hat da gar Reineke einen der Löffelmänner erwischt, die freilich jetzt bei der Schneelage arm dran sind, wenn's kein Proßholz gibt weit und breit, nichts zu nagen für die hungrigen Nager, die gar nicht zu den Nagetieren zählen, sondern im zoologischen System eher den Huf- oder gar Raubtieren näherstehen als den wirklichen, den echten Nagern! So weiß es die Wissenschaft. Denk doch einer! Unser flotter Flüchtling Lampe, vorne zu schnell und hinten zu kurz, ein Raubtier! Nein, nein, so wollen wir ihn partout nicht sehen, den nur vermeintlich feigen Schelm, der übervorsichtig schon sein Heil in der Flucht sucht, wenn die Gefahr noch weit entfernt ist, oder sich todängstlich drückt und darauf hofft, nicht entdeckt zu werden. Ist er feige? Nein, ich verleihe ihm einen Tapferkeitsorden – obgleich ich von derlei Blech nicht viel halte –, denn ich habe schon mehrmals gesehen, wie eine Hasenmutter heldisch ihren Satz verteidigte, gegen die furcht- und respektlosen Nebelkrähen beispielsweise mit ihren tückischen Einkreisungstaktiken.
Aber was will so ein Häschen machen im Winter, wenn im weiten Feldrevier rundum fast nichts da ist für das Bäuchlein, das faltig und schlapp vom knochigen Gestell hängt und so müde macht, daß man kaum mehr Reißaus nehmen kann, wenn der Rote hinter dem verschneiten Busch lauert? Ja, in gesunden Tagen, da hat er keine Chance, da mag er freßlüstern keuchen und galoppieren, soviel er will, der erwachsene Lampe ist schneller, hat Zeit sogar zum Hakenschlagen, dreht sich um, blickt kalkulierend nach dem bösen Verfolger, dem bald »die Trauben zu hoch hängen«. Schon gibt er auf, kneift mißmutig die Lunte ein, verdrückt sich.

Ich erinnere mich an meine erste Hasenquäke. Es war ein viel zu grelles Blechinstrument, das man nur verstohlen unter der Jacke blasen durfte, so wie sich manche Jäger verstohlen unter der Jacke die Zigarette anzünden, um nur ja den Feuerschein nicht weithin leuchten zu lassen in der Nacht. Den Ruch des Krauts können sie freilich nicht verhindern oder verdecken. Aber – auch hier, wie die Alten sungen: – du selbst riechst für das Wild mindestens ebenso schrecklich wie eine Zigarette, hieß es, also was soll's. Bei gutem Wind ist so gut wie alles erlaubt. Was natürlich nur zum geringeren Teil stimmt. Doch das verstohlene Tun mit der kleinen Blechtrompete, diese Heimlichtuerei unter der Jacke, hatte den Hintersinn, das viel zu grelle Geschrei ein wenig zu dämpfen, denn gar so greulich-blechern schrie der echte Lampe nicht einmal in höchster Todesnot, wenn der Fuchs ihn schon im Genick gepackt hatte.
Mit dieser meiner erste Quäke habe ich mir keinen einzigen Fuchs herangequäkt, mochte er auch noch so hungrig sein, und ich kam bald dahinter, daß die Schuld an der geradezu hysterischen Trompetenstimme lag. Eine neue Quäke mußte her, eine bessere. Aber welche?
Im Nachlaß meines leider viel zu früh verstorbenen Lehrprinzen, den nach jagdlichen Fundgegenständen zu durchstöbern die Witwe mir gutmütig erlaubte, fand sich ein grob gedrechseltes hölzernes Ding, schlampig durchbohrt, aber mit rostfrei-vibrierendem Innenleben, das sich als erstaunliche Hasenklage entpuppte: als Mehrzweckgerät sozusagen. Blies man zart hinein, ertönte ein dem dunklen Fiepen der Altgais nicht unähnlicher Laut, so daß ich schließlich überzeugt war, der Unvergeßliche hätte zur Rehbrunft wohl immer dreierlei bei sich gehabt: das Buchenblatt (wenn eines da war), den zurechtgeschnittenen Roggenhalm (nicht hinter dem Hutband, sondern bruchsicher in einer sinnvoll gekürzten Zahnbürstenhülse), und letztlich dieses hölzerne Unikum, mit welchem er, sei's drum, Rehbock springt heute sowieso keiner mehr, auch den fernsten Fuchs heranreizen konnte, wenn er nur ordentlich in die Trompete stieß, sie keinesfalls unter der Jacke verhüllte, sondern machtvoll erklingen ließ, aber nicht wehleidig-jämmerlich »Oweh, oweh...«, wie einer, der sich vor der Spritze des Zahnarztes fürchtet, sondern voll Entsetzen »Kwäh, kwäääh!« – wie eben Löffelmann, wenn ihn der Sensenmann am Wickel hat...
Und damit, Leute, mit dieser Eigenbau-Mehrzweck-Quäke, war es eine Lust zu jagen!
Es war ein Zauberinstrument. Es muß derjenige, der das Hölzchen auf der Drehbank so plump heruntergedreht und dann mit dem Handbohrer ausgehöhlt hatte, eine ganz besondere Ader, ein ganz einmaliges Gehör für die Natur gehabt haben und dazu die bewundernswerte Fähigkeit, aus einem winzigen Silberblechstreifchen eine zart vibrierende Flötenzunge zu schneiden und sie ganz simpel mit Gazestoff und Kleber im Inneren des Pfeifchens zu befestigen. Gott segne noch posthum seine Hände. Warum war er nicht Orgelbauer geworden? In die Reihe der ganz Großen hätte er sich stellen können...

Von Stund' an gab es keinen Reviergang, bei dem das wundersame Ding mich nicht begleitete. Und da es nur ja keinen Schaden erleiden sollte, schenkte ich ihm ein schützendes Haus, und das Haus war die Aluminiumhülle einer dicken, sündteuren Zigarre aus einem fernen Land, das von Zucker, Tabak und bärtigen Männern regiert wird.
Aber denke nun keiner, daß ich mit diesem herrlichen Jammergeschrei nicht auch herrliche Flops erlebt hätte. Ich müßte in meinen Aufzeichnungen nachsehen, wie viele Füchse ich mit Hilfe dieses Instruments erlegte. Und sogar das wäre nicht verläßlich, denn zwei meiner vollgeschriebenen Jagdtagebücher haben die Wirren böser Zeiten und einer Übersiedlung nicht überstanden, was ich sehr bedauere, denn ich bin ein glühender Verfechter der Führung von Jagdtagebüchern. Die Mißerfolge aber fallen mir sofort ein, und an keinem einzigen war die Jammerflöte schuld, sondern immer nur ich selbst hatte Unfug gemacht.
Gleich bei unserem ersten gemeinsamen Ausgang hätte ich die Quäke beinahe verloren. Ein Tag zu Ende November, wie er damals ganz normal war: schwache Minusgrade, knirschender Schnee unter den Stiefeln. Grüne Weihnachten, heute fast Regelfall in Mitteleuropa, waren die Ausnahme. Über Jahrzehnte hinweg betrachtet, scheint sich das Klima tatsächlich zu verändern. Es wird wärmer. Nur die Herzen werden immer kälter.
Wir wanderten am frühen Nachmittag hinaus, der Hund und ich, hinter das Dorf, den sogenannten Fasanengraben entlang, der dann immer mehr verflachte und an dessen Ende eine Kanzel stand. Den Rehgeißen wollte ich mich widmen und schließlich, vor der Heimkehr, zum ersten Mal Lampes Klage mit dem neuen Instrument versuchen. Auf halbem Weg, schon war die Kanzel in Sicht, griff ich voll Vorfreude noch einmal in die Jackentasche – o Schreck, die Aluhülle einer einst teuren Zigarre war weg. Nein, zu Hause vergessen hatte ich sie gewiß nicht. Ich konnte sie nur auf dem Weg hierher verloren haben, vielleicht, als ich die Handschuhe hervorkramte.
Ein bißchen skeptisch, wie ich nun einmal bin, hatte ich mich schon immer gefragt, was denn das Bringen auf der Führerfährte jagdlich für einen Sinn haben sollte, denn der Hundeführer verliert ja wohl kaum einen Hasen aus der Hand oder höchst selten ein Rebhuhn aus der Galgenschlinge, aber da anerkannte Lehrbücher es so vorschrieben, hatte ich auch dieses Fach mit meinem Hund durchgenommen und gelegentlich mein Taschentuch, eine alte Schrotpatrone oder einen Schlüsselbund verloren und vom Hund bringen lassen. Der junge Hund hatte es gut begriffen, und das harmlose Spielchen hatte uns beiden Spaß gemacht. Heute aber weiß ich, wie wichtig es ist, denn aus dem spielerisch verlorenen Taschentuch kann über Nacht auch die ernstlich verlorene Aluminiumhülle einer teuren Havanna-Zigarre werden. Nun also, wozu haben wir es denn geübt, die Verfasser von Hundeabführungsbüchern müssen es ja besser wissen, vielleicht rauchen auch sie gelegentlich einmal eine dicke Zigarre: »Such verloren zurück, Arca...So ist's recht...Such zurück...« Ein Hinweis noch mit der Hand auf unsere warme Fährte im kalten Schnee – und schon trabte sie los mit tiefem Fang, ein wenig mißtrauisch

noch der gestellten Aufgabe gegenüber (»Was fällt ihm denn jetzt ein? Begreif ich nicht!«), aber gutwillig und gehorsam. Und kam nach zehn Minuten im Galopp zurück mit der unversehrten Aluhülse, setzte sich hin auf die Keulen und gab brav aus. Seht, und seitdem weiß ich, warum dieses Fach in manchen Lehrbüchern steht...

Weil auch der ordentlichste Jäger hin und wieder einmal irgend etwas Wichtiges aus seiner Hosen- oder Jackentasche verlieren kann.

An diesem Novemberabend schoß ich weder Geiß noch Kitz, noch wollte irgendein Fuchs etwas von uns wissen, obwohl Arca mit droben auf der Kanzel und aus dem Wind war und die Voraussetzungen gar nicht so schlecht gewesen wären beim fahlen Mondschein über weißbedeckten Feldern und Wiesen. Es wollte nicht sein an diesem Tag...Und das ist wohl die zweite vernünftige Erklärung, die man sich selbst geben kann, wenn etwas nicht klappt. Die erste, die naheliegendere, ist aber immer diese: Irgend etwas hast du falsch gemacht. Doch die hört man nicht gern.

Ein Unglück kommt selten allein, heißt es, und das ist eine Erfahrungssache, die für alle gelten mag. Auch für die Nichtjäger. Meine persönlichen jagdlichen Unglücke aber kommen nicht nur selten allein, was schon rein sprachlich auf das Erscheinen eines zweiten Unglücks schließen läßt, sondern sie ballen sich geradezu haufenweise zu Unglücksherden zusammen. Wie finstere Gewitterwolken. Ob ich nun mit nassen Gummistiefeln auf der Kunststeintreppe ausrutsche und die Büchse mitten aufs Glas schmeiße, was böse Folgen haben kann, ob die kleine Brücke über den Bach unter mir bricht oder ob der Bock, den ich mir vorgemerkt und von dem ich überquellend vor Freude viel zu offenherzig erzählt habe, ein paar Tage später, wenn ich wieder Zeit zum Ansitz habe, rein zufällig schon erlegt worden ist – das sind ernste Schicksalsschläge! Immerhin: eigenes Verschulden. Die Büchse nicht fallen lassen, brüchige Brückchen meiden und nicht allzu viel vom guten Anblick erzählen, und du wirst solche Sorgen nicht mit dir herumschleppen müssen. Und so war auch die erste große Pleite mit der phantastischen Hasenquäke ganz meine eigene Schuld. Ich habe niemandem etwas vorzuwerfen, nur mir selbst.

Da saß ich also wieder auf der Kanzel ganz am Ende des Fasanengrabens, aber diesmal war Arca nicht dabei, denn es war zu Dezemberbeginn bitterlich kalt geworden, so kalt, daß man nicht einmal einen Hund vor die Tür jagt. Den Hund, dachte ich, kannst du immer noch holen, wenn du ihn brauchst. Und auch diesmal erwiesen mir weder Geiß noch Kitz die Ehre ihrer Anwesenheit, doch im vorletzten Licht sah ich ganz fern drüben auf der Jüttler-Wiese einen starken Fuchs, und ich stieß aufgeregt ins Horn, und trotz meines merklich erhöhten Blutdrucks muß ich den richtigen Ton getroffen haben: »Kwäh! Kwäääh!« Den Fuchs riß es herum, und er stand mir sofort spitz zu. Er war geradezu unvernünftig in seiner Hast, wie man es nur selten sieht, muß fürchterlichen Appetit gehabt haben, und es war staunenswert, wie genau Füchse Geräuschquellen orten können. Noch dazu nahrhafte. Und dann saß er dreißig Schritt vor meinem Kanzelfenster und blickte herauf zu mir, und ich blickte hinunter zu ihm und wagte mich nicht zu rühren. Mit der Kombinierten aus dem Fenster herausfahren – ausgeschlossen. Mea culpa: Das hätte ich längst machen müssen, während er noch im Angalopp war. Aber jetzt wurde es wie ein Geduldspiel unter Kindern: Wer kann dem andern länger todernst in die Augen schauen, ohne zu lachen? (Wer lacht, hat verloren und muß ein Pfand geben. Habt ihr das auch gespielt?) Nun, der Fuchs gab eher auf als ich, er muß wohl eine Prise vom leise küselnden Wind oder sonstigen berechtigten Verdacht bekommen haben – fort war er, aus, Pause, der berühmte rote Strich in der Natur ließ mir nicht einmal mehr die geringe Chance, ihm einen Schrotschuß nachwerfen zu können. Am Instrument hatte es also nicht gelegen.

Aber daß auch der König der Schlaumeier einmal einer Sinnestäuschung zum Opfer fällt – man sollte es nicht glauben. Kurz vor Weihnachten stand ich im raumen Holz, glaubte in der Ferne, drunten gegen den Bach zu, einen Fuchs über den traktorbreiten Weg springen gesehen zu haben, holte rasch die Flöte aus dem Futteral und blies die Jammerarie – schon trabte er an, die Gehöre gespitzt, schlug noch einen Bogen um eine dichte Unterholzinsel, hielt stille dann, äugte her zu mir, der schon gut gedeckt hinter dem Baum stand, die Waffe im Anschlag und entsichert hatte. Der Wind paßte, alles paßte. Aber für einen Schrotschuß war es ein wenig zu weit. Gut, dann also die Kugel. Schade um den prächtigen Winterbalg. Aber wir hatten wieder einmal die Tollwut im Land und entsprechende Vorschriften. Das Fadenkreuz stand schon auf der weißpelzigen Brust, weiß Gott, als ich mit dem Stiefel nur ein ganz kleines bißchen an das vorjährige Dürrlaub stieß, das am Fuß des Baumes aus dem Schnee ragte.

Reineke brauchte keine Zehntelsekunde, um zu reagieren. Aber diesmal reagierte er falsch. Er muß sich über die Herkunft des kaum hörbaren Raschelns nicht im klaren gewesen sein, denn er flüchtete in die falsche Richtung, her zu mir, und rannte mir mitten hinein in die Schrotgarbe.

Auch das gibt es.

Die beste aller Hasenquäken, die ich jemals hatte – ich habe sie nicht mehr. Eines unschönen Tages verlor ich sie dann doch noch, samt der schönen, glänzenden Hülle, in einem fremden Revier, bei einer Feldjagd, bei der ich sie gar nicht gebraucht hätte. Aber ich mußte sie ja dummerweise immer mit mir schleppen, immer in derselben Jackentasche.

Und auch keine Arca war mehr da, um sie auf der Führerfährte zu suchen...

Keine Arca mehr, die mich morgens weckte, »Tapp...tapp..tapp«, stumpfe Krallen draußen im Flur, dann sanfter Hundegeruch in der so miserablen, schlechten Menschennase, leiser Atem im Gesicht, das sich noch schlafend stellte mit geschlossenen Augen, schließlich der auffordernde zartfeuchte Stups an der unrasierten Wange: Nun komm schon, steh auf, Herr. Es wird Zeit. Ich muß.

Im sechzehnten Feld, hochbetagt, hat sie mich jählings verlassen, schlief ein über Nacht, wie schön für sie. Sie war derjenige Hund, den ich am längsten von allen führte. Und der letzte. Ich stellte keinen mehr ein.

Ich wollte mir keinen neuerlichen Abschied mehr ins Haus holen. Das ist das ewige Dilemma der alternden Hundeführer. Und wenn's umgekehrt läuft und der Hund überlebt dich: Denk nach. Tust du ihm damit nicht ebenso Schlimmes an?
Ich war nun selbst schon zu alt geworden.

Was auf uns zukommt

In der vergangenen Nacht hat es wieder ein bißchen geschneit. Die Neue ist noch nicht hart gefroren, knirscht aber dennoch schon ein wenig unter dem Tritt. Erinnerungen werden wach: an den unbarmherzigen Frost damals droben am Polarkreis, an das geisterhaft wogende Nordlicht am eisklaren Himmel. Manchmal war es grün, manchmal gelb, jetzt ein zuckender schmaler Pfeil, dann wieder wie breit hingegossene Farbe über dem ganzen nächtlichen Firmament. Unvergeßliches Schauspiel. Die Touristen blättern heute eine Menge Geld dafür hin. Wir hatten es umsonst, aber unfreiwillig, nicht bestellt. Doch das alles ist längst vorbei. Jahrzehnte liegen dazwischen. Das Thermometer zeigt zwar tüchtig Minusgrade, aber das harmlose gelbe Licht dort weit drüben ist kein Nordlicht, sondern kommt aus dem Einschichthof des alten Hofstrasser, wo sich, ausgerechnet heute nacht, ein Kälbchen einstellen will. Der Tierarzt ist schon unterwegs dorthin. Und was da manchmal grell über den Himmel zuckt, sind nur die weißen Finger der Scheinwerfer, wenn ein Wagen droben auf der steilen Bergstraße in die Kurve geht.
Diesen Weg hier, das schmale Flüßchen entlang, ist schon vor fast einem halben Jahrhundert mein Vater gegangen, als er hierher versetzt wurde, jeden Silvesterabend, so hat er es mir erzählt, und immer ohne die Kombinierte auf der Schulter, ohne die er sonst, außer in seinem Büro, unvorstellbar war. Es ist kein festgeschriebener Brauch, im Gegenteil, zu Silvester sind kleine Jagden unter Freunden üblich, aber er hielt es eben so, auf seine eigene Weise, daß nicht nur am Heiligen Abend der »Hahn in Ruh« gesetzt war, sondern auch am »Altjahrestag«, dem letzten des scheidenden Jahres. Und so hielt es dann auch ich, als ich ihn begraben hatte und seinen Platz einnahm. Der unbewaffnete Spaziergang das Flüßchen entlang wurde mir zur lieben Gewohnheit, zum unabänderlichen Bestandteil eines jeden Silvesterabends. Die Nacht bricht früh herein um diese Jahreszeit, und wer mit rotgefrorenen Backen um sieben oder acht Uhr nach Hause kommt von solchem Spazierweg, ist immer noch früh genug dran, mit den Freunden und der Familie den (oder auch einige) Korken knallen zu lassen.
Denn anders geht's ja wohl nicht. Diese Welt hat das Hineinhorchen in sich und das Stillsein verlernt. Daran krankt sie, und am kreischenden Lärm des vielbejubelten sogenannten Fortschritts wird sie vielleicht eines Tages zugrundegehen oder sich zumindest grundlegend verändern müssen. Dies ist mit einer der Gründe, warum sich immer mehr Gegensätze auftürmen zwischen der Stille draußen im Revier, die wir Jäger so sehr lieben, und dem doch so fragwürdigen Lärm einer Öffentlichkeit, die sich mehr und mehr gegen das Waidwerk wendet.

Ob sie wohl alle wissen, warum? Ob sie aus guter Überzeugung sprechen, eine fundierte Meinung haben, oder ob sie nur geschäftig nachplappern, was ihnen da vorgeredet und vorgedruckt wird?
Das Plappern des Flüßchens hingegen – na ja, viel mehr als ein Bach ist es ja nicht – klingt beruhigend und vertraut. Der Wasserstand ist in den letzten Tagen gesunken, und die dicken Steine am Ufer – nein, verbaut und einbetoniert sind wir glücklicherweise noch nicht – tragen hell glitzernde Eishelme. Ich schlendere langsam den Uferweg entlang. Der fast volle Mond steigt rasch über den Bergrücken empor, und die Neue beginnt milliardenfach zu leuchten. Es ist, als rücke sich vielfältiges Leben ins Licht. Nicht nur droben in der Einschicht beim Hofstrasser, der für alle Fälle den Tierarzt alarmiert hat, weil das Kälbchen nicht und nicht kommen will und die Kuh sich schon allzu sehr plagt. Überall rundum zeigt und regt sich das kommende Leben. Auch in der Nacht. Auch beim Hofstrasser. Es hält niemals still. Es schläft nicht gedankenlos ein wie der Mensch.
Ein Nachtglas habe ich natürlich mit. Dort drüben am anderen Ufer bolzen zwei Hasen hintereinander her, daß der Schnee nur so stäubt. Die Rammelzeit ist noch weit. Also eine kleine Meinungsverschiedenheit? Von manchen bösen Erfahrungen geprägt, denken wir immer zuerst an Streit und Verdruß. Kann's denn nicht auch pure Lebenslust der beiden Häschen gewesen sein, unschuldige Freude zweier harmloser Geschöpfe am Dahintollen in der weißen Pracht?
Unschlüssig stehe ich vor der Leiter, die hinaufführt in den »Kopf« der alten Weide. Dort droben haben wir einen gar nicht so üblen Hochsitz, von dem der Blick durch die ausgeschnittenen Zweige hinaufschweifen kann bis an den Waldrand. Soll ich, soll ich nicht? Es ist kalt, aber fast windstill, und ein halbes Stündchen hält man's schon aus im warmen Loden und mit dem Wetterfleck. Ich wische mit dem Handschuh den Schnee von den Sprossen und steige langsam hinauf. Vorsicht empfiehlt sich: Gestern noch hat es ein bißchen geregnet, dicker Nebel stand wabbelig wie Pudding im Tal, dann binnen weniger Stunden Temperatursturz und Frost. Die Leitersprossen sind tückisch vereist. Das Bänkchen droben nicht minder, stelle ich fest, nachdem ich die Neue fortgestreift habe. Lange werde ich hier nicht sitzen können. Die Körperwärme taut das Eis, und getautes Eis nennt man schlicht Wasser. Im Wasser aber, auf dem dann klitschnassen Brett, ist es ein schlechtes Sitzen bei einigen Minusgraden. Da hilft auch der beste Loden nicht auf längere Dauer...
Von Dauer kann ja keine Rede sein. Ich will nur hinüberschauen zum Waldrand. Dort droben habe ich im Sommer – es scheint eine Ewigkeit her zu sein – einen Bock erlegt. Nicht gar so weit, der Schuß, aber steil hinauf in den Graben, eine Plage war's gewesen, den Rehbock zu bringen, und der Schweiß lief mir über die heiße Stirn. Fast ist es, als erlebte ich die Stunde wieder, doch was mir heute die Stirn so heiß macht, ist nicht die Plage, sondern der prickelnde Frost.
Ich denke an die Freunde, mit denen ich heute den Beginn eines neuen Jahres

feiern werde. Wir sind unser acht. Alle Jahre wieder treffen wir uns zu dieser Feier, rundum abwechselnd jedesmal in einem anderen Haus. Früher einmal waren wir zehn. Zwei sind schon im Abseits. Nicht draußen, sondern drunten. Was wohl in diesem nächsten Jahr auf uns zukommt? Wir werden es tragen müssen. In Gedanken, Worten und Werken.
Rasieren muß ich mich noch, fällt mir ein, und natürlich umziehen. Der einzige Jäger in der Runde muß ja nicht unbedingt ein Rauhbein sein. Nicht am weißgedeckten Tisch, wo in Damengesellschaft wohlgefügte Worte gedrechselt werden. Rauhbeine gibt's genug in den Revieren, oft sind sie es gewollt und über die Maßen, und genau das ist es, was ich nicht mag: die Un-Natürlichkeit, das Absichtliche, das Hervorgekehrte. Die Natur kehrt nichts hervor. Sie zeigt nichts absichtlich her, sie prahlt nicht. Sie ist ganz einfach da. Im Winter ruht sie ein bißchen, um im Frühjahr zu neuer Pracht zu erwachen. Sie ist rauh, aber nicht rauhbeinig wie so mancher, der meint, sie zu beherrschen, weil er mit Büchse oder Flinte Entscheidungen treffen darf. Und dabei sind das noch gar nicht die schlimmsten Entscheidungen, selbst wenn sie falsch sind. Viel schlimmer sind manche Entscheidungen, die am Konferenztisch oder auf dem Reißbrett getroffen werden...
Da hätt' ich doch in meinem Grübeln beinahe das Reh übersehen, das dort droben am Waldrand plötzlich mitten in der schneeweißen Wiese steht, unbeweglich, vom Mond beleuchtet, von den Glitzersternen am Himmel und vom Glanz der unberührten Neuen. Wie ein kleines, aber eindrucksvolles Denkmal steht es da und verharrt ganz still. Ich habe günstigen Wind, und ganz langsam nehme ich das Glas an die Augen. Das Reh steht beinahe auf demselben Fleck, auf dem im Sommer der Bock im Feuer stürzte. Es ist schwierig anzusprechen, bis es schließlich eine kleine Wendung macht und im hellen Mondschein deutlich die Winterschürze zeigt.
Ich kenne sie. Sie ist die Gefährtin seines letzten Sommers gewesen und standorttreu geblieben, seit es ihn nicht mehr gab. Ihre beiden Kitze gehen längst allein, die meiste Zeit zumindest. Hin und wieder begegnet man sich vielleicht. Was mag in ihren Gehirnen vorgehen? Vielleicht: Ach ja, da war doch einmal was. Geht ihre Erinnerung darüber hinaus? Gibt es ein Wiedererkennen? Wir werden es nie wissen. Eher nein. Das Beispiel der Hündin, die ihren Nachwuchs in seinen Flegeljahren nicht mehr duldet und fortbeißt, deutet auf das Nein. Im Kreislauf des Lebens eines Wildtiers ist das beim Menschen oft so sensibel hochgespielte »Wiedererkennen« auch gar nicht nötig. Nicht mehr nötig. Alle Aufmerksamkeit, jede Funktion ist zweckmäßig ganz nach vorne gerichtet: auf das Neue, auf das Werdende im Tragsack. Die Eiruhe ist vorbei. Das Leben, das (wahrscheinlich) von »ihm« stammt, den meine Kugel traf, beginnt fordernd zu pochen.
Plötzlich springt sie ab, die Geiß, mit hastigen Fluchten erreicht sie den Waldrand. Hat sie mich nun doch in den Wind bekommen? Das gleißende Mondlicht tut fast den Augen weh. Nein, der Wind kann's nicht gewesen sein, das leise Eislüftchen, das jetzt weht, hab ich mitten im Gesicht. Irgend etwas anderes hat sie gestört. Was auch immer. Sie ist fort, und jetzt, da die

Spannung des Beobachtens nachläßt, merke ich erst, daß mich schon die Kälte schüttelt. Das Murmeln des Flüßchens hört sich an wie ein belustigtes Kichern. Runter, du Narr! Steifbeinig baume ich ab. Nur hübsch vorsichtig auf der vereisten Leiter. Wenn ich mir hier ein Bein breche, finden sie mich bestenfalls am Neujahrsmorgen. Gefrierfleisch. Die Vorstellung ist nicht sehr erheiternd. Man hat ja noch einiges vor im Leben. Trotz mancher Erfahrung will man nicht so recht wahrhaben, was auf jeden zukommt, daß über Nacht alles zu Ende sein kann. Merkwürdig, daß gerade die Jahreswende, ein Tag wie jeder andere, oft zu solch düsteren Gedanken anregt.

Ich stapfe das Ufer entlang weiter. Im Sommer ist das mein beliebter Pirschpfad. Die Weiden und Erlen bieten Deckung, und der Ausblick ist frei: nach rechts hinauf in den steilen Hang, nach links hinunter über das Kusselgelände und die grünen Wiesen bis zum fernen Kirchturm hin. Die Wiesen sind buckelig, eine »überriegelt« die andere, und bei jedem Schritt kann man Überraschungen erleben. Auch am hellichten Tag stehen hier manchmal die Rehe draußen, weil die Gegend so sagenhaft still ist. Still ist sie deshalb, weil sie bescheiden und nicht berühmt ist. Man hat ihre Schönheit noch nicht erkannt. In den grellfarbigen Fremdenverkehrsprospekten kommen wir noch nicht vor. Ich fürchte den Tag, da man uns entdecken wird.

Schritt um Schritt in der Neuen. Der Mond hat es eilig. Plötzlich steht er zwei Handbreiten weiter rechts und ein gutes Stück höher. Bin ich wirklich schon so lange unterwegs? Ein Blick auf die Uhr. Nun ja, langsam wird es Zeit umzukehren. Ich will nicht unpünktlich sein und die Freunde warten lassen. Ein paar Minuten geht es noch bachaufwärts, dann komme ich zu dem schmalen Holzbrückchen mit dem derb gezimmerten Geländer. Mittendrauf bleibe ich stehen und schaue hinunter. Im Mondlicht scheint das schnelle Wasser noch mehr zu schäumen als untertags. Die Forellen sieht man freilich nicht bei Nacht.

Irgendwo bellt ein Fuchs. Hier vom Brückchen aus habe ich einen wunderbaren Rundblick. Wieder presse ich das Glas an die Augen. Das Bellen kam von unten, von den Wiesen her. Aber die sind weiß und nackt, sehen leblos aus, obwohl sie es niemals sind. Vielleicht steckt Reineke in einem der an den Wiesenrändern lang sich hinziehenden Gebüschstreifen, die fast bis hinunter ins Dorf reichen? Oder – was ist das dort auf der allerletzten Wiese gleich hinter dem Seebrunner-Hof, wo nachmittags noch die Kinder rodelten? Ein dunkler Fleck, der nicht dorthin gehört. Der Fuchs gleich hinter den Häusern? Und warum denn nicht? Bei uns gibt's noch Hühnerställe. Die so schauerlichen Batteriehaltungen kennen wir nur aus dem Fernsehen. Horrorbilder sind das.

Bewegt er sich, der dunkle Fleck?

Angestrengt starre ich hin, und je angestrengter, desto ungewisser ist das Ergebnis. Wer hat nicht schon feststellen müssen, daß angestrengtes Starren in der Nacht auch den harmlosesten Strauch zum Leben erweckt, ihn wandern und die bizarrsten Formen annehmen läßt, bis auch der brombeerumrankte alte Stock, den man untertags schon tausendmal vom Hochsitz aus als nichts anderes identifiziert hat, plötzlich wieder einmal zum urigen Keiler geworden ist. Nur gut, wenn einer alle seine alten Stöcke rundum im Blickfeld auswendig kennt, wenn er auf Sauen ansitzt.

Weg ist der Fleck. Ich sehe ihn nicht forthuschen, er ist ganz einfach weg. Es muß also Leben in ihm gewesen sein, ob es nun der Fuchs war oder nicht. Auch das werde ich nie wissen.

Na und?

Am anderen Ufer geht's nun bachabwärts, wieder dem Dorf entgegen. Ich habe zwei Hasen gesehen, die Geiß, die Gefährtin »seiner« letzten Brunft, und – vielleicht – einen Fuchs, der keck dem neuen Jahr entgegenbellte, ohne den Kalender zu kennen.

Die Menschen kennen ihn. Noch sind es ein paar Stunden bis zur Jahreswende, und schon müssen drunten im Dorf die ersten Knallfrösche krachen. Lärm und Freude scheinen unlösbar aneinandergeknüpft zu sein. Der ernsthaft denkende Europäer geniert sich dessen ein wenig. Und dennoch hält auch der würdige Herr Professor mit verschmitztem Lächeln das Streichholz an die Zündschnur seiner Silvesterrakete, feuern auch weiß- und vollbärtige Altjäger vor der Tür der Jagdhütte ihre Magazine leer, wenn der Sekundenzeiger auf die magische Zwölf vorrückt – die ja letztlich auch nur eine menschliche Erfindung ist, nämlich die einer Zeitrechnung. Im arabischen Kulturkreis – beispielsweise – ist man aufrichtiger. Man gesteht ohne weiteres, daß man Freude am Lärm hat, daß der Lärm Ausdruck der Lebensfreude ist. Die »Fantasia«, ob nun einst zu Pferd oder heute aus dem Auto, bei der die überquellende Freude über ein großes Ereignis ganz einfach in die Luft geböllert wird, um die glückbefangene Seele zu befreien, ist das beste Beispiel.

Nein, ich werde um Mitternacht nicht vor der Jagdhütte stehen und ein Magazin in die Luft verpulvern. Nicht weil ich es etwa verurteilen würde als unsinnigen Brauch. Ich habe Verständnis für überschäumende Freude. Ich werde mit Freunden beisammensitzen und das neue Jahr »feiern«. Ist das das richtige Wort? »Begrüßen« klingt besser. Wie kann ich etwas feiern, wenn ich noch nicht weiß, was es mir bringt? Aber Begrüßen ist vernünftig und statthaft, zeugt von guten Manieren. Bringen wir dem neuen Jahr Vertrauen entgegen. Und viel Hoffnung. Denn die Hoffnung haben Jagd und Jäger in diesen Jahren ganz besonders nötig.

Bald bin ich wieder bei den ersten Häusern des Dorfes. Hundegebell empfängt mich, obwohl meine Schritte im Schnee so leise sind. Seebrunners »Karo« keift schrill und giftig hinter dem Zaun hervor. Sei doch nicht so dumm, Hund. Pack dich fort, geh in deine Hütte, wenn sie dich schon nicht ins Haus hineinlassen bei dieser Saukälte. Das sollten sie nämlich. Bei nächster Gelegenheit werde ich es dem schnauzbärtigen Seebrunner sagen.

Das alte, das vergangene Jahr hat uns Jägern so manches Neue gebracht, und das meiste davon kam »von oben«. Bei weitem nicht alles schien uns erfreulich. Bundesweit war und ist die Jagdgesetzgebung wieder einmal in Bewegung. Vieles erscheint uns bedenklich, weil gerade wir Letzten aus der

Kriegsgeneration am eigenen Leib hart genug erfahren haben, wie wenig es nützt, »Anstand« und »Augenmaß für die jagdlichen und forstlichen Erfordernisse« zu beschwören, wenn gleichzeitig alle Hintertüren für jagdliche Schurkerei gesetzlich weit geöffnet bleiben.

Was auch immer auf uns zukommen mag: Wir Alten, die wir das Jagen unter anderen Voraussetzungen und noch auf ganz, ganz andere Weise erleben durften, können bestenfalls den »Senf unserer Erfahrung dazugeben«. Wenn er gehört werden will, und oft sieht es nicht danach aus. Gelöst werden müssen die Probleme aber von den Jungen. In Eintracht mit denen, die in den Schaltzentralen sitzen. St. Hubertus verleihe ihnen allen den dazu nötigen Verstand. Nur Hausverstand ist nötig und ein bißchen Wildbiologie. Vor allem wichtig aber ist das Bemühen darum – und daran krankt es! –, daß einer ins Herz des anderen blicken könne. Nicht nur in dessen Geldbeutel!

Unterhaltung und Information für den Jäger

Erwin Felsmann
Vom Jagen bei uns daheim
Erzählungen
Unterhaltsame Lektüre ohne Pathos und Trophäenkult: Erlebnisse und Begebenheiten in heimischen Jagdrevieren – Geschichten, die jeder Jäger schon einmal erlebt haben könnte.

Walter Frevert
Rominten
Ein Denkmal für Rominten, das verlorene Jagdparadies Ostpreußens: Berichte und Erfahrungen, persönliche Erinnerungen und Erlebnisse des letzten Oberforstmeisters der Rominter Heide.

Wolfgang Frank
Verklungen Horn und Geläut
Die Chronik des Forstmeisters
Franz Mueller-Darß
Das Leben auf dem Darß, einem Gebiet an der pommerschen Küste: faszinierendes Epos des Waldes und seiner Tiere, der Hunde, der Jagd – und der Menschen, die von 1890 bis 1945 dort lebten.

Walter Nowak-Nordheim
Jägerhumor
Witze, Anekdoten und andere Kuriositäten
Heitere Sammlung von Jägerwitzen, Anekdoten, Bonmots und anderen Kuriositäten mit Karikaturen von Hermut Geipel.

Auf Pirsch
Jagderzählungen
Neue Auswahl erzählender Jagdliteratur aus fünf Jahrzehnten: 40 Geschichten renommierter Jagdschriftsteller über Erlebnisse im Lauf des Jagdjahres.

Walter Helemann
Ein Pirschgang durchs Jagdjahr
Informativ-unterhaltende Texte sowie kritische und nachdenkliche, ermutigende und zukunftsweisende Beiträge des profilierten Jagdjournalisten, die auch für den Jäger heute Orientierungshilfe bieten.

Im BLV Verlag finden Sie Bücher zu folgenden Themen: Garten und Zimmerpflanzen • Natur • Heimtiere • Jagd • Angeln • Pferde und Reiten • Sport und Fitneß • Tauchen • Reise • Wandern, Bergsteigen, Alpinismus • Essen und Trinken • Gesundheit, Wohlbefinden, Medizin

BLV

Wenn Sie ausführliche Informationen wünschen, schreiben Sie bitte an:
BLV Verlagsgesellschaft mbH • Postfach 400320 • 80703 München
Telefon 089/12705-0 • Telefax 089/12705-543